Doing Ethnography
by Oda Hiroshi

エスノグラフィー入門
〈現場〉を質的研究する

小田博志

春秋社

エスノグラフィーをはじめよう

　本書では、エスノグラフィーという方法論を、まったくの初心者にもできるだけわかりやすく伝えることを目指しました。

　まず想定した読者は**学部レベルの学生**です。**文化人類学、社会学、心理学、教育学、看護学**などの分野で、エスノグラフィー、フィールドワーク、質的研究などを学んで、授業のレポートや卒業論文を書こうとする学生に本当に役立つ説明を心がけました。同じ分野の**修士課程の大学院生**が研究方法の基礎を確認するのにも役立つ内容です。

　福祉・看護・医療など人間と関わる分野の研究者で、エスノグラフィーを新たに学びたいという人のためにも本書はわかりやすい手引きとなるでしょう。

　さらに**ビジネスマン、行政職員、市民活動の担い手**など実社会で現場とかかわる人びとも本書を活用できるでしょう。近年、マーケティングの分野でエスノグラフィーが脚光を浴びています。また、防災などにもエスノグラフィーが応用されています。さらに、市民が草の根の活動の現場を自ら調べ、言葉にして伝えるとき本書はツールとなるはずです。ここから「市民エスノグラフィー」が発展すればうれしく思います。本書は主に学生を対象とした記述をしていますが、エスノグラフィーの基礎をていねいに説明していますから、「社会人」読者にも十分役立つことでしょう。

現場からはじめる

　エスノグラフィーとは、人びとが実際に生きている**現場**を理解するための**方法論**です。

　見知らぬ土地で謎と出会ったとき、ふだんの生活や仕事の現場で既存の考

え方が通用しない問題につきあたったとき、エスノグラフィーがそれを解き明かす道を開いてくれるかもしれません。

エスノグラフィーをたとえるなら、新しい扉を開いて、その向こうにそれまで知らなかった風景を発見する方法です。

みなさんは今エスノグラフィーのスタートラインに立っています。

旅をするのが好きな人。

現場の大切さを実感している人。

新しい世界への好奇心がある人。

他人の話を聴くのが得意な人。

こんな人たちに向いている探求の方法がエスノグラフィーです。これからそのエスノグラフィーをその基本から学んでいきます。

本書のキーワードは「**現場**」と「**問い**」です。現場で出会う問いを解き明かすための方法論としてエスノグラフィーを捉え、具体的に解説していきます。この方法論を用いて生み出されるのが「エスノグラフィーの知」、人間が生きる現場に近い知です。従来の研究方法が生活と現場から離れてしまう傾向があることへの反省が高まる中で、エスノグラフィーへの関心がさまざまな分野で集まっているのです。

質的研究の源流としてのエスノグラフィー

エスノグラフィーは文化人類学の分野で中心的な調査研究方法として発展してきました。また社会学でもエスノグラフィーの重要な伝統があります。さらに近年では、教育学、看護学、心理学、経営学、歴史学などさまざまな分野で注目を浴び、応用されるようになってきています。

エスノグラフィーは**質的研究の源流**として位置づけられます。質的研究とは人間・心・社会などについて数字ではなく、言葉や映像を用いて研究する立場の総称です（フリック 2002）。従来の数量化＝科学的という見方が疑問視され、わたしたちが生きている現実により近い研究を可能にする方法が模索される中で、質的研究には大きな関心が寄せられています。質的研究と一言でいっても、基本的な考え方、標準化の程度などの点で違いがあります。この質的研究の中でもエスノグラフィーには、特に自由度が高く、標準化の

程度が低いという特徴があります。では、エスノグラフィーはどんな目的に適しているのでしょうか。ある社会的な事象をその文脈をも含めて明らかにしたいとき、エスノグラフィーは威力を発揮するでしょう。特に、既存の説明の枠組みが通用しない、未知の事象を理解するために適しています。なぜならエスノグラフィーが「異文化」や「他者」の世界を理解する方法として発達してきたからです。

フィールドワークとエスノグラフィーとの関係についても述べておきましょう。ここではフィールドワーク（＝現場調査）を、エスノグラフィーの中に含まれるものとして考えます。エスノグラフィーを、研究の立案から、調査の実施、分析、そして論文執筆までを包括するプロセスとして広く捉えるからです。

エスノグラフィーを通して身につく「現場力」と「概念力」

エスノグラフィーは学問的な方法として発達してきました。しかしそれは大学の中だけで意味があるのではありません。エスノグラフィーを通して現実の社会の中で役に立つ能力を育むことができます。

　　まず「**現場力**」を高めることができます。

新しい現場や見知らぬ土地に出かけていって、そこの人びとと交流すること。現場で起こることに柔軟に対処できること。こうした現場で要求される社会的能力はエスノグラフィー調査の上でも必要です。そしてこれは学生が「社会に出て」うまく生きていく上でも基本になるような能力です。
エスノグラフィー研究は単に現場を経験するだけでは完成しません。

　　「**概念力**」が必要です。

それは現場経験を言葉にして、概念のレベルで分析を加えたり、他の理論と比較対照させる能力のことです。物事を概念のレベルで捉えられること。現場で使われている概念と、研究の世界の概念とを区別できること。概念と概念とを結びつけて理論を組み立てられるようになること。こうしたことの

基礎になるのが「概念力」です。本書ではこの概念力にひとつのポイントを置いて解説していきます。

　世界は言葉から成り立っているといえます。まだ行ったことのない地域やそこに住む人びとのことを想像できるのも言葉によって伝えられるからです。もし言葉がなければ人間はただ「今ここ」で生きているだけになってしまうでしょう。
　違った土地に住む人びとは、自分たちと違ったものの見方をしているかもしれない。自分が何か働きかけることで、相手はこのように思うかもしれない。こう思い描けることは、言い換えると「他者への想像力」です。エスノグラフィー調査をして、いろいろな世界をその内側から理解することを通して、この他者への想像力を育むことができます。
　こうしたエスノグラフィーを通して身につく能力は、学生ならば「社会に出て」から、すでに職業を持っている人ならその現場できっと役に立つでしょう。

社会で活用されるエスノグラフィー
　エスノグラフィーは研究の世界だけにとどまらず、近年になって社会の多様な現場で頻繁に応用されています。特に顕著なのがビジネスやマーケティングでの応用です。試しにインターネットの検索エンジンに「エスノグラフィー」と入れてみてください。この執筆時点（2010年2月）でgoogleを用いて検索すると、

　　「ユーザー行動を深く理解する『エスノグラフィー』2009 キーワード」

との見出しで、「にわかに注目を浴びるようになってきたマーケティング分野のキーワード」として詳しく紹介されています[1]。アメリカでは大手食品

---

1) NIKKEI NET、IT PLUS ビジネス最新ニュース、本荘修二　http://it.nikkei.co.jp/business/news/index.aspx?n=MMITi2000005012009　2010年2月8日参照。他に雑誌『日経情報ストラテジー』2009年2月号 特集「消費者の実態をえぐり出すマーケティング・エスノグラフィー」も参照。

メーカーが従来消費者調査の手法の主流であったフォーカスグループに代えてエスノグラフィーを採用するようになっており、IT関係の有名企業ではエスノグラファーを数十人雇用している一方、日本でも多くの企業が消費者調査、サービス改善などのためにエスノグラフィーを採用するといった動きがあるようです。現場に密着した知見を生み出すというエスノグラフィーの特質を考えれば、これは当然の動きといえるでしょう。日本でもエスノグラフィーを学んだ学生が、調査の専門家として企業に就職する時代がくるかもしれません。

さらに防災の分野で「エスノグラフィー」が用いられている例があります。これは阪神・淡路大震災のような未曾有の災害を経験した人びとに詳細な聞き取りを行なって、その現場の知を明らかにし、今後の災害の教訓として用いようとするものです。この「災害エスノグラフィー」については第2章で紹介します。

これらはおそらくエスノグラフィーの社会的活用の手始めでしょう。市民が、企業が、行政が現場の問題を理解し、それを解決するためにエスノグラフィーを用いる時代になっていくでしょう。エスノグラフィーにはそれだけの潜在的可能性があります。本書は基本的に研究方法としてエスノグラフィーを解説しますが、その内容は、社会的現場でも応用できるはずです。

本書の使い方

これは使う本です。

1ページから順番に読んでいくという読み方だけでなく、必要なときに必要なページを開いて、ヒントと指針を得る、そんな使い方をしてほしいです。

エスノグラフィーの道を歩む上で役立つ「指針」を、本書のところどころで掲載しました。四角の枠に囲まれた、丸数字付きの箇条書きの言葉です。これらは本書の中でも特に重要な部分です。それぞれのフレーズは短く、一見わかりにくいかもしれません。さしあたり続く説明を読んで、だいたい理解しておくとよいでしょう。そして、実際に自分がその段階にさしかかって、

迷ったとき、これらの「指針」に立ち返ってください。ヒントが得られるはずです。

スポーツ、楽器の演奏、自動車の運転——これらに共通することは何でしょうか。それは実際にやってみなければわからないという点です。教科書に載っている知識をいくら覚えても、それは楽器が弾けることになりません。とにかく楽器を手に取ってからだで弾き方を覚えなくてはなりません。これは「技能知」「実践知」と呼ぶことができます。エスノグラフィーにもその側面があります。実際に自分でやってみることで「エスノグラフィーできるようになる」のです。だからといって何の予備知識なく現場に飛び込むのもリスクをともないます。

この本はみなさんが実際にエスノグラフィーの道を歩んでいく助けとなるように書かれました。

　　どこに行って、何を調べるのかを選ぶ。
　　文献やウェブで事前調査をする。
　　実際にフィールドに入り込んで調査を実施する。
　　調査で得たデータを分析する。
　　分析の結果をまとめて発表する。

このようにエスノグラフィー研究にはいろいろな段階があり、全体的なプロセスがあります。自分が今どの段階にいるのかを把握することは、道に迷わずに目的地にたどり着くために重要です。

プロセス・マップ「エスノグラフィーのプロセス」について

本書に収録している「エスノグラフィーのプロセス」（》p.2）がそのための「地図」となるでしょう。本書の特徴はこの図と対応させながら本文を組み立てている点にあります。読者の皆さんはこの図を折にふれ眺めて、エスノグラフィー研究の流れを把握してください。各章の見出しと、この図の中の段階とは対応しています。自分の段階を流れ図で知り、それに応じて本文の該当するところを読むとよいでしょう。

使用上の注意！

　気をつけていただきたいことは、この本に書かれていることは機械的に守るべき手順ではないということです。現場の世界を描き出し、また分析するというエスノグラフィーの大きい目的が達成されるなら、自由に創意工夫をしてよいのです。本書に書かれている手順を絶対に踏まなくても、あるいは書かれていないことを自分で実践してもOKです。エスノグラフィーとはもともと自由度の高い方法論です。調査の現場で自分の頭を使って納得したやり方をしましょう。本書はあくまでもエスノグラフィーの道を歩むときの補助だと考えてください。

　私は2001年に北海道大学文学研究科に赴任して以来、「文化人類学演習」などの授業で、また卒業論文、修士論文、博士論文に取り組む学生たちに、エスノグラフィーの指導をしてきました。9年目が終わったところです。授業や研究指導をしていると、毎年繰り返して学生に言っていることがあることに気づきました。そうした点を本書では丁寧に解説することをめざしました。つまり私がエスノグラフィーを指導する現場で得た経験知が本書のベースになっています。

　ですから、本書は役に立つのだと自信をもって言えますし、その一方で、これとは違うエスノグラフィーの捉え方もあると申し添えておきます。巻末に「エスノグラフィーをさらに学ぶために」という文献ガイドを掲載しましたから参考にしてください。本書を手がかりに、あなたが自分自身のやり方をつかんでくださることを願います。

もくじ

―― エスノグラフィーをはじめよう　　　　　　　　　　i
―― プロセス・マップ　　　　　　　　　　　　　　　　2

1　エスノグラフィーとは　　　　　　　　　　　　　5
1.1　エスノグラフィーの7つの特徴　　　　　　　　6

2　実例から学ぶ　　　　　　　　　　　　　　　　　27
2.1　エッセイから描写力を学ぶ　　　　　　　　　29
2.2　エスノグラフィーの実例　　　　　　　　　　32

3　エスノグラフィーのプロセス　　　　　　　　　　47
3.1　プロセスを見渡す　　　　　　　　　　　　　48
3.2　プロセスの特徴　　　　　　　　　　　　　　49

4 現場を選ぶ — 59
- 4.1 どこで何を調べるのか — 60
- 4.2 事前調査をする — 70

5 マナー・倫理・安全 — 75
- 5.1 マナーと倫理 — 77
- 5.2 自分の安全 — 86

6 現場に入る — 91
- 6.1 現場に入るときの基本姿勢 — 92
- 6.2 現場に入るコツ — 96
- 6.3 自己紹介と説明 — 99
- 6.4 もちもの — 103
- 6.5 問題とテーマを発見する — 106

7 概念力をきたえる — 115
- 7.1 いろいろな概念力 — 117
- 7.2 先行研究のレビュー — 130

8 研究計画を立てる — 139
- 8.1 研究計画の意味 — 140
- 8.2 研究計画の立て方 — 141

9 現場調査をする〔フィールドワーク〕 ─── 147
- 9.1 現場調査の基本姿勢　148
- 9.2 現場調査の方法　153

10 分析する ─── 171
- 10.1 エスノグラフィー分析の基本　173
- 10.2 エスノグラフィーの分析をする　179

11 発表する ─── 215
- 11.1 発表の基本姿勢　216
- 11.2 口頭発表の注意点　218
- 11.3 どんなスタイルで表現するか　225
- 11.4 いかに論文を組み立てるか　235
- 11.5 よいエスノグラフィーとは──評価基準　246

12 社会へとひらく ─── 251
- 12.1 お返しをする　252
- 12.2 社会で活かす　256

実例 ミニエスノグラフィー ─────── 265

1 知床のエコツーリズムとマス・ツーリズム
　　　　　　　　　　　　　　　　　　　加藤歩　266
2 エゾシカの再資源化　　　　　　　小倉亮一郎　278
3 映し合う映画と都市
　　──群馬県高崎フィルム・コミッションにおける再帰的な都市イメージの創出
　　　　　　　　　　　　　　　　　　　高橋良美　292
4 よみがえる朝鮮通信使
　　──対馬をめぐる記憶の技法のエスノグラフィー　小田博志　305

付録 ─────── 331

　小田ゼミ版　卒論の書き方　332
　引用の仕方、文献表のつくり方　338
　エスノグラフィーに関するよくある誤解　341
　文献ガイド　エスノグラフィーをさらに学ぶために　343
　　教養として読んでおいてほしい本　346
　　役に立つ事典・辞典・用語集　348

索引 ─────── 349

── 参照文献　353

| | 特設ウェブページ「エスノグラフィー入門・プラス」案内 | 356 |
| | おわりに | 357 |

column	エスノグラフィーという言葉／フィールドワークとの関係	8
	現場の性質	10
	問い・調査・研究	13
	エスノグラフィーの起源と他者	17
	アルチザンの知	23
	鏡としてのエスノグラフィー	31
	エスノグラフィーのリテラシー	46
	セレンディピティ	95
	概念のエイジェンシー	129
	イメージをつかむ	170
	カタカナ語に頼るべからず	192
	アブダクションとホームズの推理	194
	非線形の思考	212
	一枚岩の集団はない	229

指 針

1.1	エスノグラフィーの7つの特徴 ⑦	6
3.2	エスノグラフィーのプロセスの特徴 ⑥	50
4.1.2	現場を選ぶ指針 ⑩	62
5.1.1	マナーと倫理の原則 ⑤	77
5.2	自分の安全を守るための指針 ⑥	86
6.1	現場に入るときの基本姿勢 ⑤	92
6.2	現場に入るコツ ④	97
7.1	いろいろな概念力 ⑦	117

7.2.5	文献の読み方 ②	136
9.1	現場調査の基本姿勢 ⑧	148
9.2.2	現場調査の方法 ⑧	154
10.1	エスノグラフィー分析の基本姿勢 ⑦	174
10.2.1	エスノグラフィー分析の作業 ⑤	181
11.1	発表の基本姿勢 ③	216
11.3	エスノグラフィーで用いるスタイル ⑤	225

エスノグラフィー入門

理論のレベル

研究の基礎をととのえる

7 概念力をきたえる
- 7.1 いろいろな概念力
- 7.2 先行研究のレビュー

8 研究計画を立てる
- 8.1 研究計画の意味
- 8.2 研究計画の立て方

基礎知識を学ぶ

1 エスノグラフィーとは
- 1.1 エスノグラフィーの7つの特徴

2 実例から学ぶ
- 2.1 エッセイから描写力を学ぶ
- 2.2 エスノグラフィーの実例

3 エスノグラフィーのプロセス
- 3.1 プロセスを見渡す
- 3.2 プロセスの特徴

現場への入口で

4 現場を選ぶ
- 4.1 どこで何を調べるのか
- 4.2 事前調査をする

5 マナー・倫理・安全
- 5.1 マナーと倫理
- 5.2 自分の安全

6 現場に入る
- 6.1 現場に入るときの基本姿勢
- 6.2 現場に入るコツ
- 6.3 自己紹介と説明
- 6.4 もちもの
- 6.5 問題とテーマを発見する

現場のレベル

エスノグラフィーのプロセス・マップ

調べ分析する

10 分析する
- 10.1 エスノグラフィー分析の基本
- 10.2 エスノグラフィーの分析をする

成果を社会へ

11 発表する
- 11.1 発表の基本姿勢
- 11.2 口頭発表の注意点
- 11.3 どんなスタイルで表現するか
- 11.4 いかに論文を組み立てるか
- 11.5 よいエスノグラフィーとは
　　　──評価基準

12 社会へとひらく
- 12.1 お返しをする
- 12.2 社会で活かす

9 現場調査をする（フィールドワーク）
- 9.1 現場調査の基本姿勢
- 9.2 現場調査の方法

1 エスノグラフィーとは

> **この章の目標**
>
> エスノグラフィーの基本的な姿勢を知ろう。

　この本では、エスノグラフィーという言葉を「人びとが生きている現場を理解するための方法論」として定義します[1]。

　エスノグラフィーを実際に始める前に知っておいた方がよい基本的な姿勢があります。ここではそれを学びましょう。

　この章での説明はやや抽象的になっています。最初は大ざっぱに理解するくらいにとどめ、後から折に触れて立ち返るという使い方をしてください。

　具体的にエスノグラフィーがどういうものかを知りたい人は、この章を飛ばして、第2章「実例から学ぶ」からみていただくとよいでしょう。

1.1

エスノグラフィーの7つの特徴

　エスノグラフィーの基本的な特徴を、さしあたり7つの項目にまとめてみました。これらを憶えようとするのではなく、まずは大きく把握して欲しいと思います。

```
エスノグラフィーの7つの特徴

① 現場を内側から理解する
② 現場で問いを発見する
③ 素材を活かす
④ ディテールにこだわる
⑤ 文脈のなかで理解する
⑥ Aを通してB
⑦ 橋渡しをする
```

特徴 ①　現場を内側から理解する

「現場がわかっていない」
「現場で通用しない」
「現場で学ぶ」

　わたしたちはふだん「現場」という言葉を耳にすることがあります。それがどんな使われ方をしているか、またどんな意味があるのかについて、ちょ

っとふり返ってみましょう。それは教科書に載っている知識だとか、会議室での議論だとか、既成の理論などが通用しない場を指しているようです。そして「現場に行ってみてはじめてわかることがある」、そんな発見の場でもあるようです。

　ここでは**「現場」**を**「人びとが何かを実際に行なっている場」**、もしくは**「ある事がらが実際に起きている場」**と定義することにします。

　これは通常の現場の使い方よりもやや広いかもしれません。「教育現場」「医療現場」などはもちろんそうですが、「アルバイトをしている職場」「観光客が訪れている所」「日常の生活が営まれている地域」なども現場ということになります。もちろん大学の授業も立派な現場です。どんな現場が思い浮かぶか、みなさんもいくつか挙げてみましょう。

　エスノグラフィーとは人びとが実際に生活したり、活動したり、仕事をしたりしている**現場を内側から理解する**ための調査・研究の方法です。エスノグラフィーとは「現場学の方法」だと言ってもいいでしょう。ここでは「現場からスタートする」ことが基本姿勢となります。

　研究として理論的考察に結びつけることは必要です。しかしそれは後にして（決して理論をないがしろにしてよいと言っているのではありません）、まず現場をよくみることが大事です。既存の理論があてはまらないから現場調査（フィールドワーク）をするのです。本に書いていることで説明がつくのなら、わざわざ現場に行く必要はありません。生活や実践の現場は、本の知識だけでは計り知れないものです。定説や公式見解を現場は常に越えています。現場で発見したこと、気づいたことが、後で理論的考察の"種子"として育っていきます。

　現場を理解するには、現場に関わる必要があります。五感を総動員して、身をもって体験するのが現場調査（フィールドワーク）です。ここでは参与観察がエスノグラフィー調査の基本です。参与観察とは、現場に身をもって入り込み、自分の目で

---

1) 簡単に「方法」といってもよいのですが、ここであえて「方法論」というのは、これがさまざまな個別の方法だけでなく、それらの使い方を裏づける考え方や姿勢をも含んでいるからです。

観るということです。そして現場を直接経験して得た、いきいきとした理解を伝えるのです。

オーディエンス（聴衆・読者）が、その現場をイメージできるかどうかがエスノグラフィー成功の基準です。そのためには文字だけでなく、写真、ビデオ、音声なども駆使して、現場をマルチメディアで捉えます。

現場とは、いろいろな人や事物が関わって、時々刻々と変化する複雑な状況です（≫p.10 コラム「現場の性質」）。

このような現場を、従来の研究方法の多くはうまく捉えられないできました。なぜなら従来の研究は客観性、標準化、数量化を理想化する傾向があったために、現場からむしろ遠ざかっていくことになったのです。研究としてはちゃんとしていても、「この研究が私たちの生活にどんな意味があるのだろう」「これは現場では役に立たない」という結果になりがちだったわけです。

この状況を変えるためには、発想の転換が必要です。私たちが日々生きている現場の性質を基準にして、それにフィットした方法論を考えるのです。それがまさにこのエスノグラフィーです。エスノグラファーは現場に身をもって関わります。そしてそこで知った具体的な事象に密着しながら考察を展開していくのです。その思索の果実が、現場に近く、現場で活かせる知、すなわちエスノグラフィーの知です。

---

column　　エスノグラフィーという言葉／フィールドワークとの関係

エスノグラフィー（ethnography）という言葉は、ギリシア語の「（異なった）民族（ethnos）」と「描く・書く（gràphein）」を基にした造語です（Pfeifer 1995: 302）。Fischer（1999: 102-103）によるとこの言葉は、1770年頃ドイツのゲッティンゲンで「地理学（Geographie）」になぞらえて使われはじめたようです。もともとエスノグラフィーは多様な民族を研究する学問分野、すなわち「民族学」の意味で使われまし

た。しかし「民族学（Ethnologie）」という言葉が別につくられて広まると、エスノグラフィーは異なった民族のくわしい記述という意味に限定して用いられるようになりました。

　今日の文化人類学では、エスノグラフィーを研究のプロダクト（産物）およびプロセス（過程）として、大きく２つの意味で理解しています（Sanjek 2002）。日本の文化人類学では、エスノグラフィーは「民族誌」と訳され前者の意味で理解される傾向にありました。すなわち「フィールドワークの報告書としての民族誌」という意味です。一方の、プロセスとしてのエスノグラフィーは、フィールドワークも含んだ調査研究の進め方という意味です。これは端的に方法論としてのエスノグラフィーと言い換えてもよいでしょう。この後者の意味が英語圏では強くなっており、特に質的研究の分野ではエスノグラフィーといえば方法論を指します。「エスノグラフィーする（doing ethnography）」という言い方は、まさにこの意味を表しています。**本書は方法論としてのエスノグラフィーという理解に立っています**。

　ちなみに「フィールドワーク」は、エスノグラフィー研究の中で行なわれる場合、「**エスノグラフィック・フィールドワーク**」と言った方が正確です。この「フィールドワーク」という言葉は、生物学や地理学などの分野で「野外調査」の意味で使われたり、あるいは一般でも「現地見学」のような意味で使わることが多くなっています。それらの場合には、エスノグラフィー・アプローチとはあまり関係がありません。「フィールドワーク」はすでに拡散した使われ方をしています。従来、日本では「フィールドワーク」を方法論として理解し、それをメインタイトルに掲げる出版がこれまで主流でした（佐藤 1992；箕浦 1999 など）。しかし私はより厳密な議論をするためには、「フィールドワーク」ではなく「エスノグラフィー」を方法論として捉える方向にシフトして行った方がよいと考えています。（» p.147「9 現場調査（フィールドワーク）をする」）。

column　　　　　　　　　　　　　　　　　　　　　　　　現場の性質

　「現場」には独自の性質があります。それがどういうものか振り返って考えてみましょう。さしあたり次の５つの言葉で押さえておきたいです。

現在進行性：現場では何かが今まさに行なわれています。そこではものごとが「現在進行」しています。その「現在」は、「これまで」と「これから」にはさまれて進み続けます。「これまで」はもう起こってしまった現実として経験されます。

予測不可能性：「これから」は、どうなるのか、何が起こるのかわからないものです。現場では偶発的なことが起こる可能性が常にあります。

即興性：予測していなかった、偶発的なことに直面したとき、人はその場で即興の反応をしなければなりません。あらかじめ教えられていないようなことが現場で降りかかってくるのですから、それに対処するに絶対に決まった答えはありません。こうした即興的な行動が、また予測しなかった結果を産み出して、現場の様子は絶えず変化し続けていきます。

具体性：現場は常に具体的です。特定の時に、特定の場所で、特定の人びとが関わり合う。現場はどれも一回的であり、ひとつとして同じものがありません。現場はまたディテール（細部）に富んでいます。細かくて、具体的な物事、人の言葉と仕草などが現場の中身です。現場に入って出会うのは、具体的な事例ばかりです。それぞれ違った事例をどう理解し、どう対処するかが現場では問われるのです。「一般原則が一個の事例によって揺さぶられる経験としての哲学」というこ

とを鷲田は言っていますが（1999：108）、現場とはたった一個の具体的な事例によって既存の考え方が揺さぶられ、壊されることすらありうる場です。

複雑性：さまざまな人や物や文脈がからみあって成り立っているのが現場です。そこでは、何が原因で何が結果かを明瞭に分離することが難しく、また、ひとつの事だけを抜き出して理解することも適当ではありません。他の物事との関係性の中にあるからです。外からみて同じ物でも、視点や立場が違うとかなり違った意味づけがなされることもあります。現場にはそうした矛盾、対立、亀裂、共約不可能性がつきものです。

上で引用した「一般原則が一個の事例によって揺さぶられる経験としての哲学」を、鷲田は「臨床哲学」と名づけました（鷲田1999：108）。そのような立場に立つ哲学者とは、鷲田によれば「じぶんとそれをとりまく世界を理解するための《概念》を創造するひと」（鷲田1999：18）ですが、それはエスノグラファーと共通した存在です。もっともエスノグラファーにはまず「他者の世界を理解するための《概念》を創造する」という役割があるのですが。しかし、現場で出会う一個の事例に揺さぶられて、世界の捉え方を更新するという点でエスノグラフィーはさしずめ「現場哲学」の方法論といえるでしょう。

特徴② 現場で問いを発見する

エスノグラフィーはわからないこと、すなわち問いから出発します。

自分が旅行したときのことを思い出してみましょう。知らない土地に行って、いろいろな違いに気づいたことがあるのではないでしょうか。このよう

な見知らぬ土地で出会った謎、発見した問いこそがエスノグラフィーの出発点です。「これは何だろう」「これは不思議だ」という感覚を大切にしてください。それを調べていくうちに、新しい風景が見えてきます。それはエスノグラファーにとって何にも代えがたい喜びです。それだけ世界が豊かになるのですから。

　現場には謎、不思議、未知の側面、矛盾、問いがいくらでも転がっています。それを見つけて、理解していくプロセスが、エスノグラフィーのプロセスといえます。

　現場で問いを発見できるかどうかは、そのための"眼"をもっているかどうかにかかっています。エスノグラフィーをする上で、現場での問題発見能力が基本的に重要です。

　エスノグラフィーとは調査・研究の方法です。文化人類学そしてエスノグラフィーの場合でも、問いを立てることの重要性は変わりありません。エスノグラフィーの特徴は**問いを現場で発見する**点です。つまり現場での問題発見力がエスノグラフィーという方法の利点を活かすために必要になってくるのです。

　「問い」は研究を進めるに従って、研究上の問題設定、すなわち「研究設問」へと育っていきます。

　どんな優れた学者であっても、「問い」が最初から研究設問のかたちをとって現れるわけではありません。最初は、ちょっとした違和感や、素朴な疑問から出発することが多いのです。その感覚を大切にして、人と共有できる言葉にできるかどうかが大きな分かれ道になります。

　誰もがもつような素朴な「問い」をどのように「研究設問」へと育ててゆくのか、そのプロセスをこれから学んでゆきましょう。

　以下の章では、問い・問題をキーワードにして、エスノグラフィーのやり方を説明していきます。

column　　　　　　　　　　　　　　　　問い・調査・研究

「調査」とは、「研究」とは何でしょうか。
もっとも単純化すると次のようにいえるでしょう。

　　研究とは、問いを立ててその答えを明らかにする作業、
　　調査とは、そのために必要なデータを集める作業。

　この場合の問いとは、ある研究分野で意味のある設問（研究設問）のことです。研究の出発点は「問い」であるということを押さえてください。「問いを立てられる」能力が研究の前提です。
　大学は研究の仕方を学ぶところです。それが高校までと違うところです。つまり大学では、誰かが予め定めた「答え」を覚えるのではなく、自分に独自の「問い」を立ててそれを追求するという姿勢が大事になってきます。もちろん、どんな問いに意味があるのか、またそれをどんな方法で明らかにするのかということについて知識を学ぶことは必要ですが。
　上の理解の仕方では、調査は研究のプロセスに含まれる一段階ということになります。しかし、調査は研究の中だけで行なわれるとは限りません。マーケティングなどの分野で行なわれる市場調査やジャーナリズムの世論調査のように研究が目的ではない調査もあります。エスノグラフィーは文化人類学などの研究分野で発展してきたものですが、マーケティングなど研究ではない領域での応用も可能です。実際、「エスノグラフィーをはじめよう」でみたように、ビジネスや防災の分野でエスノグラフィー調査はますます注目を集めています。

特徴 ③　素材を活かす

「素材の持ち味を活かす」。これが、エスノグラファーが研究対象に向き合うときの基本姿勢です。ここでの「素材」とは、現場で出会う事象でありデータです。巻末のミニエスノグラフィーを開いてみてください（》p.265）。それぞれ「北海道のエゾシカ猟」、「知床のツーリズム」、「高崎市のフィルム・コミッション」、「対馬の朝鮮通信使行列」という事象を扱っています。これらの事象をよくみて、それに関わるデータから事例を組み立てていきます。それは手に入った具体的な材料から、何かひとつの作品や料理をつくっていく手仕事と似ています。

みなさんの目の前に新鮮な野菜や魚介類があると想像してみてください。これからそれらを料理していきます。「鉄板焼き」にするのか、「ブイヤベース」をつくるのか、それとも「海鮮焼きそば」の具に使うのか。それは「料理人」であるみなさんの自由ですし、それを「食べる人」の希望によっても左右されるでしょう。しかしみなさんの目的はひとつ、「おいしい料理をつくること」です。そのためには料理ブックに載っていないやり方で調理してもかまわないのです。逆に既存のレシピに厳密に従うあまり、素材の持ち味を殺してしまったら下手な料理人と言われてしまいます。エスノグラファーは「素材を活かす料理人」です。

決められた手順はない
「研究」と聞くと身構えてしまうのか、「何か決まった方法があって、厳密にその手順を踏まなければならないのではないか」と考えてしまう人がいます。あるいは、既存の研究方法を学んだ人も、それと同じようにエスノグラフィーも「標準的な研究の手順」だと予想するかもしれません。しかしエスノグラフィーの場合には、その考え方を忘れてしまいましょう。エスノグラフィーには厳密に決められた手順というものはありません。

現場を描き出しながら分析するという大きな方向性を踏まえれば、後は基本的に柔軟に研究をしていっていいのです。**エスノグラフィーは自由度が高い研究手法**です。エスノグラフィーとは、お決まりの研究手順ではなく、む

しろ現場に根ざしながら知を産み出していくために役立つ道具と姿勢のセットだと考えた方がよいでしょう。どのような道具を使うかは、エスノグラファーがそのつどの現場で判断することです。

　自分が知らない世界を理解し、それを内側から捉えていく上で、むしろ決まった方法を機械的に用いることは妨げとなります。エスノグラフィーの場合、**対象が主・方法が従**なのです。その対象や問題に合わせて、適切な方法を選んでいく。もし適した既存の方法がなければ、自分で工夫してつくり出す。こういう姿勢で臨みます。

ケースバイケースの原則
　現場にも、そこで出会う事象にもそれぞれ個性があって、その持ち味を活かすということは、前もって決められた画一的な方法を使わないということです。ここからエスノグラフィーにおける「ケースバイケースの原則」が出てきます。その場に応じて、臨機応変に判断をしていくという姿勢です。これについては第3章でくわしく説明します（▶ p.50）。

　　特徴 ④　ディテールにこだわる

　　「ぼくは以前から、細かいことこそ何よりも重要なのだという言葉を、格言にしています。」

　こう言っているのは名探偵シャーロック・ホームズです（ドイル 2006）。ホームズは現場に残されたまったく些細なことに目を留めて、難事件を解決します（▶ p.194　コラム「アブダクションとホームズの推理」）。
　細かいこと、つまりディテールこそが何よりも重要とは、エスノグラファーにとっての格言でもあります。現場は細かい事実で出来上がっています。現場のディテールの中に、現場の謎があり、そしてそれを解くヒントまで眠っています。エスノグラフィーとはディテールを積み重ねて、現場を描き出していくものともいえます。豊かなディテールの描写とはどういうものか。

そしてそれがいかに魅力的なものかについて、第2章で紹介している実例を通してぜひ体験してください。

特徴⑤　文脈のなかで理解する

　エスノグラフィーでは現場で出会う具体的な事象を重視します。しかしそれだけを抜き出すのではなく、その事象の周りをも広くみます。「**細かくかつ広く**」がエスノグラファーのまなざしの特徴です。現場の具体的な事象を細やかに観察しながらも、それを他の物事との関係のなかで捉えるのです。このような姿勢を「**文脈理解**」といいます。多くの研究方法では「対象を文脈から抜き出す」のに対して、エスノグラフィーの場合は「対象をもとの**文脈に位置づける**」という逆の方向を取ります。
　ある言葉の意味は、前後の言葉との関係で定まってきます。この関係のことを「**文脈**」と言います。そしてある言葉を文脈の中で理解する姿勢が本来の「文脈理解」であり、ある言葉をもともとの文脈の中に置くことを「文脈化する」と言います。
　文脈とは、ある言葉にとって「環境」のようなものです。ある生き物（それが動物であれ植物であれ）のことを考えてみましょう。同じ木があるときには青々と葉を茂らせ、別のときにはすっかり枝だけになっています。なぜそうなのかを理解しようと思えば、木だけを見るのではなく、どんな季節なのかを考える必要があります。言葉の意味も、それが置かれた環境、すなわち文脈と一緒に理解しなければなりません。
　エスノグラフィーでは、言葉以外のものごとを分析するときにも文脈理解の姿勢を取ります。人びとの非言語的な行為、社会の組織や仕組み、道具や機材などのモノ、写真や映画といったイメージ。エスノグラフィーの分析対象となるものごとは多岐に渡ります。こうしたものごとの意味やあり方も、その周囲のものごととの関係性、さらにはより広い歴史や世界情勢との関係性の中で定まると考えるのです。エスノグラフィーの場合、その関係性のことを比喩的に「文脈」と呼び、対象となるものごとをその文脈に位置づけて

理解するという姿勢を取るわけです。

人類学的なエスノグラフィーと他の質的研究の方法論とを比較すると、「文脈」の踏まえ方に違いがあります。エスノグラフィーは文脈を重視しますが、他の方法論でも同じ立場を取るものがあります。特に人類学的エスノグラフィーに独自なのは、現場で直接に知覚できる事柄だけでなく、**より大きな歴史的、政治経済的文脈をも踏まえる傾向にあります**。これは、現場の人びとも自覚していないけれども、調べていくと影響関係が明らかになるような背景のことで、「マクロな文脈」と呼ばれることもあります。

---

column　　　　　　　　　　　エスノグラフィーの起源と他者

何かをする上で標準的な手順を定めて、それに従うという考え方を「標準化」と呼ぶとすると、エスノグラフィーはこの「標準化に抗する方法」だといえます。標準化とは「同じ」ものを「同じ」やり方で加工するという考え方です。質問と回答の項目をあらかじめ決めて、大量にデータを取る質問紙調査は、標準化にもとづく調査方法の典型といえるでしょう。しかしエスノグラフィーの独自性は、この傾向に抗して、現場での自由度が非常に高い点です。それは「他者との出会い」に起源があります。

現在のようなエスノグラフィーの重要な起源は、マリノフスキが1922年に出版した『西太平洋の遠洋航海者』（マリノフスキ 2010）です。マリノフスキはポーランドで生まれ、イギリスで人類学を学んだ人です。若い頃彼はニューギニアの東方に浮かぶトロブリアンド諸島で、合計2年におよぶフィールドワークを行ないました。そこで出会ったのが「クラ」と現地語で呼ばれる一種の交易です。しかしそれはマリノフスキにとって不思議な現象でした。実用されない貝の首飾りと腕輪を、現地の人びとは命の危険を冒してまで違う島に渡って、受け取ろうとす

るのです。調べていくと、それはカヌー建造技術、航海術、呪文、儀礼など多様な事物と複雑に結びついていることが明らかになっていきました。マリノフスキはトロブリアンドで「他者」と出会ったのです。

　既存の理論枠組みも、標準的な方法も通用しそうにない未知の現象を前に、現地の文脈の中で、手探りで理解を進めていくこと——これがエスノグラフィの原型です。

　マリノフスキがとった方法は、遠い「異文化」だけではなく、身近な現場をその内側から理解するためにも有効です。そしてこのエスノグラフィーというやり方には、歴史的な意義があるといえるでしょう。なぜならそれは、標準化が世界を覆いつくすかに思える近代化ないしグローバル化の傾向の中で、人間の経験の多様性とユニークさに立ち返る方法でもあるからです。

> 特徴 ⑥　A を通して B

エスノグラフィーは2つの層のあいだで成り立ちます。
それは、

> **具体と抽象のあいだ**

であり、

実証と理論のあいだ

です。
　エスノグラファーはまず具体的な現場の世界に踏み込みます、それからそれを抽象的な理論の視点から捉えていきます。どちらかに偏るのではなく、両者のあいだでバランスをとるのです。
　2つの層を便宜上記号に置き換えてみましょう。

　　ある具体的な事象について調べる：A
　　理論的なテーマを論じる：B

　この2つがエスノグラフィーでは「**Aを通してB**」という関係をとります。つまり、具体的な事象を通して理論的テーマを論じるのです。
　例を引きましょう。巻末のミニエスノグラフィー④「よみがえる朝鮮通信使」を開いてみて下さい（»p.305）。ここでのA（具体的な事実）は、対馬という地域での「朝鮮通信使行列」というイベントです。でもこれについて書くだけではなくて、B（理論的なテーマ）を論じています。「A＝対馬の朝鮮通信使行列」を通して「B＝記憶」を論じているのです。
　理論とは何でしょうか。理論とは具体的な事象の捉え方のことです。具体的な事象をただ記録しただけでは、そのことによほど興味がある人以外に訴えるものはありません。それ以外の人たちは、

　　「それで何が言えるの？」

——と尋ねることでしょう。その事象を通して何が言えるのか？　それをどう説明できるのか？　それと他の事象とをどう結びつけたらよいか？　これらの問いを考えていくことが、すなわち理論的考察です。
　エスノグラフィーは現場の具体的な事象に密着します。そしてそれだけで

は終わらずに、その事象を説明する理論を立ち上げていきます。ここでは現場の報告だけに終わるのではなく、また理論を一方的に現場にあてはめるのでもなく、理論が現場を照らし、現場が理論を問い直すというかたちで、現場と理論は対話的関係でつながれます。

概念力を発揮する

　Ａ（事象）をＢ（理論）とつなげられるために必要なのが「**概念力**」です。**これは具体的なものごとを概念のレベルで捉えられる能力**です。私は大学で教えているうちに、この「概念力」のあるなしが、エスノグラフィーがうまくできるどうかの分かれ道になっているようだと気づきました。

　エスノグラフィーの現場調査をしていると、とても具体的なものごとや人に「これでもか」というくらい出会っていきます。そのうち溺れそうになるかもしれません。そのときに見通しを得る助けになるのが、それら具体的な事物、出来事、人を**適切に名づける**ことです。この名づける作業を「概念化する」とここでは言っています。概念力についてくわしいことは第７章「概念力をきたえる」(≫p.115) で説明します。

特徴 ⑦　橋渡しをする

　エスノグラファーの仕事は「橋渡しをすること」です。それは、**ある世界を内側から理解して、それを別の世界へと伝える**ことです。

　エスノグラファーが立つ所は、自己の世界でも他者の世界でもなくて、その「あいだ」だということになります。

　川にかかっている橋をイメージしてみましょう。陸地Ａと陸地Ｂのあいだに広くて水量の多い川が流れています。このままではＡからＢに渡ることができません。そこに橋をかければＡとＢの人びとは互いに交流できるようになるでしょう。エスノグラフィーとは２つの（もしくは複数の）世界のあいだに橋をかけることに比べられます。もちろんその橋は物質的なものではありません。**エスノグラフィーという橋は、主に言葉でできています。**

言葉によってエスノグラファーは人びとの想像力に働きかけ、向こう側の世界に関する理解を伝えるのです。

エスノグラファーは知らない現場に入り込んで、参与観察をします。それは、その現場の一員になりながら観察をするということです。ある現場の一員となってはじめて、「ここではこんな考え方をしている」という内側からの理解を得ることができます。そしてエスノグラファーはその理解を、その現場を知らない人に伝えます。だから常にエスノグラファーは2つの方向を念頭に置くということになります。**「向こうの世界」を理解する**ということと、その**理解を「こちらの世界」に伝える**ということです。

また、エスノグラファーは現場と研究、社会と大学とを橋渡しする人でもあります。現場や社会で切実な問題を取り上げて、研究者の立場からそれを共に考えるということが意欲的に行なわれてよいでしょう。

あたりまえを相対化する

他者の世界に入り込んで過ごしているうちに、その人たちにとって「あたりまえのこと（自明性ともいう）」が身についていきます。それができるようになると、今度は不思議なことが起こってきます。自分がかつてあたりまえに思っていたことが、奇妙にみえてくるのです。これを自己の自明性の「**相対化**」といいます。

この現象を英語で"making the familiar strange, and the strange familiar"と表現します。「あたりまえを奇妙に、奇妙をあたりまえに捉える」ということです。これができるようになるとエスノグラファーは、自己の慣れ親しんだ世界から離れながら、他者の世界の完全な一員でもないという、どちらに対しても「よそ者」の立場になります。内と外とのあいだ、自己と他者とのあいだがエスノグラファーの立ち位置です。この「**よそ者**」の立場から、「**橋渡し**」という仕事が可能になります。エイガーはエスノグラファーとは「プロのよそ者」なのだと表現しています（Ager 1996）。

自らを省みること

他者のあたりまえから、自分のそれまでのあたりまえを相対化できるようになると、次はその自分のあたりまえさを批判的に分析できるようになりま

す。自分を客観的に捉え返すことを、自己省察（セルフ・リフレクション）といいますが、エスノグラフィーでは他者の視点を介してそれが根本的に行なわれることがあるのです。

　日本語では「社会人」という言葉はあたりまえに使われています。しかしドイツで生活すると、それにピタリとあてはまる言葉がないことに気づきます。その視点から、現代日本社会における「社会人」について距離を取って分析できるようになるのです。これはその社会や研究分野のメンバーがあまりに慣れ親しんで気づかないことを問い直し、風穴を開けるということにつながります。そこから社会を変えていく新機軸（ブレイクスルー）が現れるかもしれません。

実例　　　　　　　　　　　　　　　　　　　　人の数を数えない社会

　川田順造はアフリカのモシ王国と呼ばれた社会で長年にわたってフィールドワークを続けてきた文化人類学者です。その社会では人の数を数えないのだそうです。それはいったいどういうことなのでしょうか。

>　私も世界からみればおよそマイナーな、西アフリカの内陸サバンナの旧モシ王国に執着して30年あまりになるが、彼らの村を訪ねて村の長に村の人口を訊ねても、ごく小さな村でも村長は答えられない。村ほどの規模でなく、構成員15人程度の拡大家族の長に、家族は何人かと訊ねてみても同じだ。だが、誰と誰がいるということは、これらの首長は克明に知っている。考えてみれば、老女から若い男やその妻、乳呑児等々、人間として質的に著しく多様な人たちを、等質化して数量化して「何人」と数えることの方がよほど不自然だ（自分の牛の群れの合計頭数は答えられなくとも、個々の牛は全部知っている牧畜民にしても同じことがいえるだろう）。村や世帯の人口を調べ、性や年齢である程度類別し、帳簿をこしらえたのは、19世紀末にフランス人がこの社会を植民地支配してからのことだ。それは人頭税を課したり、強制労働や兵役に住民を借り出したりするために不可欠だった。
>
>　　　　　　　　　　　　　　　　　　　　　　（川田 1998：58-59）

現代日本に生きていると、人の数を数えることはあたりまえですね。日本の人口、住んでいる市町村の人口、属している大学や講座の学生の数。これらは正確に数えられています。しかし、川田順造はここでまず、モシ王国において人の数を数えないということの意味を理解します。そして日本ではあたりまえの人の数を数えることの「合理性」を問い直しているのです。この川田の文章を読んだら、「人口が何人だ」とか、「何人の調査をした」なんていうことが実は不思議なことではないかと思えてきませんか。

---

column　　　　　　　　　　　　　　　　　　　アルチザンの知

　志村ふくみさんという染色家の言葉です。
　「私たちは草木のもっている色を
　できるだけ損なわずにこちら側に宿すのである。」
　「私たちは、どうかしてその色を生かしたい」
　「化学染料の場合はまったく逆である。（中略）
　自然が主であるか、人間が主であるかの違いであろう。」
　　　　　　　　　　　　　　　　　　　　（志村1998：16-17）

　素材の声を聴き、その持ち味を引き出す。こうした独自の素材との向き合い方は、染色家だけでなく、料理人、家具職人、石工、宝石職人、陶工、革職人、楽器職人などにも共通しているのではないかと思います。このような技術をもった人たちをアルチザンともいいます。
　世界的に有名な彫刻家イサムノグチも、アルチザン的な姿勢の持ち主でした。彼は石を素材に作品を産み出しましたが、こう語っています。

　「自然石と向き合っていると、石が話をはじめるのですよ。
　その声が聞こえたら、ちょっとだけ手助けしてあげるんです。」
　　　　　　　　　　　　　　　　　　　　（田中2002：30）

1　エスノグラフィーとは

アルチザンの素材との向き合い方と対照的なのが、工場での大量生産の方式です。工場では素材がなんであれ、切り刻み、張り合わせ、変形し、塗装して、同じものが同じように製造されます。そこでは、素材の持ち味を活かすとか、対象の声を聴くなどということに関心は向けられません。製造者の計画が先にあって、素材はそれに合わせられるのです。ですから工業生産では可塑性の高い石油や金属原料が多用されます。

　一方、アルチザンは素材に合わせてものをつくっていく。客体が主体になる。作り手のアルチザンは主体でありながら、素材に語りかけられるという点で客体です。アルチザンの仕事の結果は均質ではなく、一つ一つに個性があります。素材の持ち味を活かすからです。

　アルチザンの仕事はマニュアル化が不可能です。素材によって、顧客によって、またアルチザンの個性や熟練度によって、ものをつくるプロセスも違ってくるからです。アルチザンの仕事には「わざ」という言葉がふさわしいでしょう。アルチザンの手仕事には、その人の個性が刻印されています。

　工業的な大量生産のやり方だと、誰がやっても同じものができることが目指されます。そこでは作り手の個性は望まれません。つまりつくる側の人間も規格化されるのです。

　研究とは「知」を産み出す仕事ですが、それも工場生産型とアルチザン型に区別できるのでしょう。あらかじめ決まった理論や研究の手順に従って、素材（研究対象）を切り取っていく研究スタイルが一方にあります。他方には、素材とまず向き合って、それとの関係性の中で研究の方法を選び取っていったり、理論をつくり出していったりする仕方があります。

　エスノグラフィーはアルチザン型の研究手法です。それは対象（現場の事象）と関わりながら、それにフィットする作品（理論）を産み出していきます。ここで研究の対象・客体は、主体ともなります。研究者は万能の主体ではありえません。現場で出会う他者にとって、研究者は客体です。この主体と主体との対話的な関係の中から、「エスノグラフィーの知」が産み出されるのです。エスノグラフィーの知はアルチザンの

知ともいえます。

　エスノグラフィーの研究プロセスはマニュアル化ができません。対象と向き合って、現場に入り込んではじめてスタートする研究だからです。そのためにエスノグラフィー的研究の評価には難しさがつきまといます。しかし評価は十分可能です。熟練のアルチザンの仕事が、下手な同僚の作品や、凡百の大量生産品を凌駕することは、一目見れば明らかなことと同じです。

2 実例から学ぶ

> **この章の目標**
>
> エスノグラフィーの実例に接してイメージをつかもう。

　エスノグラフィーとは実際にどういうものでしょうか。エスノグラフィーでどんなことができるのでしょうか。
　ここではそのイメージをつかみましょう。細かい知識を覚えこむよりも、「エスノグラフィーとはこういうものだ」という感覚をつかんでおく方が、いざエスノグラフィーするときには役に立ったりします。
　そのために非常に有益なのが、エスノグラフィーの実例と接することです。具体的な例から学んで、エスノグラフィーのイメージを育ててほしいと思います。そのイメージとセンスが、これからエスノグラフィーの道のりを歩むときの導きとなってくれるでしょう。

まず、エスノグラフィーを読むうえで、みなさんが心がけたらよい2つの姿勢を述べておきます。

書く姿勢で読む
　エスノグラフィーを読むときに、次のように問いかけながら読むと、自分がエスノグラフィーをするために多くを引き出せます。たんに受身の読者であるにとどまらず、書く側に立ったつもりで読むということです。

　　このエスノグラフィーは
　　どこで、何を対象にした調査に基づいているのだろう？
　　どんなテーマと問題を扱っているのだろう？
　　書き方の点でどんな工夫をしているだろう？
　　論文をどう組み立てているだろう？
　　結論で面白い点はどこだろう？

応用力をもって
　さらに、自分の調査のアイディアとそのエスノグラフィーとを対話させながら読みましょう。それはこういうことです。仮に自分が調査しようと思っている場所やテーマと、そのエスノグラフィーが扱っている場所やテーマとがかけはなれていても、エスノグラフィーの「やり方」を学ぶことができるのです。そのやり方を自分の調査に活かしていくのです。
　これはただまねるということではありません。**他人のやり方を、自分の文脈へと「応用する」**ということです。違った対象、違ったテーマ、違った条件——つまり違った文脈で、そのエスノグラファーはこのようにした。それを私の置かれた文脈ではこう応用できるのではないか、と考えるのです。他人のエスノグラフィーを読んだ経験を無駄にせず後に活かせるかどうかは、この**応用力**にかかっています。

2.1

エッセイから描写力を学ぶ

　研究として行なわれたエスノグラフィーの紹介に入る前に、作家によるエッセイを読んでみましょう。エスノグラフィーの特徴は観察と描写です。エスノグラフィーにおいてきわめて大切な現場を描き出す力を、小説・エッセイ・ドキュメンタリーなどから学ぶことができます。特に旅行記・紀行文はエスノグラフィーと近い性質をもったジャンルです。

　作家の村上春樹はウィスキーをテーマにスコットランドとアイルランドを旅し、「ウィスキーの匂いのする小さな旅の本」(『もし僕らのことばがウィスキーであったなら』) を書いています。これはウィスキーのエスノグラフィーとしても読めるでしょう。アイラ島で訪ねた2つの蒸留所を、村上は次のように対比させて描き出しています。

>　アイラ島で僕はボウモアとラフロイグの蒸留所を見学させてもらった。同じ小さな島の中にありながら、このふたつの蒸留所はおどろくくらい様式を異にしている。ボウモアは非常に「古式豊かな」作り方をしている。頑固というか、いくら時代が移ってもやり方を変えない。手動の「すきかえし」を行なう自然のフロア・モルティングから、昔ながらの木製の樽をつかった発酵槽、けっしてフォークリフトを使わずに人の手だけを使ってそっと優しく樽をころがして移動する熟成倉庫。働いている人々の多くは年寄りだ。彼らはアイラで生まれ、アイラで育ち、アイラで生涯を終えることになるのだろう。彼らは誇りと喜びをもってここで仕事をしている。それは顔つきでわかる。「樽の音聴き」一筋のおじさんのもっている木槌(きづち)は三分の一くらいすり減っていた。働いている人の総数はあれこれふくめて八十人近い。

　　　　　　　　　　　　　　　　　　　　　(村上 2002：55-57)

> ボウモア蒸留所の古典的な方式に比べると、ラフロイグのやり方ははるかに近代的だ。伝統的なフロア・モルティングこそ行なわれているものの、後の工程はほとんどすべてきっちりとコンピュータ制御され、発酵槽はぴかぴかと光るステンレス・スチールであり（この方が管理も修理も簡単だ）、倉庫の管理ももっと機械的であり効率的だ。(中略) 従業員の数はきっちり二十一人。ボウモアに比べると、とても効率がいい。働いている人々の多くは白衣を着用し、顔にマスクをかけていてその奥にある表情はほとんどうかがえない。そういえば、ボウモアでは誰もマスクをかけてなかったな。
>
> （村上 2002：58-59）

　同じ島の中にある蒸留所の個性を捉え、短い表現の中で描き分けています。ディテール（現場で気づく細かいこと）もきっちり捉えられています。樽や木槌、従業員の衣服、それにマスクのことなど。このようなディテール豊かな描写は、エスノグラフィーにおいても重要です。
　それぞれでつくられたウィスキーの味についてはこんな風に描いています。

> 実際に飲んでみると、ボウモアのウィスキーにはやはり人の手の温もりが感じられる。「俺が俺が」という、直接的な差し出がましさはそこにはない。
>
> （村上 2002：57）

> たしかにラフロイグには、まぎれもないラフロイグの味がした。10年ものには10年ものの頑固な味があり、15年ものには15年ものの頑固な味があった。どちらも個性的で、おもねったところはない。　（村上 2002：62）

　描写は視覚だけではなく、**からだで経験した**ことすべてに関わります。味覚、嗅覚、聴覚、触覚――。すべての感覚を現場で開いて、身をもって経験したことを言葉にするのです。

　村上が香川県でうどんを食べ歩いたエッセイを読むと、ウィスキーのときとはトーンが違っていて面白いです。これはあるうどん屋の描写です。

まずだいいちにこの店はほとんど田圃のまん中にある。看板も出ていない。入口には一応「中村うどん」と書いてあるのだが、それもわざと（だと思うけれど）道路から見えないように書いてある。奥のほうまでぐるっとまわりこんでいかないと、それがうどん屋であるとは絶対にわからないような仕掛けになっている。(中略)
　店はひどく小さい。うどん屋というよりはむしろ建設現場の資材小屋みたいに見える。間に合わせみたいな小さなテーブルがいくつか並んでいるだけである。(中略)お湯をはった大きな釜の前で、おっさんがひとりでしょっしょっしょっとうどん玉をゆがいているだけだった。(中略)
　(中略)中村父が新しいうどんを打ち終える。それをさっとゆがいて、葱と醤油をかけて食べさせてもらう。これは見事に美味しい。さっき食べたうどんもかなり美味しいと思ったけれど、この打ちたてのうどんの香ばしさと腰の明快さに比べたら、ランクがひとつ違う。　　　　（村上 2002：146-148）

　一言で「うどん屋」といっても、香川県では異なったあり方をしていることがこの描写から伝わってきます。ここでも店舗の位置、様子、それに看板がないことなどディテールが捉えられていることに注意してください。

課題　他にも旅行エッセイを読んでみよう。
課題　自分の生活の1シーンや旅先の情景を描写してみよう。

---

column　　　　　　　　　　　　　鏡としてのエスノグラフィー

　人類学的エスノグラフィーの多くは、絵に描いたような「異文化」——日本から隔たった土地（たとえばアフリカや東南アジア）で生きる人びととの異なった行動の仕方や考え方を扱っています。一方で、学部の学生が授業の課題としてエスノグラフィーする場合、海外で調査をする

のは物理的に難しいでしょう。卒論でもそうかもしれません。
　ならば、遠い「異文化」を扱ったエスノグラフィーは、自分とは関係ないものとして読む必要がないのでしょうか。いいえ、そうではありません。今、ここであたりまえとして通用している事柄を問い直し、批判的に捉えること——これを「相対化する」といいます——は、エスノグラフィーの重要な課題のひとつです。日本社会のあたりまえさにどっぷり浸っているままでは、それを相対的に捉えることは難しいでしょう。そのときに、違った社会の人びとに関するエスノグラフィーを読むと、自分があたりまえと思っていたことが必ずしもそうではないことに気づきます。つまりエスノグラフィーとは自己を捉え直す鏡となるのです。
　中谷がバリ島の調査に基づいて「「主婦」にあたる言葉はバリ語にはない（中谷2003：152）」と言うとき、もしかしたら日本の人たちがあたりまえに使っている「主婦」という言葉は特殊なものではないのか、と気づきます。このようにエスノグラフィーは自己を「よそ者」の視点から捉えてみるきっかけとなります。自己を他者の鏡に照らして捉え直す意識の働きを「リフレクシヴィティ（省察性）」といいます。

2.2

エスノグラフィーの実例

　エスノグラフィーは人間が関わる事象ならばほとんど扱うことができます。歴史をさかのぼると「西欧」の研究者が、彼らにとっての「異文化」「異民

族」を研究することから始まったエスノグラフィーですが、今日では、その対象は驚くほど拡大しています。

> 遠く離れた社会だけでなく、身近な地域社会。
> 伝統的な村落だけでなく、変動し続ける大都市。
> 最先端の科学の実験室、大学病院の病棟、
> NGOや国際連合などの国際の機関。
> 食、観光、紛争、開発、平和、経済、
> 教育、音楽、映像、宗教、ジェンダー、
> 博物館、スポーツ、環境

……など多彩な対象とテーマのエスノグラフィーが産み出され続けているのです。その中から興味が引かれる作品に実際に接してみてください。
ここではそのきっかけとしていくつかの実例をご紹介します。

2.2.1　4つのミニエスノグラフィー

まずこの本の巻末に収録した4つのエスノグラフィーを開いてみてください（▶ p.265）。どれも日本の範囲内で調査をしました。最初の2つは学部学生、3つ目は修士課程の学生、そして最後は私が書いた短編エスノグラフィーです。学部の学生などのエスノグラフィー初心者にも身近な目標となるでしょう。

ミニエスノグラフィー①
「知床のエコツーリズムとマス・ツーリズム」　　　本書 p.266
　北海道大学の学生にとって身近な、現代の北海道を舞台にした作品です。世界自然遺産に認定されますます人気を集める知床での調査に基づいた、観

光をテーマとするエスノグラフィーです。

ミニエスノグラフィー②「エゾシカの再資源化」　　　　　p.278
　こちらも北海道の現場を扱っています。数が増えすぎて「害獣」とみなされるようになったエゾシカを、再び資源として位置づけようとする人びとの姿をいきいきと描き出したエスノグラフィー。食文化の動態にも関わっています。

ミニエスノグラフィー③「映し合う映画と都市」　　　　　p.292
　群馬県高崎市が舞台の、映像をテーマとしたエスノグラフィーです。映画と都市との関係性を理論的に分析しています。

ミニエスノグラフィー④「よみがえる朝鮮通信使」　　　　p.305
　これは私自身が長崎県対馬で調査を行ないながら、江戸時代の朝鮮通信使の歴史が、いかに現代の地域社会のあり方を変えるために活用されていったのかを明らかにしています。

2.2.2　入門者向け短編エスノグラフィー

　入門者向けに短いエスノグラフィーを収めた本は他にも出ています。

「棚田を〈守り〉する人びと——伝統的棚田の保全と開発」
　（山田有佳 2006 菅原和孝編『フィールドワークへの挑戦』世界思想社：192-212）
　京都大学の学生が滋賀県の棚田が美しい地域で取り組んだ調査を振り返って語ったもので、経過がくわしく述べられているためにエスノグラフィー実践者にとって参考になります。これが収録された『フィールドワークへの挑

戦』では、全部で6編のエスノグラフィー体験談を読むことができます。そのどれもが現場との深い関わりをしており、読み応えがあります。

　……それほどまでに棚田に思いを注ぐ人たちが、その棚田の姿を一変させてしまう事業を推進しているという現実に、戸惑いをおぼえたのである。
(p. 209)

「帰国生によるハイブリッドなアイデンティティの構築」
（渋谷真樹 1999 箕浦康子編著『フィールドワークの技法と実際』ミネルヴァ書房：56-174）

　東京大学で行なわれた「フィールドワーク」の授業から産み出されたミニエスノグラフィーです。学校という現場で、帰国子女の言葉の使い方を通してそのアイデンティティの形成を追ったものです。著者はアイデンティティを実体的なものではなく、社会的な権力関係の中で構築されるものと捉えています。この他にもこのミニエスノグラフィーが収められた『フィールドワークの技法と実際──マイクロ・エスノグラフィー入門』には、特に教育・学校をテーマとしたエスノグラフィーの実例が収録されています。

　帰国生たちは、単に日本語と英語を話すということではなく、順応の言語とともに抵抗の言語をもっているという意味でバイリンガルである。
(p. 173)

「難民──現代ドイツの教会アジール」
（小田博志 2008 春日直樹編『人類学で世界をみる──医療・生活・政治・経済』ミネルヴァ書房：149-168）

　これは私がドイツで行なった難民保護の現場に関するエスノグラフィーです。調査対象を発見してからそれを理論的に分析していくプロセスを語っていますから、学部学生の参考になると思います。これが収録された『人類学で世界をみる』には、在宅介護、地域通貨、ロボットなど現代的な事象を扱ったエスノグラフィーが集められています。

理論的にあるはずのないものが現実にある。現代の教会アジールは一つの謎である。その不思議さを現場に密着しながら解き明かしていくことから、私の教会アジールのエスノグラフィーは始まった。　　　　　　　　(p. 151)

2.2.3　現代的な長編エスノグラフィー

一冊の本になった長いエスノグラフィーも読んでみましょう。

『「女の仕事」のエスノグラフィ──バリ島の布・儀礼・ジェンダー』
（中谷文美 2003 世界思想社）
　現代のバリ島農村における女性たちと仕事との関係を等身大に描き出しています。日本から離れた「異文化」が舞台ですが、「女性が働くという事象をめぐる問題に関心をもつ、より広範な読者に向けて書いた」と著者が言うように、違った土地に住む人びとが、現代日本の私たちと通じる問題を生きていることを浮かび上がらせていくやり方が見事です。他のエスノグラフィーを読んでいて、「ここに書かれていることが、私たちにどんな意味があるのだろう」と思うことがありますが、本書はまさに向こうの人たちとここの私たちとを橋渡しする試みです。ジェンダーをテーマにしたエスノグラフィーとしても高く評価されています。

　　わたしがこの本でめざしたいのは、バリ農村に生きる女性たちを等身大の存在として描くことである。観光のまなざしの先にある「エキゾチックな他者」としてではなく、また種々の開発援助プログラムの対象となる「第三世界のかわいそうな女性」としてでもない、わたしたちと同じ時代の空気を吸い、あれこれ悩み、喜び、愚痴をこぼしながら日常を生きる女性の姿を伝えたい。　　　　　　　　　　　　　　　　　　　　　　　　　　(pp. 6–7)

『OLたちの〈レジスタンス〉——サラリーマンとOLのパワーゲーム』
（小笠原祐子 1998 中央公論新社）

こちらは上と同じくジェンダーと仕事とをテーマとしていますが、現代日本の会社が調査の現場です。学生のみなさんがゆくゆくその一員となるかもしれない会社を舞台に、面白いエスノグラフィーを書くことも可能なのです。「就活のエスノグラフィー」だってできそうに思えます。この本は「カルチュラル・スタディーズ」という分野に位置づけられるもので、その点でも勉強になるでしょう。

> この本では、細部にこだわってみようと思う。女性社員のゴシップや、バレンタインデーに渡されるチョコレートの意味、一般職女性の抵抗の行為、男性社員の抵抗手段などを考察することによって、企業の中の男性と女性の思考形態と行動様式がどのようにジェンダーによって彩られているかみてみよう。 (p.v)

『民族紛争を生きる人びと』（栗本英世 1996 世界思想社）

アフリカのスーダンで戦われている紛争のエスノグラフィーです。紛争、平和、開発援助、国際協力などに関心のある人はぜひ読んでください。スーダンの紛争の原因は、アフリカ人の「部族対立」などではなく、さまざまな要因とアクターとが複雑にからみあったものであることが、現地社会に長期にわたって関わった立場から明らかにされます。巻末のエピタフ（墓碑銘）は、著者が現地で知り合い、紛争の中で命を落とした人びとに捧げた言葉で、二人称で書かれています。そこに著者と現場の人びととの生きた関係性が表れていて、胸を打ちます。

> アフリカの事件は報道されたとしても、死者や被害者は、ステレオタイプ的な「悲惨なアフリカ人」のイメージにおとしめられ、彼らの「生の声」が聞こえてくることはないのである。 (p.13)

> 私は、カメラのレンズの向こう側にいる、遠く離れたように思える人たちの経験を、同時代に生きる人間として共感をもって理解したいと思う。その

ためには、個別の政治、文化、歴史的な文脈に対する生きた知識と、ひらかれた柔軟な想像力の復権が必要だろう。　　　　　　　　　　　(p. 10)

2.2.4　研究者向けエスノグラフィー

　研究者向けに書かれたエスノグラフィーの実例です。初心者は最初難しく感じるかもしれませんが、チャレンジしてください。

「**貨幣の意味を変える方法**」（野元美佐 2004『文化人類学』69（3）：353-372）
　西アフリカのカメルーンの都市が舞台です。お金がテーマです。日本から遠く離れたところの人びとのお金とのユニークな関わり方が伝わってきます。明快な構成と論旨の点で、研究論文としてもお手本になるエスノグラフィーです。『文化人類学』は日本文化人類学会が年に4回発行する学術雑誌です。ここには日本におけるエスノグラフィーの最先端と言うべき論文が掲載されますから、卒業論文や修士論文を書くときにも参考になるでしょう。

　　　破壊者としての貨幣のみ強調することは誤りであり、もう一つの面、つまりひとびとの社会関係維持の道具としての貨幣にも注目しなくてはならない。
　　　　　　　　　　　　　　　　　　　　　　　　　　　　　　　(p. 356)

『**越境する家族**』（川上郁雄 2001 明石書店）
　これは博士論文を一冊の本として出版したものです。ヴェトナム難民は日本をはじめ世界の各地に散らばって住んでいます。その生活の現場を複数の地域にわたって描き出したのがこのエスノグラフィーです。一箇所だけでの調査にとどめず、複数の場所での調査によってヴェトナム難民の国境を越えたつながりを明らかにしています。このような調査の仕方はマーカスが提起した「多現場エスノグラフィー（multi-sited ethnography）」（Marcus 1998）の手

法と通じるもので、今日的な事象によく用いられるようになっています。

  課題は、社会の大多数を占める人々だけに「都合のよい」社会を築くことではなく、少数派も含めた「共生」の社会をどう築くか、あるいはそのような人々とどのような関係を取り結ぶかを考えることが課題となる。そのためには、まず、日本に居住する、これらの人々がどのような生活世界を築いているかを知ることが必要であろう。本書は、このような問題意識で書かれている。
(p.14)

2.2.5 古典を読む

 エスノグラフィー草創期の古典を直接手に取って見ましょう。教科書で要約だけ読んで知っているつもりになっているのとは違って、いろいろな発見があるはずです。

『西太平洋の遠洋航海者』
（B・マリノフスキ／増田義郎訳 2010 講談社）
 近代エスノグラフィーの出発点ともいえる有名な古典です。ニューギニアの東に浮かぶトロブリアンド諸島での調査に基づいて、現地語で「クラ」と呼ばれる事象を通して交換と社会との関係を論じています。1922年の出版。しかしその臨場感あふれる語り口、現場での問題発見から理論的考察へと結びつけるやり方など今日でも古びていません。この時点で写真を多く使っていることにも驚かされます。

  天下りの通念によると、原始的交易は、欠乏必要にうながされて、たいした儀式も規則もなく、有用なあるいは不可欠の品物の交換を、不規則かつ間欠的に行なうことであるとされている。（中略）われわれは、クラがほとんど

すべての点で、右の「野蛮人の交易」の定義と矛盾することを、はっきりと理解しておかなくてはならない。クラは原始的交換を、まったく異なった光のなかに照らしてみせるだろう。　　　　　　　　　　　　　（pp. 126-127）

『ヌアー族』（E・E・エヴァンズ＝プリチャード／向井元子訳 1997 平凡社）

　アフリカの南部スーダンに住むヌアーという民族集団の社会を描き出したもの。ある民族や社会をひとつの閉じた体系とみなす「構造機能主義」という立場に立っています。この立場は長くエスノグラフィーの規範となってきたものです。このエヴァンズ＝プリチャードの本を読むと、現地において重要なもの（ヌアーにおける牛）の意味に着目するところや、ある社会の要素と要素との関係性を読み解いていくやり方など、現代でもエスノグラフィーの基本といえることが学べます。

　しかし、構造機能主義エスノグラフィーには、いかなる社会であれその内部は均質な一枚岩でなく、外に開かれており、歴史の中で変動し続けているという側面を削除してしまうという限界があります。その限界を自覚して、同じヌアー社会をフィールドに書かれたものとして『ヌアーのジレンマ』（Hutchinson 1996）があります。両者を比べて読むことは、この上ないエスノグラフィーの学習になるはずです。

　　ヌアー人の行動を理解したいと望んでいる人への最適のアドバイスは、牛
　　を探せである。　　　　　　　　　　　　　　　　　　　　　　　（p. 43）

　　ヌアー人との議論は、彼らの日常生活の中心的存在であり、また社会的、
　　儀礼的関係を表す媒体となっている牛に言及せずには、日常生活についても、
　　社会的諸関係についても、儀礼的諸行為についても、いや何一つとして進展
　　しない。　　　　　　　　　　　　　　　　　　　　　　　　　　（p. 93）

2.2.6 歴史エスノグラフィー

　エスノグラフィーの多くは現在の社会を扱っています。しかし近年歴史に焦点をあてた「歴史エスノグラフィー」が多く書かれています。その場合、フィールドワークを行なわずに、史料を用いることがあります。本書ではフィールドワークを行なうエスノグラフィーを説明していきますが、そのときでも歴史的文脈を踏まえることは大事です。その点で、以下の著作は歴史をエスノグラフィーする視点を教えてくれます。

『天皇のページェント』（T・フジタニ／米山リサ訳 1994 日本放送出版協会）
　明治以降の日本で、天皇が目に見える存在となっていった過程と、日本の民衆が「日本国民」として形成されていった過程の相関関係を、絵画や写真などの史料を用いて解き明かした作品です。

> ……細部に注意を払わなければならない。……口髭や髪型、服装、ジェンダーの暗示、あるいは（牛車や英国製の馬車、無蓋の馬車といった）乗り物の様式など、一見とりわけ深い意味などないようにみえる詳細はすべて、実は意味をもった、意図的に造り出された記号であり、これらのものが一群となって日本国民をはじめ世界にむけて特定のメッセージを送る記号体系をつくりあげていたのであった。　　　　　　　　　　　　　　　　　（p.30）

『甘さと権力』（シドニー・ミンツ／川北稔・和田光弘訳 1988 平凡社）
　砂糖という具体的なモノを取り上げて、奴隷制によるカリブ海地域での生産とイギリスにおける消費とを結びつけ、この作物がいかに近代社会の労働パターンや食生活を変えていったのかを明らかにしています。私たちが生活であたりまえに使うモノでも、歴史的な文脈に置いてみると新しい発見があることがわかります。さらに複数の場所を描きながら、それをつなぐより大きいシステムを浮かび上がらせるという手法がここではたいへん成功してい

ます。

　　歴史抜きの人類学では、いささか説得力に欠けることも事実である。すべての社会現象は、本質的に歴史的なものである。つまりある「時点」の状況は、過去や未来の状況から切り離された抽象的な存在などではありえない。
(p. 36)

2.2.7　映像エスノグラフィー

『見る、撮る、魅せるアジア・アフリカ！――映像人類学の新地平』
（北村皆雄他編著 2006 新宿書房）
　この書籍には7本の映像エスノグラフィーを収めたDVDが添付されています。それぞれ短縮版なのですが、エスノグラフィーのマルチメディア化の可能性を垣間見せる非常にユニークな出版です。書籍の方には、各映像製作者の解説と映像人類学という分野の概観が載っていて充実しています。次に引用する言葉は、分藤大翼がカメルーンの森の民のもとでの調査でつかんだ、映像に関する洞察です。

　　一方的に撮るのではなく、言葉を交わし、互いに撮影を楽しむような雰囲気があった。その時、カメラは両者をつなぐメディアになっていた。「映像には撮る側と撮られる側の関係が映る」ということを、この時はじめて実感した。
(p. 107)

2.2.8 社会の中で応用されるエスノグラフィー

　エスノグラフィーは近年ビジネスや防災などの場面で応用されるようになっています。現場を明らかにする方法として当然の展開でしょう。その中で地震現場を対象にした「災害エスノグラフィー」が本としてまとまっています。

『防災の決め手「災害エスノグラフィー」──阪神・淡路大震災秘められた証言』（林春男・重川希志依・田中聡他 2009 日本放送出版協会）
　これは 1995 年 1 月 17 日の阪神・淡路大震災の現場に居合わせた神戸市職員、消防署員、一般市民に災害体験のインタビュー調査を行なって、事例を再構成し、そこから今後の防災に活かせる知識を引き出そうとするものです。NHK のテレビ番組としても放送されました（NHK スペシャル「阪神・淡路大震災　秘められた決断」2009 年 1 月 17 日 NHK 総合）。第 2 章を読んでみると、事例のもっている力を再確認させられます。大地震を実際に体験しなかった読者にも、その現場の有様が具体的に伝わってくる思いがします。
　この「災害エスノグラフィー」は未知の現場をその内側から明らかにするという点で、本書で説明しているエスノグラフィーと本質的に思いを同じくしています。しかし、調査方法はインタビューに限られ、参与観察は行なわれていないこと、阪神地区の地域的・歴史的文脈への位置づけはなされていないこと、理論化が行なわれていないことなど違いもあります。最後の点は、研究のためではなく、実践のために行なわれた調査ですから適切な判断です。ただここで「災害エスノグラフィー」と呼ばれているものは、むしろ「再構成されたナラティヴ・インタビュー」（ある人物が語ったことを編集したもの）と呼ぶべきものだと思います。こうした用語のズレに気をつけながら、エスノグラフィーの応用可能性を考えてみてください。

　私たちの目の前で展開されていく阪神・淡路大震災のさまざまな事象は、

初めて目にする「異文化」だった。……災害エスノグラフィーは、傍観者の視点を捨て、災害現場に居合わせた人たち自身の言葉を聞き、その人たちの目に災害がどのように映っていたか、その人たちの立場で災害像を写し取る。 (pp. 9-11)

2.2.9 読書ガイド

短編エスノグラフィーが読める本
　入門者向けに、現代的事象を扱った短いエスノグラフィーを収録した本が近年たくさん出版されています。

『フィールドワークへの挑戦──〈実践〉人類学入門』
　（菅原和孝編 2006 世界思想社）
『フィールドワークの技法と実際──マイクロ・エスノグラフィー入門』
　（箕浦康子編著 1999 ミネルヴァ書房）
『人類学で世界をみる──医療・生活・政治・経済』
　（春日直樹編 2008 ミネルヴァ書房）
『現代人類学のプラクシス──科学技術時代をみる視座』
　（山下晋司・福島真人編 2006 有斐閣）

エスノグラフィー実例案内
　次の本はエスノグラフィーの古典からニューウェーブまでを押さえて、要約と親しみやすい解説が付けられた格好の読書ガイドです。

『エスノグラフィー・ガイドブック──現代世界を複眼でみる』
　（松田素二・川田牧人編著 2002 嵯峨野書院）

こちらは文化人類学の主要な文献を徹底的に網羅して解説した大冊です。よってエスノグラフィーも数多く収録されています。

『文化人類学文献事典』（小松和彦他編 2004 弘文堂）

ウェブ上のエスノグラフィー・リスト
　著者のホームページ内に、エスノグラフィーのリストを掲載しています。
　「小田博志研究室」http://skyandocean.sakura.ne.jp/ ⇒「研究関連」⇒「日本語で読める質的研究の文献（最新版）」

column　　　　　　　　　　　エスノグラフィーのリテラシー

　エスノグラフィーの実例から学ぶということは、その内容を鵜呑みにするということではありません。批判的に接するということも一方では必要です。エスノグラフィーを批判的に読解して、その知にうまく接することができるようになる技術、つまり「エスノグラフィーのリテラシー」を身につけましょう。

　どのエスノグラフィーも、特定のエスノグラファーが、特定の時期の、特定のフィールドで調査をし、特定の読者層に対して書いていったものです。そこには常に誤解、誇張、歪曲の可能性がつきまといます。

　ある集団のメンバーは均質の文化を有しており、それは時間の流れの中でも変わらない特徴だと考える立場を「**本質主義**」といいます。しかし実際の集団には多様性が刻み込まれていて、特徴だと思われるものも歴史の中で変動していくものです。自己と他者、自文化と異文化をあまりに強く区別して二分法的に捉えてしまうと、それは他者理解というよりは他者に関するステレオタイプ（固定観念）を産み出して他者誤解につながります。

　文化人類学の古典として評価されるエスノグラフィーにも、本質主義や二分法に陥っているものが見受けられます。マーガレット・ミード（1976）は『サモアの思春期』で南洋サモアの少女たちが経験する思春期は、アメリカのものと根本的に違うと述べました。しかし別の人類学者フリーマン（1995）は『マーガレット・ミードとサモア』を著して、このミード版サモア像を否定しています。ルース・ベネディクト（2008）は『菊と刀』で日本文化を本質化して捉えました。これに対してはダグラス・ラミス（1997）が『内なる外国─「菊と刀」再考』で批判をしています。こうしたものを併せ読んでみると、エスノグラフィーのリテラシーということに敏感になれるでしょう。

3 エスノグラフィーの
プロセス

> **この章の目標**
>
> エスノグラフィー実施の流れを把握しよう。

　みなさんはこれから実際にエスノグラファーの道を歩んでいきます。
　その道のりにはいろいろな段階があります。

　調査の現場を探す段階。
　その現場に入り込んで、しばらく滞在する段階。
　そしてそこから離れて、丘の上から眺めてみる段階。

　最終的には現場で得た成果を論文にまとめ、さらには現場でお世話になった人びとにお返しをして、この道をひととおり歩み終えたということになります。この道のりを、ここでは「エスノグラフィーのプロセス」と呼ぶことにしましょう。そのプロセスを見渡して、特徴を把握しておきましょう。

3.1

プロセスを見渡す

「エスノグラフィーのプロセス」の図（▶ p.2）をご覧ください。
　そして自分が今いる位置を確認しましょう。みなさんが今いるのはこの「エスノグラフィーのプロセス」を学ぶ段階です。次には調査をする「現場を選ぶ」段階があり、そして最後の「社会へとひらく」ところまで歩んでいきます。その間に、いろいろなステップがあります。
　しばらく時間をとって、この図（以下、「プロセス・マップ」と表記）をみてください。どんな段階があり、それぞれの要点は何で、どんな順番になっているのかなどを確かめて、なじんでください。

　エスノグラフィーは**具体的な現場のレベルと、抽象的な理論のレベルとのあいだで成り立つ**と**第1章**で述べました（◀ p.18）。プロセス・マップの下側は現場のレベル、上側は理論のレベルに相当します。図の中の5つのブロックは、12の章を仮にわけてみたものです。

基礎知識を学ぶ
　最初のブロックには3つのステップ（章）が含まれています。これは基礎知識を習得する段階です。エスノグラフィーの基本姿勢を知り（**第1章**）、実例を通してイメージをつかみ（**第2章**）、そして今ここでやっているように実施のプロセスを見渡します（**第3章**）。

現場への入口で
　次のブロックでは、現場の入口に立ち、そして入るために必要な知識とノウハウを学びます。いったいどんな現場を選んだらよいのか（**第4章**）、気

をつけるべきマナーと倫理、および自分のための安全（第5章）、どのように現場に入っていけばよいのか（第6章）がここでは扱われます。

研究の基礎をととのえる

いったん現場から離れて、理論と研究の基礎を築くのが3番目のブロックです。「概念力」というエスノグラフィーする上で必要不可欠な能力のトレーニングをし（第7章）、また、研究の構成要素を学んで研究計画書が作成できるようにします（第8章）。

調べ分析する

さて、次がいよいよ本格的にエスノグラフィーする段階です。現場調査を行なって（第9章）、得られたデータを分析します（第10章）。

成果を社会へ

最後はエスノグラフィーの成果を社会へと還元する段階です。口頭で、また論文のかたちで成果をいかに発表するか（第11章）、そしてエスノグラフィーを社会の中でどう考え、どう活かすかを学びます（第12章）。

3.2
プロセスの特徴

エスノグラフィーの進め方には独自の特徴があります。ここではそれを押さえて、これからの歩みの参考にして下さい。

> エスノグラフィーのプロセスの特徴
>
> ① ケースバイケースの原則
> ② 最初は広く、だんだんと狭く
> ③ 行きつ戻りつ
> ④ 混沌から秩序へ
> ⑤ Aを通してB
> ⑥ 〈素朴な問い〉から〈研究設問〉へ

特徴① ケースバイケースの原則

　何人くらいインタビューしたらいいの？
　フィールドにはどれくらいの期間いたら十分？
　何冊くらい本を読んだらいいのかな？

　エスノグラフィーを進めていくうちに、こんな疑問が出てくることでしょう。
　その答えはこうなります——「ケースバイケースです」。
　こういうと身も蓋もないようですが、それはエスノグラフィーの特質から来ます。第1章でこの原則について説明したように（▶p.14③素材を活かす）、エスノグラフィーでは現場に立脚し、素材を活かすことを心がけます。また自分が立てた問いに適した方法を、柔軟に採用していきます。千差万別の体形に合わせて、オーダーメイドの服をつくるように、エスノグラフィーにも画一的な基準がないのです。そのために、個別の対象と設問、エスノグラファーが置かれた状況に合わせて、つまりケースバイケースに判断することになるわけです。

　どんな規模の研究をしようとしているのか？
　授業のレポートを書けばよいのか、それとも卒業論文か？

どんな研究設問を立てているのか？
どんなフィールドで調査をするのか？
実証と理論のどちらで勝負しようとしているのか？

　これらの条件はそれぞれの研究によってすべて違います。そしてそれらの条件によって、具体的にどれくらいの期間、何人くらいを対象に調査をするのか、どれくらいの規模で文献調査をするのかといったことも変わってくるのです。
　このようにエスノグラフィーのプロセスはあらかじめ決まっていなくて、そのつどの条件や進行具合によって「ケースバイケース」に変わっていきます。この柔軟性があるからこそ、より生きた現場にフィットした研究が可能になるわけです。
　その一方で、そんな研究のやり方は「恣意的ではないか」という批判に対するために、十分な説明をして、透明性を示す必要があります。「ケースバイケース」の進め方と「説明責任」とはセットだと考えてください。
　たとえば、ミニエスノグラフィー「よみがえる朝鮮通信使」では、「3　調査の概要」で、なぜその調査方法を選んだかを説明しています（>> p.312）。

自由度の高さ
　エスノグラフィーの道のりは、決まりきったものではありません。寄り道してもいいですし、最初思っていたのとは違う道を通ってもいいのです。あるいは道のない原野(フィールド)に入るのだって大丈夫です。このように他の質的研究方法と比較して、このプロセスの特徴はかなり自由度が高い点です。しかし無制限の自由ではなく、目指す方向というものがあります。それは現場を描き出しながら分析を深め、個々の研究設問を明らかにするということです。

特徴 ②　最初は広く、だんだんと狭く

　エスノグラファーの視野は、調査が進む中で「最初は広く、だんだんと狭

く」変わっていきます。調べたいことがあらかじめある場合でも、最初はそれに漠然と「関係のありそうなもの」を捉え、そして特定の事柄に「関係のあるもの」へとフォーカスを絞り込んでいくという流れになります。

はじめての土地に入ったとき、最初は「いったい何がどうなっているのかわからない」と感じるものです。そのときには、何を調べたらよいのかさえわからないかもしれません。

現場調査の初期の段階では、「とにかく何でも見てまわり、興味が引かれたものについて——ときには手当たり次第に——調べる」というやり方をとってみます。最初から何かテーマをもって現場に入った場合でも、見るものを絞りすぎずに、そのテーマに広く「関係ありそうなもの」について調べるようにしましょう。**「最初は広く」**見ることが大切です。

そのうちに、最初はバラバラにしか見えなかった雑多な物事の関係が把握できるようになってきます。そして、その現場で重要なものが浮かび上がってきます。そうすると、問題設定をどう絞り込み、何を調べたらよいのかが具体的になってきます。

そこで、その問題に直接「関係あるもの」を細かく掘り下げて調べることになります。最初広げていた視野を、狭く絞っていく段階に入るわけです。

特徴③　行きつ戻りつ（循環的プロセス）

エスノグラフィーの道のり（プロセス）は一直線の道だけからなるのではありません。行きつ戻りつを繰り返しながら、だんだんと前へ、そして見晴らしのよい高台へと進んでいくことを特徴とします。何が行きつ戻りつなのかというと、**問いを立て－調べ－分析する**という3種類の作業がです。

直線状の研究プロセスだと、問いを立てること（問題設定）と調べること（データ収集）、そして分析すること（データ分析）はそれぞれ別の研究の段階として区切られて、その段階が終わってから、別の段階に移るという流れになります。しかしエスノグラフィーの場合はこれと違って、これら3つの作業がワルツのように循環的なリズムを刻みます。

問い‐調べ‐分析し
　　　　⇒問い‐調べ‐分析し
　　　　　⇒問い‐調べ‐分析し ⇒……

　このリズムを繰り返していくのです。その分析結果から新しい問いが生まれたり、前の問いが修正されたりして、新しい「問い‐調べ‐分析する」のサイクルが始まるのです。もちろんこのサイクルは無限に続くのではなくて、だんだんと理論化が進み、研究設問が確定して、それに対する答え（＝結論）が導き出せたところでひとまず終了します。**行きつ戻りつを繰り返しながら、徐々に現場から理論への広い道を進んでいく**というイメージでしょうか。

特徴 ④　混沌から秩序へ

　　「わけがわからない」
　　　⇒「わけがわかるようになる」
　　　　⇒それを他者に伝える

　これがエスノグラフィーのプロセスの基本形といえるでしょう。
　みなさんが知らない土地に行ったり、初めての現場に入ったりしたときのことを思い起こしてください。海外旅行に行ったときのこと、大学に入学したての頃のこと、引越しをして間もない頃のことなど、自分自身の経験をしばらく振り返ってみましょう。
　そのときに、「そこで何が行なわれているのか」、「これはいったい何なのか」、「この言葉はどんな意味なのか」といった疑問に次々と出くわして、「わけがわからない」と思ったことがあるのではないでしょうか。しかし時間が経つうちに、「ああ、そういうことか」と疑問が解けていって、だんだんその場所になじんでいったことはありませんか。
　エスノグラフィーもまた、知らない場所に入っていって「わけがわからな

い」状態を経験し、そこから「そういうことか」という理解を積み重ねていくプロセスです。これは言い換えると「混沌」から、意味のある「秩序」を読み取っていくことです。

　これだけだと、ふだんみなさんが経験していることと同じですが、それとエスノグラフィーとの主な違いのひとつは、さらにこの理解のプロセスを意識化して、言語化（概念化）することにあります。言語化することで、その理解は他者にも共有可能なものとなり、他の事例と比較したり、理論を形成したりすることへとつながっていきます。

　この理解は「線形」に進んでいくとは限りません。つまりエスノグラフィーの場合、部品をあらかじめある設計図に合わせて組み立てていけば、完成品が確実に仕上がるといったような保証はないのです。エスノグラフィーの理解のプロセスはむしろ「非線形」です。インタビューをすると、同じグループの人たちなのに互いに言うことがバラバラで途方に暮れたりすることがよくあります。エスノグラフィー調査において矛盾、対立、謎はつきもので、それはいくら調査を進めてもなくならないように思えます。その一方で、あるとき急に、それまでバラバラだった部分の意味がわかって、視界が開けた思いがすることもあります。そしてまたその理解が疑わしくなるような事実が出てきたりします。（▶p.212　コラム「非線形の思考」）

> 特徴⑤　Aを通してB

　第1章で、この見出しを説明しましたが（▶p.18）、大事なので再び取り上げます。
　現場で出会う具体的な事柄（A）を通して抽象的なテーマ（B）について論じる点にエスノグラフィーの特徴があります。
　巻末のミニエスノグラフィーを例にとってみます。

　　長崎県対馬の朝鮮通信使行列を通して
　　「記憶と地域社会」というテーマについて論じる。

北海道のエゾシカ利用を通して「**資源化**」というテーマを論じる。

　研究のプロセスの中で、まずAに関する調査が先で、それをBと結びつけるのは後になります。Aをよく観察し、それをどうやって捉えたらよいか考える中でBのテーマが浮上してくるわけです。この具体的な事象と理論的テーマとの接合が、エスノグラフィーの分析の要ともなります。くわしくは「分析」の章で解説します（**第10章**）。

　最初に何らかのテーマ（たとえば「平和」「エスニシティ」「越境」など）をもっていて、その事例が見つかりそうな現場を選ぶ場合もあるでしょう。そのときでも現場の事象をよく見るという作業を怠ってはなりません。そしてそのテーマが当該の現場の事象に本当にフィットするのかどうかよく吟味しましょう。

　具体的な事象から理論を形成していくやり方を「**ボトムアップ式の理論化**」とも表現できます。ボトムアップは「下からの」と訳せますが、ここでは「現場からの」と理解したらいいでしょう。ボトムアップの反対はトップダウンで、エスノグラフィーにおいては、既存の理論を現場にあてはめるやり方（あてはめ型の理論適用）にあたり、それは避けた方がよいでしょう。

特徴 ⑥　〈素朴な問い〉から〈研究設問〉へ

　第1章で問いを発見することの大切さを強調しました（» p.11 ②現場で問いを発見する）。エスノグラフィーのプロセスの中で、現場で発見した問いは、研究設問（研究上の問題設定）へと展開していきます。つまり問いもAからBのプロセスをたどって変化します。研究設問は、エスノグラフィーを学ぶにあたってたいへん重要なので改めてくわしく説明しておきましょう。

　　これは何だろう？
　　この人たちは何をしているんだろう？
　　この言葉は何を意味するんだろう？

このような素朴な問いがエスノグラフィーの出発点です。

こうした素朴な問いを研究設問へと育てていく流れとして、エスノグラフィーのプロセスを理解することができます。

研究の流れの中で、問題は常に発見され、見直されて修正が加えられていきます。エスノグラフィーの場合、最初問題が固定されて、そのまま変わらないということはまずありません。むしろ、論文の完成段階になってようやく研究設問が明確に文章化されることの方が普通です。ここにも非線形性がみられます。

つまり最初に設問があり、調査をし、分析をして、結論を出すという直線状の流れではなく、設問が最後の方で明確になることもありえるのです。「行きつ戻りつ」のところで述べたように、「問いを立て、調べ、分析すること」をからみあわせて進めながら、だんだんと具体的な問いが、理論的な性質も含んだ設問へと練り上げられていきます。

エスノグラフィーのプロセスの中で、問い・問題の扱い方がどんな段階で変化していくかをまとめると次のようになります。

段階	問題	調査	分析	対応する章
前期	問題発見	手当たり次第	概念化（断片的）	6章・9章
中期	問題形成	焦点を絞っていく	概念化（関係づけ）、文脈化	9章・10章
後期	研究設問	補足的	理論化、鍵概念の形成、結論	10章・11章

(1) 調査の前期の段階：〈素朴な問い〉を発見する
大まかな問いや細々とした問いを見つけて、それに従って調べていく。

(2) 調査の中期の段階：問題を形成していく
問いを言語化したり、複数の問いを関係づけたり、また限定的なものへと絞り込んだりしていく。

(3) 研究の後期の段階：〈研究設問〉を明確化する
　問題を研究の流れの中に位置づけて、理論的テーマと関係づけ、研究設問として文章化する。この研究設問が論文の序論に位置し、論文を貫く芯となる。

4 現場を選ぶ

この章の目標

どこで何を調べるのかを考えよう。
その現場について事前調査をしよう。

　これから自分自身の調査に踏み出していきます。最初にどこで何を調べるのかを考えます。つまり自分が調査をする現場を探します。それを見つけるための指針を述べましたので参考にしてください。現場が具体的になったら、次は、そこについて事前調査をします。そのやり方についても後半で説明します。

4.1

どこで何を調べるのか

実際にエスノグラフィーを始めるにあたって、まずやることは、どこで何を調べるのかを決めることです。ここでは、そのためのヒントを述べます。

4.1.1　どこでも何でも調べられる

基本的に、人間が活動しているところならどこでもエスノグラフィーすることができます。

> 農村・民族集団・マイノリティ
> 会社・病院・学校・科学の実験室・工場・観光地
> クラブ・サークル・町内会・国連機関・NGO
> NPO・家庭・銭湯・コンビニ・デパート……

……など、ちょっと挙げただけでも、ありとあらゆるところがこれまでエスノグラフィーの対象になっています。

可能ならばスペースシャトルでだって、南極の基地でだってエスノグラフィーできます。

集団や組織だけでなく、個人に焦点をあてることもできます。

地域についても、日本から遠く離れたアフリカやラテンアメリカだけではなく、日本の大都市の中でも、今暮らしている身近な町の中でフィールドを見つけても構いません。

テーマも実に多様です。

> 社会組織・伝統・儀礼・宗教
> 食・災害・観光・科学技術・医療・経済・平和・紛争・
> 子ども・老人・ジェンダー・仕事・教育・開発・
> インターネット・音楽・アート・映画・
> ミュージアム・ナショナリズム・移民・難民

……などなどをエスノグラフィーにおいて論じることができます。

こうして挙げていくときりがないのでこの辺で止めにしますが、ともかくエスノグラフィーの現場は多種多様だということです。ではそれだけの幅の中から、みなさんは自分の調査の現場を選ばなくてはなりません。そのときの手がかりを以下で述べておきます。

4.1.2 現場を選ぶ指針

調査をする現場を選ぶときに、次の点を手がかりにしてください。どの現場を調べるかはみなさんの自由です。これら10項目はすべて満たさなくてはいけないというものではなく、困ったときのヒントと考えてください。しかし、⑨と⑩は重要ですから、必ず踏まえるようにしましょう。

現場を選ぶ指針

① 好奇心をアンテナに
② 意義はあるか
③ チャンスとして活かす
④ チャレンジする
⑤ 情報を集める
⑥ 実例をヒントにする
⑦ とりあえず行ってみる
⑧ テーマから探す
⑨ 実現可能か
⑩ 倫理上・安全上の問題はないか

指針① 好奇心をアンテナに

　まず自由に自分が知りたいこと、行きたいところを思い浮かべましょう。かねがね行ってみたいところ、テレビや本で知って興味を抱いた対象など、自分自身の好奇心をアンテナにします。

　エスノグラフィーの調査にはそれなりの時間と労力がかかります。場所によってはお金もかかります。しかし簡単にできそうだからとか、楽そうだからといった消極的な理由で好きでもないところを選ぶと、結局は長続きしないかもしれません。また、そんな消極的な動機で関わられると、相手にも迷惑です。知りたい、わかりたいという思いから熱意や真剣さが生まれてきて、現場とのよい関わりができるようになります。そしてそれはきっとよい調査につながるはずです。

　気をつけてほしいのは、ただ興味があればいいというものではないということ。たとえば、自分の趣味について調べればいいと考えてしまうと、すでに知っていることをまとめるだけになるおそれがあります。そこには他者との出会いと、新しい世界の発見が抜け落ちています。ここでいう好奇心とは、**知らないものへの好奇心**です。

指針② 意義はあるか

　意義がある調査に取り組みたいものです。ここでいう意義には3種類あります。

> **学問的意義**：ある研究の分野での意義
> **社会的意義**：社会的に重要な問題に関わる意義
> **個人的意義**：調査者本人にとっての意義

　研究としてエスノグラフィーを行なうのなら、学問的意義を押さえなくてはなりません。2番目の社会的意義も強く問われるようになってきています。
　さらに、その調査課題が自分の成長に意義がありそうか、研究を行なっていく過程で有意義な経験が得られそうかどうかということも考えましょう。行きたいところに行く、会いたい人と会う、将来の目標にプラスになる、"社会人"として成長できる、何らかの能力が身につく——このような動機から、ワクワクしながら調査ができれば素晴らしいことではないでしょうか。

指針③ チャンスとして活かす

　もし大学の授業として調査をすることになったのなら、その機会をチャンスとして活用するという考え方をしてみましょう。どうせ時間をかけて調査するのなら、自分の世界を広げたり、好奇心を満たしたり、現代社会の重要な問題に取り組んだりすることにつながる有意義な時間にした方がいいに決まっています。あるいは現実的に、自分の将来の就職に役立ちそうだと思う現場を選んだってよいのです。

📁 **実例** ──────────── チンドン屋について調査したHさんの感想から

　北海道から大阪まで行って、チンドン屋さんについて調査した学生の言葉です。

　　このフィールドワークを終えて今思うのは、とにかく、自分が関心をもったことを逃さず、その気持を大切にして、対象を選ぶべきだということだ。普通いきなり知らない人のところに押しかけ、ただ面白そうだと思って来たので、見せてくださいとお願いしても、全く相手にされないだろう。しかし、自分は学生で、文化人類学の「調査」のために、見せてもらいたいとお願いすれば、多くの人はそれを許可してくれる。「調査」という言葉があれば、自分が知りたいことを実際に見て、インタビューもして、納得が行くまで調べることができるのだ。こんなすごいことは、マスコミに入って、取材ができる職業にならない限り、ありえない。自分がもらえるこの特権を利用しない手はない。それならば、自分が一番興味を持っていることを、多少お金や時間がかかっても、対象にすべきであると考える。

指針 ④　チャレンジする

　自分の世界を広げるためにチャレンジしましょう。エスノグラフィーはそもそも、未知の世界、他者の世界に入り込んで、それを身をもって理解するためのものです。だから自分が知っている範囲で小さくまとめようとするのではなくて、今の自分の範囲を超えるような世界に挑む心をもってください。

指針 ⑤　情報を集める

　ここでこれを調べたいというものがなかなか見つからなければ、インター

ネットで検索をする、書店に行って関心のある棚をみてみる、情報誌・広報誌のイベント欄などをチェックするなど、「これだ！」と思えるまで多くの情報にあたってみましょう。

　私がドイツで難民のことを調べようと思っていたときも、なかなかそれ以上絞り込めずにいましたが、インターネットで「難民（Flüchtling）という語を検索すると「アジール（Asyl）」という語と結びついていることがわかりました。「アジール」は、「庇護」と訳せますが、他にもいろいろな意味を含んだ興味深い概念でした。そして「難民」と「アジール」両方で検索をして出会ったのが、「教会アジール（Kirchenasyl）」でした。私はこれについてエスノグラフィー調査を行なって35ページに紹介した論文「難民──現代ドイツの教会アジール」を書きました。

指針 ⑥　実例をヒントにする

　第2章「実例から学ぶ」をもう一度みて、それらの実例において、どのような調査対象やテーマが扱われているのかをヒントにしましょう。人類学的エスノグラフィーの多くは日本から離れた場所での調査に基づいています。しかし自分が住んでいる町や近郊の地域でも、十分によいエスノグラフィー調査をすることは可能です。実例から調査課題を設定するセンスを学びましょう。

　調査現場を見つけるには場所とテーマとの関係で次の⑦と⑧の2つの道があります。

指針 ⑦　とりあえず行ってみる

　ひとつは、とりあえずどこかに行ってみて、そこで調査ができそうなテーマや問題を発見するというやり方です。なかなか思いつかないというとき、

どこかに出かけてみると思わぬ発見があって、活路が開けるものです。現実の場所、現場にはそれだけの力があります。

巻末に収録した「よみがえる朝鮮通信使」(» p.305)は、私が対馬にたまたま立ち寄ったことがきっかけになりました。現地に行ってはじめて、朝鮮通信使のことを知り、好奇心をかきたてられたのでした。

指針 ⑧　テーマから探す

2つめは、自分が関心のあるテーマから、それに関係のありそうな現場を探すというルートです。同じく巻末に収録した「映し合う映画と都市」(» p.292)の著者高橋さんは、もともと「映画」に関心があって、それから高崎市のフィルム・コミッションという現場に行き着いたのでした。また、私はもともと「難民」というテーマに関心があって、具体的な研究対象を探しているうちにドイツの教会アジールと出会ったのでした。

指針 ⑨　実現可能か

好奇心やチャレンジ精神を発揮しても、あまりに壮大なテーマだったり、多くのお金がかかりそうな現場だったりしたら、結局実現できません。冷静に実現可能かどうかを検討することも必要です。

　決められた時間の中で実現できるか。
　必要なお金が準備できるか。
　日本語以外が使われている現場の場合、そこの言葉ができるか。

エスノグラフィー調査では、現地で使われている言葉がかなりできることが前提条件となります。現場の人びとの視点を理解するには、言葉づかいの

細かいニュアンスまで識別できるほど有利だからです。

> **指針 ⑩　倫理上・安全上の問題はないか**

　いくら興味があっても、倫理上および安全上の問題がありそうな現場に踏み込むことは避けなければなりません。相手の立場を損ねたり、自分の身に危険がおよんだりしそうな場合です。たとえば、学生は犯罪やカルト教団の調査をすべきではありません。プロのジャーナリストのように完全に自分で責任を負う立場ならともかく、学生ならば、もし何かトラブルが起きた場合、結局、教員や親に責任を負わせることになるからです。

4.1.3　足もとの現場を調べる

　学部の授業でエスノグラフィーをするというとき、現実的には、自分が今住んでいる町の中に現場を見つけることが多くなるでしょう。その場合には、足もとを再発見する「眼」をもたなければなりません。身近であるだけに、すでに慣れ親しんでいて新しい発見をすることが逆に難しいものです。この点は、エスノグラフィー調査の場合デメリットとなります。
　身近な現場を調査する上で、どんなことに注意したらいいのでしょうか。もっとも身近といえる、自分がすでに属しているグループを調査の対象とするときの問題点と対処法を考えてみましょう。

自分が属するグループを調査するとき
　すでに自分が属しているグループを調査の対象とすることもできます。この場合、よそ者としてその現場に入り込む手間がかからないという利点があ

るように思えます。そこでのやり方を内部者として知っているし、そこの人びととも面識があって調査もしやすいかもしれません。まったく見知らぬ現場に入っていく場合と比べて、これはたしかに「利点」となりえます。しかし、そこにはいろいろな問題点もあります。それは何でしょうか。

・未知の現場に入っていくという経験ができない。
・そのグループのものの見方や行動の仕方がすでになじみのものとなってしまっているため、目新しい点を発見したり、距離を取って分析したりすることが難しい。

　新しいところに入っていくのが不安だ、面倒だ、楽そうだといった消極的な理由だけで、自分がすでになじみの現場を調査対象とすることはお勧めできません。エスノグラフィー調査は、自分が興味のある新しい世界を知ることができるよい機会となります。知らない人びとに自分の関心を伝え、うまく調査ができるように交渉し、相手の世界を理解していくことは、かけがえのない人生の経験となります。その機会を活かさない手はありません。
　けれども、すでに自分が知っていると思っている世界を、新しく捉え返してみるということも貴重な経験といえます。自分が属しているグループのことを改めて調べたいという積極的な理由があるならば、そのように選択したらよいでしょう。そのときには、先に挙げたような問題点に対処しながら調査を進めるべきです。その対処法を考えてみましょう。
　エスノグラフィーという方法の強みのひとつは、「よそ者」の視点から、ある世界の内部者には「あたりまえ」となっていることに気づくことです。それを通して、その世界の人たちが「気づかなかったけどそういうことだったのか」と思うような分析が可能になるのです。自分がすでに属しているグループについてそのような分析ができるようになるためにはどうすればよいでしょうか。
　その方法のひとつとして考えられるのは、あえて一度別の現場を調べてみることです。自分のグループと似た属性をもっている別のグループのことを知ることで、自分のグループを外からのまなざしでみることができるようになります。これは「比較」を通して、自分の側の「あたりまえ」を相対化す

ることです。これは実際に別の現場に入ってもできますが、それが難しければ、インターネットや文献で他の現場の記録を参照することでも可能です。

　もうひとつの対処法として、自分がそのグループに入り、一員となっていったプロセスを思い出してみることです。最初はあなたもそのグループの「よそ者」だったわけです。そこからその世界に入り込み、だんだんと理解していくという段階を経てきています。この「よそ者から、初心者を経て、一員へ」というプロセス自体が、潜在的なエスノグラフィー調査といえます。最初何が目新しいと思ったのか、どんな発見があったのか、どのように理解していったのか、これらを思い起こして書き留めましょう。それもまたフィールドノーツとして活用できます。

📁 **実例** ──────────────── 足もとの現場発見

　次の例はエスノグラフィーではありませんが、ある大学生が、自分が住む町の見所を発見して、それが自治体のホームページにも掲載されたというケースです。ふだんあたりまえのように過ごしている町でも、歩いてみると意外な発見があるものです。asahi.com（2007年9月10日参照）にはこのように紹介されていました。

「インターンシップ実習生のみのお発見！ ハッケン！？ つれづれ日記」
http://www2.city.minoh.osaka.jp/KOUHOU/MINOHNIKKI/minohnikki.html

　箕面市役所でインターンシップ実習をした大阪外語大3回生のNさんが、市のみどころを紹介するホームページ『インターンシップ実習生のみのお発見！ ハッケン！？ つれづれ日記』を作った。（中略）松山市出身で、大学に入学した3年前から箕面市内で一人暮らしを始めたが、「夏休みには実家に帰省していて、箕面のことをあまり知ろうとしてこなかった。観光名所は箕面の滝しか知らなかった」という。広報誌を作る仕事で取材を続けるうち、住宅地だと思っていた市内に、観光客にも楽しめるスポットが多いことに驚いた。

4.2
事前調査をする

調べたい地域や対象が出てきたら、その基本的な情報を調べましょう。現地に行かずとも、ウェブや文献を使ってかなりの情報を得ることができます。この作業の目的は次の2点です。

- ・その地域、対象がフィールドワークするに値するかを判断するための情報を得る。
- ・調査地域や対象の背景情報として研究計画書作成の際に用いる。

インターネットによる情報収集
　もっとも手っ取り早いのは、グーグル（google）、ヤフー（yahoo）などの検索エンジンで調べることです。試しに関心のある言葉を検索してみましょう。
　コツとして、複数の言葉を組み合わせて検索すると、目的により近い情報を得ることができます。たとえば「知床」について絞り込んでいくとこうなります。

　　検索語「知床」→ yahoo ヒット件数：14,200,000 件
　　検索語「知床　エコツーリズム」→ yahoo ヒット件数：80,800 件
　　　　　　　　　　　　　　　　（2010 年 2 月 13 日現在、以下同）

次は「検索語」を地域と組み合わせて検索した例です。

　　検索語「被爆者」→ google ヒット件数：2,300,000 件
　　検索語「被爆者　北海道」→ google ヒット件数：148,000 件

となり、第1件目は「社団法人 北海道被爆者協会」です。それをクリックするとこの団体の連絡先、地図、さらには「ストリートビュー」（あたかも現地を歩いているかのような効果のある写真）まで見ることができます。私が担当した修士課程の学生で、この団体を対象にエスノグラフィー論文を書いた人がいました。

その現場の人びとがつくっているウェブサイトは、もしそこを調査することになれば**一次資料**[1]としても用いることができます。

また役所（自治体・政府・国連機関など）は、公式な情報をインターネットを通じて公表するようになっており、紙媒体の出版物よりも早く手軽に入手することができます。こうした情報は、調査の基礎情報としてたいへん重宝します。また、国立情報学研究所の「CeNii（サイニー）」（http://ci.nii.ac.jp/）や「ACADEMIC RESOURCE GUIDE」（http://www.arg.ne.jp/）（ともに2016年4月参照）など、ウェブ上の学術情報をまとめたサイトも参考になります。

ウェブだけでなく、電子メールを活用することができるでしょう。ある団体や機関のサイトには、「問い合わせ」のページがあって、そこに電話番号やメールアドレスが記載されていることがあります。それを通して、問い合わせをしてみてもよいでしょう。そのときにはくれぐれもマナーのあるメールを書きましょう。ちゃんと自己紹介をして、丁寧な表現をするべきです。携帯メールの癖で、相手に呼びかけず、自分の名前も書かないメールがたまにありますが、それでは悪い印象をもたれてしまいます。（≫ p.101「手紙による調査協力の依頼」）

得た情報を、研究計画書や論文で使うときのために、そのページのURLと参照した年月日を記録する習慣をつけましょう。ウェブ上の情報は頻繁に改定されたり、消去されたりします。そのためにいつその情報を閲覧したのかを示せることが必要です。重要に思われたページはプリントアウトしたり、電子データとして保存したりしておくと、繰り返し参照できます。

---

[1] 一次資料とは研究の対象に直接関わるデータのことで、これを基に分析が行なわれる。二次資料は、一次資料を第三者が編集したり分析したりしたもの。

インターネットはたいへん便利です。しかしウェブ・リテラシー（ウェブ上の情報を鵜呑みにせず、批判的に判断して使いこなせる能力）をもちましょう。この点については後述する「事前調査について注意すべきこと」で説明します。

文献による情報収集

紙媒体の文献で情報を収集しましょう。本、雑誌、新聞などです。従来紙で出版されていたものが、電子化される時代です。また紙の文献は、インターネットと比べて迅速性、簡便性に劣ります。しかし、著者が時間をかけて作成し、編集者など複数の人の目を通って出版される書籍には、ウェブ上の情報よりも、信頼性と情報としての質が高い傾向があります。

図書館、書店、インターネット書店（アマゾン〔amazon〕、紀伊國屋書店ブックウェブなど）において、文献を見つけ、表にまとめていきましょう（≫p.133）。辞典・事典類を使うと、重要な情報が簡潔にまとめられています（≫p.348）。

私のホームページ「小田博志研究室」の「研究関連」内に「研究ツールボックス」というページを設けています。

http://skyandocean.sakura.ne.jp/literaturereview.html

ここには、インターネットと文献を用いて事前調査するときに有用な情報をまとめてありますので参考にしてください。

人づての情報収集

その地域や対象について知っていそうな人が身近にいたら、積極的に尋ねてみましょう。先輩や先生は、それについて直接知らなくても、情報の調べ方を知っているものです。聞いてみると思わぬ知恵をもらえるかもしれません。

事前調査について注意すべきこと

文献やウェブサイトの内容に縛られすぎないことです。情報を鵜呑みにしてはいけません。事前調査でわかったことは、現場そのものではありません。簡単に内容を修正できるウェブサイトはもちろんのこと、いかにも権威があ

りそうな本にしても、特定の立場の人たちが特定の意図でつくった現実のひとつの解釈にすぎません。フィルターがかかった情報です。それによって、現場のひとつの側面を知ることができたくらいに考え、他にまだわからない側面がたくさんあると考えましょう。現場に入ってみてはじめてわかることがたくさんあるはずです。

　ウェブや文献の情報と現場でわかることのあいだには、くい違い、矛盾がありえます。そういうときには文献の内容を現場に押しつけたりせず、またどちらが正しいのかと考えるのでもなく、「どうしてそういうくい違いが出るのだろう」と問いかけましょう。ウェブや文献の間接的な情報ではわからないことを明らかにするために現場調査をするのです。思いもかけない発見に心を開いて現場に臨みましょう。

予備フィールドワーク

　もし興味のある現場が近くにあるようなら、試しに出かけてみましょう。近辺を歩いてみたり、公開の催物（イベント、講演会など）に参加したり、可能ならボランティアやインターンのようなかたちで加わったりしてみると、より直接的な印象を得ることができます。

　こうした予備フィールドワークは、本格的な調査がものになりそうか判断するためのものです。文献調査は大事ですが、それに縛られると、現場発見のセンスが鈍ってしまいます。「とりあえず現場に行ってみる」ことで道が開けることがあります。

5 マナー・倫理・安全

> **この章の目標**
>
> 現場でのマナーと倫理を身につけよう。
> 自分の安全を守る姿勢をもとう。

　調査には相手がいます。その相手の協力によって、私たちがこれからやろうとしている調査は成り立つのです。ですからまず相手とよい関係をつくることに気をくばる必要があります。その相手に不愉快な思いをさせないためのマナー、そしてやってはいけないことを判断するための倫理は何か考えていきましょう。もちろんのこと、自分の身の安全について十二分に気をつけなければなりません。

まず、調査される相手の声を聴くことから始めましょう。

　学者が来てですね、根ほり葉ほり聞くということ、はっきり言わせてもらえば、来て朝から晩までじゃまする。そうすると、一人の、偉いか偉くないか別として、その学者が来ると、家族中気を使います。そして、何日も何日も来ていて、ろくにお礼をするわけでもなくて、来た本人たちは功成り名を遂げて、博士になり、あるいはいろんなとこへ就職もどんどんいいほうへ行って、本人達はうんと楽になっていくけども、じゃまされて手間暇かけさせられたアイヌには何一つそれらしいこと、学者は報いをしてくれませんでした。そういうことに大きく反発はもっていました。

（現代企画室編集部 1988：85）

　これはアイヌ民族の尊厳を取り戻すために生涯を尽くした萱野茂（かやの）(1926-2006) の言葉です。「アイヌ肖像権裁判」[1]の証人として出廷したときに、学者の研究対象にされることがいかに不快であったかを、アイヌ民族の立場から語っています。まずこの言葉に耳を傾けましょう。そしてこの言葉の背景にどんな現実があったのかを知りましょう。萱野茂の自伝『アイヌの碑』（萱野1990）をぜひとも読んでください。そして「研究」や「調査」というものが、その対象とされる相手にとって暴力的にもなりうるということがわきまえられるようになりましょう。
　このようなことを繰り返さないためにどうすればよいのでしょうか。

---

1) 『アイヌ民族誌』という書籍で自分の写真が無断掲載され、アイヌ民族が「滅びゆく民族」と表現されたことなどにより肖像権と民族の誇りが傷つけられたとして、著者と出版社を相手どってチカップ美恵子（1948-2010）が1985年に東京地裁に起こした裁判。

5.1

マナーと倫理

以下で述べることは、あくまでも一般的な原則です。原則が簡単に通用しないのが現場です。現場には葛藤とジレンマがつきものです。その中で、自分で考え、判断しなければなりません。この章の内容は、やはり答えとしてではなく、問いとして、もしくは問いと自力で向き合うためのヒントとして読んでください。

> **5.1.1 マナーと倫理の原則**

マナーと倫理の原則

① 相手の権利と都合を上回る研究はない
② 調査には相手がいる
③ 自分の社会的な立場と責任を自覚する
④ 説明・許可・還元
⑤ 親しき仲にも礼儀あり

> 原則 ①　相手の権利と都合を上回る研究はない

　これが大原則です。「こっち」の都合（たとえば、「授業の単位が必要」、「卒論を書かねば」）よりも、調査協力者の都合の方が優先されます。もしフィールドの人びととの権利や立場を損なうおそれがあるなら、そうした研究はすべきではありません。調査に協力してくださる方がたの権利が守られる範囲内で、私たちは調査研究をさせていただくのです。

> 原則 ②　調査には相手がいる

　エスノグラフィーで調査する現場は、人が生活し、働いているところです。私たちはそこに入り込んで調査させていただくことになります。調査には相手がいます。「研究」とか「調査」とかいった理由づけを取っ払って、自分がその相手だったならどう思うだろうかと想像してみてください。

対話の相手としての調査協力者
　調査の現場では判断に困る問題が次々に出てきます。大学等の課題の場合指導教員に相談するのは当然ですが、調査現場の人たちにも（尋ねて差し支えない問題かどうか考えた上で）率直に尋ねてみましょう。現場の人びとを「調査対象」とか「インフォーマント[2]（情報提供者）」とだけ捉えるのではなくて、「対話の相手」として考えを聞いてみましょう。
　たとえば、インタビューにどれくらい時間を割いていただけそうかといったことでも尋ねて、相手の都合を確認しておくとよいでしょう。

---

[2]「インフォーマント（情報提供者）」という言葉は、調査対象者を表すために従来のフィールドワークの分野でよく使われてきました。しかしこれは、スイッチを押したら音楽が鳴り出すジュークボックスのように、質問をしたら口から情報が出てくる存在であるかのようなイメージを伴っています。したがって本書ではインフォーマントではなくて、基本的に「調査協力者」という言葉を使います。

> 原則 ③　自分の社会的な立場と責任を自覚する

　調査者は透明人間ではありません。完全に中立で「客観的」な調査というものもありません。調査者はすでにさまざまな「社会的な衣(ころも)」を身にまとっています。それは、「学生」とか「教員」という身分や職業であったり、所属する大学の名であったり、性別や年齢であったり、民族集団や国であったりします。それが調査に影響することがあります。あなたは調査相手からどのような人として受けとめられるでしょうか。その点をふり返って自覚しておきましょう。

　みなさんのフィールドでの振舞いは、自分ひとりだけの責任で終わりません。所属する組織（学生なら大学）の評価、指導する先生や紹介してくださった方の名前なども背負っているのだと自覚してください。フィールドの人に「もう来てほしくない」と思われてしまったら、それは自分だけではなく、将来そこで調査をするかもしれない人もまた拒絶されてしまうかもしれません。代表としての責任を自覚して注意深く行動しましょう。だからといって怖気づくことはありません。フィールドワークは、社会的な責任感を育むよい機会だと考えましょう。

> 原則 ④　説明・許可・還元

　押さえるべき要点として「説明・許可・還元」があります。こちらの目的や見通しを相手によく**説明**すること、その上で**相手**の**許可**を得て調査研究し、その結果を相手に**還元**するということです。調査者は相手への「説明責任」があることを常に自覚しなければなりません。

説明の大切さ
　次の宮本の記述を読んで、調査における説明の大切さを考えてみましょう。

> 根ほり葉ほり聞くのはよい。だが何のために調べるのか、なぜそこが調べられるのか、調べた結果がどうなるのか一切わからない。(中略)「そんなことを調べて何にするのだ」と聞いても「学問のためだ」というような答えだけがかえって来る。村人たちはその言葉を聞くと、そうかと思って協力したというが、「疫病神がはやく帰ってくれればよい」と思ったそうである。
>
> (宮本 1986：114)

　この村の人びとは、説明がなされないまま調査が行なわれたという点にまず不快感をもったようです。それはもっともなことです。私たちも、誰かがいきなり来て、理由も説明されずに細々と調べられたとしたら、不愉快に思うでしょう。きちんとした説明がなされ、それなら協力しましょうという納得と合意があってはじめて調査の関係は成り立つのだと肝に銘じましょう。

原則 ⑤　親しき仲にも礼儀あり

　現場調査では出会った人と親しくなって、信頼関係を築くようにつとめます。ですが、親しき仲にも礼儀あり。親しくなりすぎると、ご迷惑をかけることにもなりえます。相手に過剰な期待を抱かせないことです。自分の立場でできることとできないことを常に明確にして、その上で調査への協力を了解していただきます。費用が発生する場合（車の同乗、食事、宿泊など）は、事前に負担について話し合っておきます。自分の分は自分で負担するのが原則です。

5.1.2　説明と許可のチェックリスト

　以下は、説明に関して、調査の各段階で気をつけるべき事項です。チェックリストとして、折に触れて見返してください。くわしい説明は後の章で行ないます。

現場に入る段階

> ☐ 調査に協力していただくために、丁寧でよく伝わる自己紹介と調査目的の説明を行なう。
> ☐ 自分の名刺を作って持参する。
> ☐ 手紙、メール、電話、「アポなし」のそれぞれの長短を理解し、使い分ける。
> ☐ いきなり調査のお願いをすることが難しいときは、どなたかから「紹介」をしてもらう（教員の紹介状が必要なときには申し出る）。
> ☐ 手紙でまず連絡し、それから電話をして訪問の期日を決めるのが丁寧なやり方。

現場調査の段階

　調査は現場の人びとときわめて近い距離で行なわれます。この「距離の近さ」から、気をつけなければならない問題が出てきます。特に相手のプライバシーの問題に気をつけなければなりません。

> ☐ プライバシーの保護を約束する。
> ☐ インタビューの録音・撮影は必ず許可を得た上で行なう。

> また録音データは他人には聞かせないことを約束する。
> ☐ 人物の撮影は必ず許可を得た上で行なう。レポートに写真を入れるときには、その写真を事前に相手に見せて承諾を得ておく。肖像権の侵害を防ぐため、人物が特定できる写真で、承諾が得られないものは用いない。
> ☐ 調査から帰ってきたらなるべく早くお礼状（お礼メール）を送る。
> ☐ 主要な調査協力者の方には、最終レポートをお送りすることを約束する。

成果を発表する段階

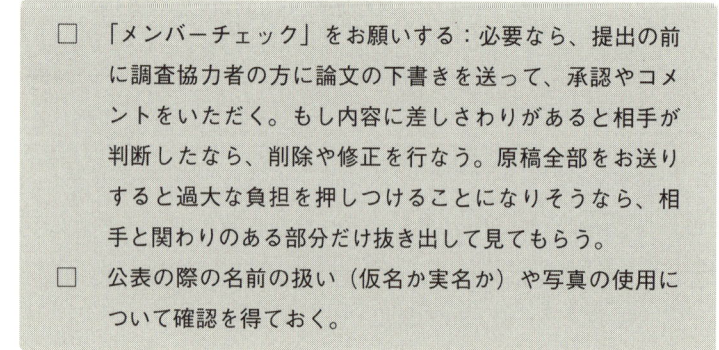

> ☐ 「メンバーチェック」をお願いする：必要なら、提出の前に調査協力者の方に論文の下書きを送って、承認やコメントをいただく。もし内容に差しさわりがあると相手が判断したなら、削除や修正を行なう。原稿全部をお送りすると過大な負担を押しつけることになりそうなら、相手と関わりのある部分だけ抜き出して見てもらう。
> ☐ 公表の際の名前の扱い（仮名か実名か）や写真の使用について確認を得ておく。

5.1.3　研究成果の「還元」と問題点

　還元するとは「お返しをする」とも言い換えられます。エスノグラファーは現場の人びとから、貴重な知識、情報、時間、資料をいただいて、それを

基にして授業の単位や学位などを得ます。つまり利益を得るわけです。何かをいただいたら、お返しをするでしょう。お世話になったのだから、お返しをするのはあたりまえと考えましょう。研究といっても同じです。

ではどのようなお返しができるのでしょうか。完成したレポートや論文をお送りすることが具体的にできることのひとつでしょう。そのときには改めてプライバシーの保護の点で問題がないかチェックしましょう。仮に人名を仮名にしていても、現地の人びとは前後の記述から、それが誰のことか推測ができて、それが思わぬ問題を招くかもしれないからです。

また、要望があればフィールドで報告会を開くというやり方も考えられるでしょう。

知識の「搾取」ではない研究は可能か？

私は自省も込めてこう問いかけます。

調査に協力してくださった人びとにとって、エスノグラフィー研究にはどんな意味があるのでしょうか？

もし現地の人びとが読んでわからない論文やレポートであれば、それをお送りしたからといって意味があるのでしょうか？「研究成果の還元」といいながらも、実は何も還元したことになっておらず、むしろ現地の人びとから知識や資料を「搾取」したに過ぎないのではないでしょうか？ この章で引用した萱野茂と宮本常一の文章を読み返してみましょう。ここで問題になっているのは、調査の相手の視点に立ったとき「成果の還元」とは何かということです。

この問題に安渓遊地(あんけいゆうじ)が取り組んでいます。「地元の協力者に研究結果が送付されないという不満が日本のあちこちにあることを耳にする」(安渓1992：76；宮本・安渓2008にも再録)。これに対する研究者の側の事情は、たんに怠慢ということの他に、「論文というものは堅苦しくてつまらない形式の物であって、これが教えていただいた内容です、といって村人に送って、はたして意味があるのだろうかという悩みである」(77)。たしかに、「論文」というものは難しいもので、「一般人」が読んでもわからない、というイメージがあります。研究の専門性のための必然的な難しさもあるでしょう。前提となる知識がなければ理解できない場合です。しかし、「論文とは難しい

ものだ」という既成観念に自動的に従っているだけだとしたら、立ち止まって考えなくてはなりません。ましてや現場に近い研究を目指すエスノグラフィーの場合は、なおさら考え直す必要がありそうです。

この問題について、安渓は次のような方向転換をうながしています。

> なぜ、論文という「堅苦しく」「つまらない」形式のものばかりを生産する苦業にいつまでも耐えなければならないのか。むしろ、研究者自身が既成のアカデミズムの壁をやぶり、内容だけでなく発表の形式をも変えていくように、調査地の住民に励まされていると捉えるべきではないのか。
>
> (安渓 1992：77)

専門に閉じこもり、大学の中でしか通用しない研究から、現場で生きる人たちの問題を共に考える研究。専門性が社会との「垣根」ではなく、社会への貢献となるような研究。このような研究は可能でしょうか。研究も理論も、本来、人間が生きていく上での問題を捉え、うまく対処するための道具だったはずです。それがいつの間にか自己目的になってしまったのではないでしょうか。

私たちが、そして、調査の現場の人びとが生きていく現場において、今学んでいるエスノグラフィーにはどのような意味があるのか。この根本的な問いを、みなさんも一度自分の頭で考えてみてください。

5.1.4 調査研究の倫理についてさらに学ぶ

宮本常一の「調査地被害」という文章をぜひ読んでおいてください（宮本 1986；宮本・安渓 2008 にも再録）。「調査」という行為が被調査地にどのような迷惑と被害を与えるのかを、宮本自身の豊富な経験から具体的に説明しています。「調査」や「研究」にまつわる幻想や勘違いを取り去って、頭を冷

やすためにたいへん役立ちます。

　文化人類学の分野に関して、日本文化人類学会とアメリカ人類学協会が共に倫理綱領を作成しています。ウェブ上で公開されていますから、目を通しておきましょう。

日本文化人類学会倫理綱領
http://www.jasca.org/onjasca/ethics.html
American Anthropological Association: Ethics Resources
http://www.americananthro.org/ParticipateAndAdvocate/Content.aspx?ItemNumber=1895

　また学会誌『民族学研究』（1992年57巻1号：70-91）に掲載された「日本民族学会研究倫理委員会（第2期）についての報告」も参考になりますから一読を勧めます。
　その中で、決められた倫理綱領に従うという考え方に対して、留保を付ける斎藤尚文の指摘は重要だと思います。倫理とは、本来、他者との関わりの現場において、その相手にいかに応えるかということであって、画一的なルールとして定められるものではないのですから。

> 学会によって権威づけられた倫理コードに頼ることは不可能で、個々の研究者が個人の責任で、場合によっては研究者としての生き方をかけて、対処するしかない。　　　　　　　　　　　　　　　　（斎藤 1992：86）

5.2

自分の安全

現場では思わぬトラブルや危険が起こりうるものです。できるだけそれを防ぎ、またうまく対処して、自分の安全を守れるようにしましょう。

> **自分の安全を守るための指針**
> ① 自分の安全は自分で守る
> ② 距離も必要
> ③ 危険を冒さない
> ④ 情報を集める
> ⑤ 助言を仰ぐ
> ⑥ 連絡を取る

指針 ① 自分の安全は自分で守る

自分で判断し、自分で責任をもつ。あたりまえのことですがこれが安全の原則です。未知の土地では、思わぬリスクと遭遇する可能性があります。そのことも想定して調査の計画を立てましょう。

| 指針 ②　距離も必要 |

　現場調査は対人関係の場です。常にトラブルが起こりえます。親しくなることはよいことですが、親しくなりすぎることには注意しましょう。適切な距離を取ることも必要です。もしトラブルが発生して、自分の手に負えないと感じたら、先生や先輩などに適時に相談します。「⑤親しき仲にも礼儀あり」（»p.80）で述べたように、自分の立場とできること／できないことを明確にし、その上で関わることが、トラブルのひとつの予防策です。

| 指針 ③　危険を冒さない |

　チャレンジはしてよいが、危険を冒してはいけません。「ここで引っ込んだらレポートや卒論が書けなくなる」とひとりで思い込んで、無理なことをしてはいけません。そういう場合は、率直に指導の先生や先輩、同級生に相談しましょう。時には「勇気ある撤退」も必要です。そして別の課題に柔軟に切り替えればよいのです。いかなるときも解決策はあります。
　世の中には実際に危険な現場があります。そこには近づかない。これが原則です。特に、犯罪や事故などのリスクが高そうなところを選ばないことです。またカルト教団など、精神的に取り込まれてしまうおそれのあるところにも入ってはいけません。ミイラ取りがミイラになってしまいます。

| 指針 ④　情報を集める |

　事前調査の一環として、調査対象に関わる安全情報を集めます。
　海外で調査をするときには「外務省海外安全ホームページ」を参照します。

外務省海外安全ホームページ
http://www.anzen.mofa.go.jp/

さらにその地域を専門とする人類学者に相談するのもよいでしょう。

指針 ⑤　助言を仰ぐ

　学生、特に調査の初心者の段階ならば、先達から助言を仰ぎましょう。先生、先輩、ティーチング・アシスタントなどに、自分がどこにいって、どんな調査をしようとしているのかを伝えて、注意すべきことについて意見を聞いておきましょう。

　学生ならば調査のスケジュールを必ず指導の先生に事前に伝えてください。そうするとどんな調査をしているのかが具体的にわかって助言しやすくなり、万が一のときにも迅速に対応できます。

　現地の安全事情をもっともよく知っているのは、その現地の人です。調査を始めたら、現地に住む人とつながりをつくって、安全上気をつけるべきことは何か尋ねておきましょう。

指針 ⑥　連絡を取る

　海外調査なら当然のこと、日本国内であっても遠方で調査する場合には、担当の先生と保護者にメールなどで連絡を入れるようにしましょう。何か問題に突き当たった場合は、早めに先生に知らせ助言を仰ぎましょう。

安全チェックリスト（学生向け）[3]
☐　調査に関する安全は自分で判断し、責任をもつ。

- ☐ 詳細な調査スケジュール（日程と調査内容の他、交通手段、宿泊先、現地での連絡方法を明記したもの）を事前に作成し、担当教員と保護者に提出する。
- ☐ 海外調査の場合、「外務省海外安全ホームページ」などで現地に関する情報収集に努め、現実的な危険が予想されるなら調査を見合わせる。
- ☐ 海外調査の場合には、出発前に適切な旅行保険に加入しておく。
- ☐ 海外調査中、パスポートは常に身に着けておくか、確実に安全なところに保管する。かばん等に入れておくと、身から離したとき盗難の可能性が高まる。ポーチ、ジャケット、ベストなどから渡航先の状況に合わせて選ぶとよい。
- ☐ 国内の遠方および海外での調査中は、教員と保護者に連絡を取り、安全を知らせると共に、何か問題が生じたら適時に相談する。

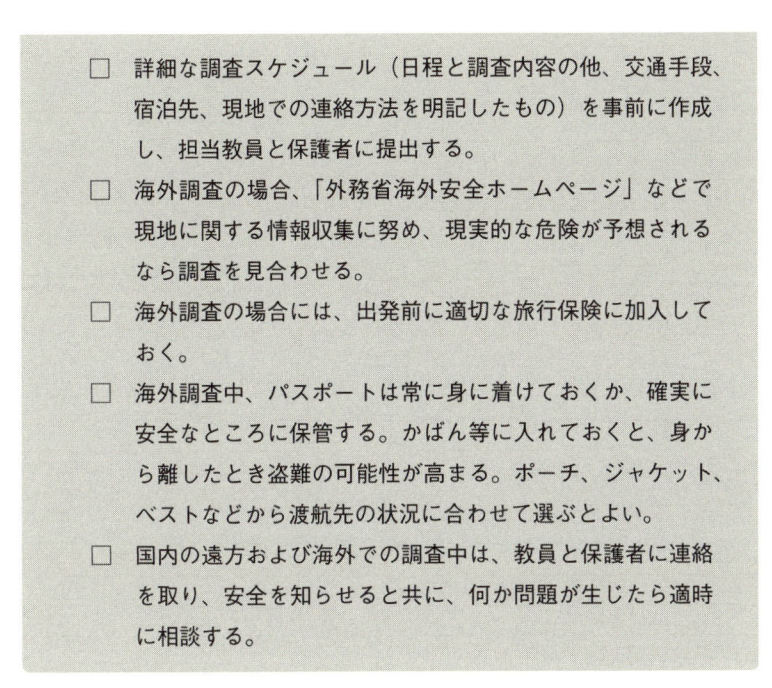

3) ウェブサイト「山中速人研究室」に掲載されている「山中ゼミ海外フィールワーク安全ガイドライン」（2002.4.1 改）を参考にさせていただきました。このガイドラインは関西学院大学山中ゼミのために作成されたものですが、非常にくわしく参考になりますから、本書の読者も目を通すことを勧めます。

6 現場に入る

> **この章の目標**
>
> 現場に入る段階でのコツと注意点を知ろう。

　　自分に調査なんてできるんだろうか……
　現場調査(フィールドワーク)を前にしてこういう不安をもつのは普通のことです。しかしいたずらに不安をもつことはありません。現場の人びとと顔見知りになることこそエスノグラフィー調査の醍醐味(だいごみ)であり、かけがえのない人間的出会いの機会だからです。期待と好奇心をもって現場の扉を開きましょう。うまくいくためにはいくつかのコツがあります。ここでは、現場に入っていくためのコツや注意点を学びましょう。軌道に乗れば、最初の心配は消えてしまって、調査の楽しさが実感できるようになるはずです。

6.1

現場に入るときの基本姿勢

まず現場に入る段階でとった方がよい基本姿勢を学びます。

> **現場に入るときの基本姿勢**
> ① 教えていただく
> ② 何でもやってみる
> ③ 発見に心を開く
> ④ 偶然を活かす
> ⑤ 解決策は必ずある

基本姿勢 ① 教えていただく

　現場での基本姿勢、それは「教えていただく」です。
　現場のことを知らない、だからそこに出かけていくのです。エスノグラファーは現場の世界の「よそ者」であり、「初心者」であり、「生徒」です。その立場から、そこにある考え方や振舞い方を学んでいくのです。そうすると「調査する」というよりは「教えていただく」といった方がより適切となるでしょう。現場に入ったときに、わからない物や言葉、行動の仕方に次々と出くわします。そのときには「これは何ですか」とそこの人に尋ねて、教えていただきましょう。それを私たちはふだんの生活や旅行に行ったときにやっていますね。エスノグラフィー調査も「知らないことを教えていただく」ことから始まるのです。もちろん「知らなさすぎ」てもまずいですから、基

本的なことは事前調査をしておく必要がありますし、あまりに「初心者すぎ」ても「何しに来たのか」と相手に思われます。ある程度は自分の関心を説明できなければなりません。しかし、その一方で、あらかじめ調べたこと、考えたことに縛られない柔軟性が大切です。

> 基本姿勢 ②　何でもやってみる

　現場に入った初期の段階では、何でもやってみる精神でいきましょう。もちろん危険なことや、倫理的に問題のあることをやるということではありません。現場に入り込むために、そこでの行事には積極的に顔を出して、知り合いをつくっていきます。自分が関われることは何でもやってみて、集められる資料は手当たり次第に調べます。このように現場に浸る中で、だんだんとそこで重要なもの、問題となっていることが浮かび上がっていきます。

> 基本姿勢 ③　発見に心を開く

　現場は発見の宝庫です。新しいもの、知らないものに心を開きましょう。現場に入る段階で特に心がけることは、「問いを発見する」ことです。うまく説明のつかないこと、既存の考え方があてはまらないことを見つけましょう。宮本常一はこう書いています。

> 　「犬も歩けば棒にあたる」というがまったくその通りで、何かにぶっつかる。何かとは自分にわからないことである。そのわからないことを書き留めたり、心にためておいて、村の人に聞くことからわからないことを確かめていく。
> 　　　　　　　　　　　　　　　　　　　　　　　　（宮本 1986：54）

　「とりあえず」の精神で行きましょう。とりあえずぶらぶら歩き回ってみ

る。そこで気づいたことが発見につながります。現場での発見は「原石」のようなものです。すぐにそれとはわからないかもしれませんが、磨けば輝きはじめます。原石を磨きあげて、宝石へと仕上げていく作業が後の章で説明するエスノグラフィーの分析です。

基本姿勢 ④　偶然を活かす

　偶然見つけたことが、後々大きな発見につながることもあります。「セレンディピティ」という言葉を知っていますか。『セレンディップの3人の王子たち』という物語に由来する言葉です。セレンディップとはスリランカの古名です。これにちなんで造られたのが「セレンディピティ」という言葉です。これは「偶然と才気によって、さがしてもいなかったものを発見する」という意味です。偶然の発見を活かせる能力と言い換えられるでしょうか。エスノグラフィー調査の場合に、このセレンディピティがものをいいます。なぜなら現場は常に予測不可能で、意外な出来事が起こる場所だからです。エスノグラファーは現場の出来事に柔軟かつ即興的に対応したときに、斬新なエスノグラフィーの知をもたらすことができるのです。（▶p.95 コラム「セレンディピティ」）

基本姿勢 ⑤　解決策は必ずある

　現場に入ると、予想もしていなかったようなトラブル、迷い、失敗を経験することでしょう。そのときに思い出してほしいのは、それがまったく普通のことだということ、そして解決策は必ずあるということです。
　出口がふさがってしまったかのような状況で出口を見つけられること。これが現場力のひとつです。行き詰まったときには無理をせずいったん引き下がりましょう。遠慮なく周りの人の力を借りましょう。ただ自分の状況を伝

えるだけでもよいです。思わぬヒントを与えてくれるかもしれません。時間をおいてみる、待ってみるということで道が開けることもあります。失敗が後でプラスとなって活きてくるということは人生の真実です。長い目で自分の置かれた状況をみてみましょう。

---

column　　　　　　　　　　　　　　　　　セレンディピティ

『セレンディップの3人の王子たち』（竹内2006）はもともとペルシア語で書かれた物語です。セレンディップの3人の王子が異国に旅に出ます。ある皇帝の国に入ったとき、行方不明になった1頭のラクダを探すキャラバンの隊長に出会います。隊長は3人に、はぐれたラクダを見なかったか尋ねます。3人の王子はそのラクダを見てもいないのに、特徴を具体的に言い当てるのです。

「そのラクダは片目でしょう。」
「歯が一本抜けていますね。」
「足が不自由なラクダです。」

その答えがあまりに正確なので、隊長はこの3人が自分のラクダを盗んだものと誤解して皇帝に訴え出ます。別のところでラクダが見つかって、冤罪は無事晴れました。皇帝は3人に謝り、どうして見てもいないラクダの特徴をあてられたのかと尋ねました。その答えはこのようなものでした。

「道を歩いていて、片側の草だけが食べられているのに気づきました。その反対側の草の方が良質だったにも関わらず。」
「道沿いの草が一足ごとに、ラクダの歯ほぼ一本分の幅で食べ残されていました。」
「地面に残されていた足跡からは、一本の足を引きずっていること

とがわかりました。」

　皇帝はこの3人の知恵に驚いて、格別のもてなしをしました。3人の王子は、歩いているときに偶然見かけたことに注意を向けて、ラクダの特徴を知ったのです。
　この物語の英訳版を読んだ作家ウォルポールは、3人の王子が示したような「偶然と才気によってさがしてもいないものを発見する」能力を「セレンディピティ」と名づけました。竹内によるとセレンディピティの例は、科学的な大発見の中にも見つかります（竹内2006：188）。X線の発見がそのひとつです。レントゲン教授がある研究に携わっているとき、光るはずのない蛍光板が光っていることに気づきました。レントゲン教授はその偶然の現象に関心を向けて追究した結果、これまでに知られていない性質の光線を発見し、X線と名づけたのです。もともとの研究課題に固執せず、研究現場の偶発的な出来事に目を向けたことが世紀の大発見につながったのでした。

6.2

現場に入るコツ

　調査協力者をどう見つけるのか？　現場の人々とどうつながるのか？　最初は難しく感じることだと思います。ここではそのコツを説明します。

```
現場に入るコツ

① まず手がかり
② 紹介を通して
③ メンバーになる
④ 縁に導かれる
```

コツ① まず手がかり

　団体や機関を調べたいのなら、そこのホームページなどで連絡先を調べましょう。そして自己紹介と調査協力の依頼をして、しかるべき人を紹介してもらいます。

　地域社会や自治体に関係することを調べたいなら、役場や資料館・博物館に行くとよいでしょう。ここでも調査目的を説明して、くわしい人を紹介してもらいましょう。私は対馬の朝鮮通信使行列の調査で、まず現地の対馬歴史民俗資料館と対馬市役所を訪ねて、さらに調査協力者を紹介していただくことができました。ドイツの教会アジールを調査したときには、関連団体のホームページに掲載されたアドレスにメールを送って、調査対象を教えてもらいました。

　現地に行ってくわしそうな人に話しかけることでもきっかけはつかめるものです。

　このようにまずアクセスしやすいところを手がかりにすると、道が開けて行きます。

コツ② 紹介を通して

　まったく知らない現場に入っていくのは難しいものです。そのときどなた

かの紹介を通すとつながりがつけやすくなります。

　ただし、そのときには「紹介者の信頼をも背負っているのだ」と常に自覚しなければなりません。紹介された先では、「あの人の紹介だから」と便宜をはかってくれるのです。その中で、失礼なことがあれば、それは調査者のミスだけに終わらず、紹介者の「顔をつぶす」ことにもつながるのだと肝に銘じましょう。

> コツ ③　メンバーになる

　アルバイト、部員、ボランティア、インターンとしてその現場のメンバーになると、まさに内部者としての経験ができます。これは、NGO・NPO、会社、サークル、施設などを調べたいときには有効な入り方です。調べたいグループがメンバーを募集していれば、渡りに船で加わったらよいです。そのときにはやはり調査の目的を説明して、理解を得ておくことが必要です。そして当然、求められる仕事は他のメンバーと同じようにこなさなくてはならないことは言うまでもありません。募集をしていない場合でも、自分の意図を説明した上で、ボランティアや見習いとして加えてもらえないか尋ねてみてもよいでしょう。

> コツ ④　縁に導かれる

　前章でも紹介した宮本常一は、日本中を旅して、民衆の生活を丹念に調査した人です。その著作は地に足が着いた、血の通った言葉で綴られていて、調査の仕方についても多くを学ぶことができます。特に『著作集31　旅にまなぶ』（宮本1986）と『民俗学の旅』（宮本1993）を勧めます。ここで『旅にまなぶ』に収録されている文章を引いておきます。思いつくままに歩き、出会った人の世話になり、その人に次の人を紹介してもらって旅を続ける。

つまり宮本は縁に導かれて調査をしたともいえます。これを読むとまことにおおらかで、現代ではなかなかこうはいかないでしょう。しかし、ふとした縁から人の輪がつながっていって、調査が動きはじめるということは、現代でも十分あてはまりますし、私自身何度も体験しています。

> 私の戦前の旅はまったく思いつきのままに歩いた。
> 旅で何をするかも問題にしなかった。ぶっつかって得たものを持って帰ろうとした。まったく構えざる態度で歩いた。だから最初の村、最初の人に会うまではまったく億劫であった。
> だが一人のよい人に会うと道がひらけた。その人はきっと次の村のよい人を紹介してくれた。そしてその次の人もその先のよい人を紹介してくれた。そのようにして村々を調査してゆくことができた。　　　（宮本1986：68）

6.3

自己紹介と説明

　説明した上で、協力していただく。これが現場調査の原則です。でも、こんな風に言ってもおそらく理解してもらえないでしょう――「私は文化人類学の授業でエスノグラフィー調査をしているので協力してください」。
　ではどのように言えば、自分の意図がよく伝わり、協力していただけるようになるでしょうか。
　それはそれぞれの現場や、人によって違ってくるでしょうから、ここではマニュアル的な言い回しを提示することはできません。読者が学生の場合の一例として自己紹介と説明の際に、押さえるべきポイントとヒントを挙げま

すので、これに基づいて自分なりの言い回しを考えておきましょう。もし自分が相手の立場に立ったならどう言われたらわかるのか、協力してあげようと思うのかを考えてみるとよいでしょう。また、身近な人をつかまえて練習してみると改善できるでしょう。

> **自己紹介と説明で押さえるべきポイント**
> ☐ 所属：大学名、学部名、学年など。
> ☐ 何について調べているのか、知りたいのか。
> ☐ 調べようと思った動機は何か。
> ☐ 調べてどうするのか
> 　：授業のレポート、卒業論文、修士論文を書く。
> ☐ どのような協力を望むのか
> 　：インタビューに応じてほしい、集まりへの参加を認めていただきたい、適した人物を紹介していただきたい、など。
> ☐ どうプライバシーを保護するのか。
> ☐ どう還元するのか：完成したレポート、論文をお送りするなど。

あまり堅苦しくならずに、学びたいという謙虚な姿勢を忘れず、そして熱意や好奇心を率直に表現しましょう。熱意のある人に対しては、相手も応えてあげようと思うものです。しかし断られることももちろんあります。そこには相手の事情があるのですから、それを尊重し、他に適した方がいたら紹介していただくなどの柔軟な対応を取りましょう。

説明で使う言い回しとして、「エスノグラフィー調査をしている」よりも、「……を調べている」「……を知りたい」などの方が伝わりやすいでしょう。

「大学から調査にきた」ということで相手に構えてしまって、いわば「よそ行き」の答えが出てくるおそれがあります。それは「期待に応えよう」という善意の表れでもあります。しかし、よそ行きの話ではなくて、実際のところを知りたいのですから、次のような予防線を張っておくとよいかもしれません——

「ふだんお感じになっているままをお答えください。」
「いつも使っている言葉でお話ください。」
「……さんが重要だと思っていることをお聞かせください。」

どんな連絡手段がよいか

調査協力者と連絡を取るには、いろいろな手段が考えられます。手紙、電子メール、電話などが主なものです。どの場合でも大事なのは礼儀・簡潔さ・熱意です。

どの手段で、どのように連絡を取ったらよいのでしょうか。それは相手によって判断すべきことです。電子メディアを使うかどうかは、世代によって違います。最初は手紙を受け取った方が丁寧だと好感をもつ人もいるでしょう。ある程度上の世代の人や官公庁は、まず紙の手紙がよいかもしれません。しかし電子メールの方が、効率的に返信ができるから好ましいと考える人もいます。若い人や、電子メールを主なメディアとして仕事をしている人はそうでしょう。また、時間帯や日を考えて電話をかけるのも悪くないでしょう。手紙やメールを書く前に、手紙の書き方に関する本を読んで、必要な手紙のマナーを学んでおきましょう。

📁 **実例** ──────────── 手紙による調査協力の依頼

これは私が担当する「文化人類学演習」の授業で、実際に学生が作成した依頼文を修正したものです。

　○○市○○小学校
　○○○○様

　突然のお手紙で失礼いたします。私は○○大学○○学部○○講座○年の○○○○と申します。今回お願いがございましてお手紙させていただきました。

現在、私は大学において「文化人類学演習」という授業を履修しております。この授業の目的は、平和について取り組まれている具体的な現場を調べることです。私は「戦争体験の次世代継承」というテーマで、教育現場での実践を調べております。その準備調査の中で貴校が〇〇市の次世代継承事業の実施校となっていることをインターネットで知りました。私はこれにたいへん興味をもち、貴校の活動をさらに具体的にお教えいただきたいと願っております。つきましてはインタビューや資料（指導案）のご提供の点でご協力いただけましたら幸いです。具体的には、子どもたちの反応、様子の変化、今回の授業において心がけたこと、また、この取り組みを行った後の活動や変化について、現場でなければ分からないことを是非知りたいと思っています。今回の事業報告書をすでに拝見いたしましたが、やはり現場の「生の声」に勝るものはないと考えております。常時の学級運営や学校業務でたいへんお忙しいと思いますが、ご協力いただけましたらうれしく思います。

　つきましては、以下の連絡先にお手数ですが連絡をお願いいたします。ご返事を心待ちにしております。

　　〇〇大学〇〇学部〇〇講座　〇年
　　〇〇〇〇
　　電話番号：〇〇〇〇－〇〇－〇〇〇〇
　　Eメール：〇〇〇＠〇〇〇.〇〇〇

6.4

もちもの

現場に入る前に準備して、携行した方がよいモノがあります。

文房具
　筆記用具、メモ帳、ノートは必須です。私は三色ボールペン、手のひらに納まるメモ・パッド、それからA4版のノートを持っていきます。これくらいの大きいノートだと、筆記内容を見渡すことができる利点があります。

名刺
　名刺は調査の現場でかなり役に立つものです。また、相手から名刺をいただいたときに、お返しに渡せるものがないと「気まずい」思いをします。名刺は「交換する」ものだからです。
　学生でも名刺をつくっておきましょう。所属、氏名、住所、電話番号、メールアドレスを掲載すれば十分でしょう。学年までは不要です。学年を入れるとその年しか有効でなくなるからです。

衣類・靴・帽子
　もし数日以上の滞在型調査をするのなら、服装は機能的なものにしましょう。替えを多く持っていくとかさばるし、綿素材の衣服を洗うと乾きにくいという問題が出てきます。登山用品店やアウトドア・ショップをのぞいてみると、これらの問題をかなり解決してくれる速乾素材の衣類を見つけることができます。
　ふだん履いている靴でよいですが、長く滞在して歩き回るならば、靴専門店やアウトドア・ショップでウォーキング・シューズを探してみましょう。

丈夫で、歩きやすく、疲れにくく、防水性にも優れた靴がつくられています。

日差しが強い地域や季節で重宝するのが帽子です。日差しを浴びながら歩いていると、それだけで体力を消耗します。

撮影機材

デジタルコンパクトカメラの持参を勧めます。小型のデジタルカメラは街歩きのスナップショットが気軽にできるだけでなく、メモや文書のスキャナ代わりに大活躍します。さらに電子データとして簡単に取り込んで、視覚資料として用いることができます。予備のバッテリと記録媒体も共に携えていきましょう。記憶媒体は大きめの容量のものを選ぶ方がいいです。風景を広く写真に収めるために、広角側は28ミリくらいのズームレンズがついたカメラが有利です。

出来事の流れを音声と共に記録できるビデオカメラには、静止画カメラとは違った利点があります。最近ではコンパクトでありながら、画質と機能性に優れたビデオカメラがつくられていて、気軽に現場を動画として記録できるようになっています。ある程度長く動画撮影するには、軽量の三脚を持参すると便利です。

録音機材

ICレコーダを勧めます。USB端子が本体に付属していると、パソコンにつないで録音データを移すのに効率的です。USB端子つきのものには、パソコンから充電式乾電池に充電できるものがあって、これなら電池の残り時間を気にする必要が減ってかなり安心します。1ギガバイトないしそれ以上の記憶容量があるとたっぷりと録音できます。これに対してカセットレコーダやMDレコーダなどは本体が大きくて目立ったり、録音時間の制約があったり、記録メディアの扱いが不便だったりする欠点があります。

おみやげ

調査協力者のもとに挨拶やインタビューに行ったとき、おみやげを持参すると好印象をもたれます。相手が負担を感じるような高価なものは避けるべきです。たとえばお菓子のように、手ごろな値段で、自分の地域の名物のも

のがよいでしょう。ある程度の期間調査滞在して、多くの人のお世話になりそうなら、あまりかさばらないものをまとめてもっていきます。

もちものチェックリスト

☐ パスポート（海外調査の場合）
☐ 保険証
☐ 現金、クレジットカード
☐ 名刺
☐ 洗面具
☐ タオル
☐ 衣服
☐ 帽子
☐ 携帯電話
☐ ペン
☐ メモ帳
☐ ノート
☐ IC レコーダ
☐ デジタルカメラ（予備のバッテリ、メモリカード）
☐ デジタルビデオ
☐ ノート PC
☐ USB メモリ
☐ 旅行ガイド、地図
☐ 電源プラグ変換アダプタ（海外調査の場合）
☐ おみやげ

6.5
問題とテーマを発見する

現場に入って最初にやることは「わからないこと」、すなわち「問い」を見つけることです。また「テーマ」も現場で新たに発見できることがあります。

6.5.1 問題の発見

現場に入った最初の頃に行なうことは、広く情報を吸収することと、問い・問題を発見することです。うまく説明のつかないこと、既存の考え方があてはまらないことに注意しましょう。そこから既存の理論を問い直す、新しい知見が発展していきます。エスノグラフィーにおいて「理論的に意義のある事象」を調べることが重要です。それは定説とされていること、あたりまえに思われていることを問い直すような事象のことです。

エスノグラフィーという研究方法の強みは、現場で問題を発見することで発揮されます。あらかじめ予想もしなかった問題に出くわし、その答えを探っていくことによって、人間が生きている具体的な現場に近い知見と理論が導き出されるのです。つまりフィールドワークとは問題を発見することと、その問題の答えを発見するという2つの作業を意味します。そして現場に入る段階では、問題発見に重点を置きます。

では、現場で問題をどのように発見したらよいでしょうか。

ここでいう「問題」とは、「うまく説明できない何か」のことです。現場において、

　「これはどうしてだろう？」
　「よくわからない」
　「そんなこと初めて聞く、見る」
　「あらかじめ持っている知識では説明できない」
　「矛盾していると思えるのに現実にはある」

……と思うような事象を見つけたときには、「問題に突き当たっている」のです。
　別の言葉を使うと、現場の問題は最初「謎」「驚き」もしくは「戸惑い」として体験されるものです。問題を発見するコツは、こうした自分の感覚に気をつけてみることです。
　導入の一文として宮本の次の文章を読んでみましょう。

　　　調査というものは、調査しようとするものの意図がある。その意図にそって自分の知ろうとすることだけを明らかにしてゆけばよい、と考えている人が多い。昭和22、3年頃であったが、東京大学の経済学部の教授が、地主と小作についての調査を指示しているのを聞いて寒気を覚えたことがある。村落内のあらゆる現象を、搾取と被搾取のかたちにして設問しようとしている。階級分化だけを見てゆこうとするのなら、それだけでいいかもわからない。しかし村里生活はそれだけではない。地主というようなものも、社会保障的な意味を持っている。農民同士の相互扶助もある。それがどのような比重でからみあっているかも、見てゆかなければならないのではないかと思うし、**また予定した以外のことから、重要な問題を引き出してくることもある。その意外性がもっと尊重されなければ本当のことはわからない。理論が先にあって、事実はそれの裏付けにのみ利用されるのが本来の理論ではなく、理論は一つ一つの事象の中に内在しているはずである。**

　　　　　　　　　　　　　　　　　　　（宮本 1986：121、太字 小田）

ここで宮本は、前もって問題を固めて現場に入ることの危険性を指摘しています。そうしてしまうと、それ以外のものが見えなくなるのです。現場とは複雑で、予想もしなかったことに出会える場です。自分がすでにもっている問題や枠組みをカッコに入れて、開かれた心で現場に臨みましょう。

実例　「よみがえる朝鮮通信使」

　私が長崎県の対馬を訪れたとき、まず印象的だったのが、厳原町(いづはらまち)のいたる所に設置された「朝鮮通信使」に関する石碑でした。そして多くの商店がハングルの看板や説明を掲げ、韓国人観光客が町を歩いていることでした。さらに、「朝鮮通信使行列」の再現が厳原の夏祭りで行なわれていることも知りました。これらは現地に行くまではまったく予想していなかったことでした。現場で私は「現代の対馬において、朝鮮通信使になぜ脚光が当てられているのか、そこにどんな意味があるのか」という問題を発見したのです。

実例　『「女の仕事」のエスノグラフィ』

　中谷文美はバリの農村で、「自分のジェンダーがもつ影響をつねに自覚」して調査を進めていきました。研究者として「名誉男性」のステイタスを与えられ、男性の輪の中に入っていくことも可能でしたが、中谷はあえてそうせず、女性の日々の仕事に密着する立場をとります。その結果、独自の問題を発見するにいたるのです。

> 　個々の儀礼の目的や一つひとつの行為の意味などをくわしく知りたければ、その手の知識をもった年配の男性たち（中略）がタバコをくゆらせつつ談笑しているところに行くのが最良の手段ということになる。（中略）
> 　だがわたしは結局、儀礼以外の文脈でも一緒にいることの多かった女性たちの集団にぴったりはりつくことを選んだ。すると、（中略）個々の儀礼や供物の意味などについてはたいしたことはわからないのだが、彼女たちのお

しゃべりや愚痴につきあいながら、じっさいに儀礼の必要不可欠な要素である供物づくりにいそしんでいるこの**女性たち**にとって、こうした**作業は何を意味しているのか、彼女たちの生活の中でどんな位置をしめているのか**、といった問いに導かれることになったのだった。（中谷 2003：53、太字 小田）

6.5.2 「戸惑い」から問題へ

　問題は現場に入ってすぐに見つかるとは限りません。むしろ時間をかけて明確になっていく場合もあります。ひとつには先行研究と比較してみて、その現場の事象が説明を要する問題だと気づく場合です。さらには、調査者本人が既存の枠組みに縛られるあまり、問題と出会っているのにそうと気づかない場合です。後者の場合は「戸惑い」が感じられているかもしれません。「文献に書かれていることと違う、自分の調査は大丈夫なんだろうか」といった「戸惑い」です。

　しかしこうした**「戸惑い」を感じるときにこそ、実は調査はうまくいっている**のです。なぜなら、既成の枠組みに当てはまらない現象に直面したとき「戸惑い」を感じるものだからです。このときにみなさんは他者の世界と出会っているのです。

　別の言葉でいうとそれは「矛盾」とか「謎」に着目することです。既存の理論、定説、公式の見解と現場とのあいだに「矛盾」があると感じたとき、自分の手持ちの知識では解けない「謎」に突き当たったとき、意義のある問題の手がかりをつかんでいるかもしれません。

　戸惑い・矛盾・謎に踏みとどまって、よく目をこらし、言葉にしてみましょう。そこから研究上意義のある問題が発見できるでしょう。

実例 ──────────────────────── 知床での戸惑い

　ミニエスノグラフィー①「知床のエコツーリズムとマス・ツーリズム」（» p.266）の著者加藤さんは、現場に入って感じたのは「戸惑い」だったと言っています。あらかじめ調べたことと食い違っていたからです。しかしこの戸惑いが、研究上の問題につながっていくことになります。

> 　私が初めて知床に調査に行ったのは7月だった。事前にエコツーリズムについての文献をいくつか読んだのだが、その内容は比較的厳密なエコツーリズムの定義をかかげたものだった。そのため、知床で団体バスツアーとガイドツアーが共存している様子には**困惑を覚えて**しまった。これははたしてエコツーリズムといえるのか、知床を調査地にして大丈夫か、と不安も覚えた。
> 　だがその様子を小田先生に相談し、文献と現地のずれは当然であり、そのずれに気づいたということは調査が成功しているということだ、というアドバイスを頂き、知床で調査を続行した。その後、エコツーリズムの定義がかなり曖昧であること、知床のガイド活動と地元行政の政策の違いを知り、知床の状況を理解できるようになった。むしろこの初めの戸惑いが、論文のテーマとして非常に重要な役割を果たすこととなった。
> 　　　　　　　　　　　　　　　　　　　　　　　　　　　　（太字 小田）

　もともと調べようと思っていたこととは別のことが現場で繰り返し浮かんできたときは、問題発見のチャンスかもしれません。それが現場の人びとにとってどんな意味があるのか、と問いかけてみましょう。
　現場に入ってみて発見した問題を大切にしましょう。たとえそれが「素朴な疑問」程度のものであっても。それらの問いはいわば種子です。中にはそこから研究論文を収穫できるほどの種子があるかもしれません。最初はどんなに小さい種子であっても、それを育てていくと「研究設問（リサーチ・クエスチョン）」に結びつくことがあります。この問題の育て方については後で述べることにします。

6.5.3 テーマの発見

　本書でいうテーマとは「理論的テーマ」のことです。研究分野における大きなキーワードにあたり、それについてさまざまな個別の研究がなされる領域のことです（🔖 p.19）。

　2章や4章でいくつか挙げた「記憶」「観光」「映像」「資源」「ジェンダー」「平和」「エスニシティ」……これらはみな「人類学におけるテーマ」にあたります。

　テーマと問題とは違うことを意識してください。

　問い・問題にはテーマと関係するものもあるし、関係しないものもあります。

　対馬を例に引くと、「この石碑を誰がいつ建てたのだろう」という問いは具体的な事実に関するものでテーマとはさしあたり関係がありません。しかし「この石碑は朝鮮通信使の記憶をいかに伝えているのか」という問いは「記憶」というテーマと結びついたものです。

　研究設問は現場で発見した問いを、理論的テーマと結びつけていくことで形成されます。これについては後の章（第10章）でくわしく説明します。

　現場でテーマが発見され、そこから研究上の問題に結びつくことがあります。アフリカ社会の「儀礼」研究で有名な社会人類学者ターナーは、もともとそのテーマをもっていたのではなく、アフリカのフィールドで発見したのです。

📁 **実例** ──────────── ターナーの「儀礼」の発見

　ターナーは1950年代前半に中央アフリカのンデンブ族のもとで調査を行ない、その人びとの儀礼をテーマにした研究で知られるようになりました。ターナーがその儀礼研究から発展させた「リミナリティ（儀礼に参加する人間

にみられるどっちつかずの属性)」や「コムニタス（儀礼の間に現出する一体の共同性)」といった分析概念は広く引用されてきました。しかしターナーが所属していたローズ゠リヴィングストン社会調査研究所では宗教儀礼に関する研究が乏しく、ターナー自身儀礼ではなく他の項目の調査に集中していました。

> フィールドワークの最初の9ヶ月間、私は、親族、村落構造、結婚と離婚、家族や個人の生活費、部族と村落の政治、農事暦などについて膨大な量のデータを集めた。ノートにはいっぱいに家系図を記入し、村の住居分布図を何枚も作り、統計調査の資料を蒐集した。私は珍しい親族用語が不用意に洩らされるのを拾うために、そこらじゅうを渉って歩いた。それでもなお、自分はいつも外側からなかをのぞいているのにすぎないのではないか、という不安を感じていた。この不安感は、現地のことばに不自由を感じなくなったときにですら、消えなかったのである。　　　　　　　（ターナー1996：9-10)

そこで、ターナーはンデンブ社会で頻繁に行なわれている儀礼に注意を向け、本格的に調査をするようになっていきました。

> ンデンブ族の生活にとって儀礼がもつ重要さに目を開かれた妻と私とは、以前には理論に気をとられて見そこなっていたンデンブ族文化の多くの側面を認識し始めたのである。　　　　　　　　　　　　　　　　　　　（12）

さらに調査を進めていくと、儀礼に関する知識と実践とが首尾一貫した構造を成していることがわかってきました。また儀礼が行なわれる文脈にも特徴があることが明らかになりました。

> 私たちが次第に村落生活に融け込んでゆくにつれて、儀礼をおこなう決定は、村の社会生活の危機と大いに関係があることがわかってきた。　　（15）

もしターナーがその当時調査すべきとされていることだけを見て、それ以外の側面を見なかったならば、人類学の歴史の中でも突出した業績は産み出

されなかったでしょう。ターナーは調査の現場で「儀礼」というテーマを発見したのです。ここから学ぶべきことは、儀礼に目を向けよということではありません。そうではなく、先入見に捕われずに、自分が今身を置いている現場でまさに重要なものを発見するという姿勢をもつことです。

6.5.4　テーマをもちこむ場合

あらかじめ決まったテーマに関心があるときには、それを現場にもちこむこともできます。その場合は、次のような問いのたて方が考えられるでしょう。

その現場では、人びとはいかに「和解」を実践しているのか。
その現場でどのような「教育」がなされているのか。

「　」に入っているのがテーマです。このときに気をつけなければならないのが、そのテーマについて自分が知っていることを現場に押しつけてはならないということです。仮に調査者が「和解には謝罪が前提となる」と考えていたとしても、現場の人びとはそう考えていないかもしれません。エスノグラフィー調査の基本は、現場の人びとの視点をまず理解することです。もちこむテーマで現場の世界を型にはめるのではなく、逆に、そのテーマを現場の世界を発見するきっかけとしましょう。

こんな思いもよらない「和解」のやり方や考え方があったのか！
「教育」と一言で言っても、多様であることがわかった。

このような発見を得ることがエスノグラフィーの目的です。もちこむテーマは、現場の世界をみるための「発見的視角」として考えてください。そし

て自分がそのテーマについてすでに知っていること(先行理解)を振り返って、先行理解によって現場での発見が妨げられないように心がけてください。

7 概念力をきたえる

> **この章の目標**
>
> ものごとを概念のレベルで捉えられるようになろう。
> 先行研究のレビューの仕方を学ぼう。

　ただ見知らぬ現場に行ってみただけでは、調査にも研究にもなりません。では現場経験を研究に結びつけられるようになるためには、何が必要なのでしょうか。そこで特に重要なものが「概念力」です。
　「概念力」をさしあたり定義すると、具体的なものごとを言葉（概念）にして捉えられる能力であり、そして複数の言葉を関係づけたりして操作できる能力です。
　「概念力」はエスノグラフィー研究が成功するかどうかの決め手となるくらい重要なものです。逆にいうと、エスノグラフィーを実践していく中で「概念力」をきたえることができます。この概念力というものは研究だけでなく、社会に出てからも大いに役に立つものです。

概念と概念力

　まず「概念」を、「具体的な物事、行為、出来事を言い表す言葉」と理解しておきましょう。本書では「概念」を広い意味で使います。後で説明する「理論的テーマ」や「カテゴリー」といったものも「概念」に含まれます。

　さて、みなさんが今読んでいる印刷され綴じられた「これ」は何でしょうか？

　「本」ですね。「本」はひとつの概念です。私たちは、よく考えてみると大きさも、紙の質も、中身も異なったいろいろな印刷物を「本」という概念でひとくくりにして理解しています。

　では本に載っている活字を読む行為をどう呼びますか——「読書」です。

　概念は具体的な物事や行為そのものではありません。それよりも抽象的なレベルにあります。みなさんの目の前にある具体的な「この本」と、あちらの本棚にある「あの本」とは違ったものです。それに「本」という概念をあてるとそこに共通性が浮かんできます。また、今、あなたが「この本」を読んでいることと、別のときに別の人が別の本を読むこととはまったく違った行為です。それを「読書」と名づけてみる（＝概念にしてみる）と、お互いに比較することができるようになります。

　あたりまえのことを言っていると思うかもしれません。

　しかし、エスノグラフィーの分析も、実は、現場で知った具体的な事柄に、概念のラベルを貼り付けることが出発点となるのです。そこからさらに分析を重ねていくことで、複雑な理論モデルをつくりだすことにつながります。**理論とは複数の概念を組み合わせてつくり上げた、現実を理解・説明するためのモデル**です。いわば概念でできた建物です。理論の構築ができるかどうかの基礎能力にあたるのが「**概念力**」です。

　ここでは特にエスノグラフィー研究に必要な「概念力」の基礎をトレーニングしましょう。

7.1

いろいろな概念力

概念力をいろいろな側面に分けてみることができます。

> **いろいろな概念力**
> ① ある概念を定義できる
> ② 現場概念をその文脈の中で理解できる
> ③ いろいろな概念の種類を区別できる
> ④ 研究のキーワードを挙げることができる
> ⑤ 具体的な事象やデータを概念化できる
> ⑥ 概念と概念との関係性を、
> 　 読み取ることができる
> ⑦ 自分が使う概念を、相対化することができる

概念力① ある概念を定義できる

概念力①は、ある概念を定義して、人に説明できる能力です。
　何か概念を取り上げてみましょう。ふだんよく使っているものがいいでしょう。「文化」でもいいですし、「観光」でもいいですし、「民族」でもいいでしょう。もちろん他のものでもいいです。
　その定義をみなさんは人に説明できるでしょうか。わかったつもりの概念でも、実はその定義を説明することは結構難しいものだということがわかる

でしょう。

　今度はこれらの概念の定義を、辞典や事典を使って調べてみましょう。よくやるのは国語辞典の参照です。しかしそれだけでなく、『文化人類学事典』や『社会学事典』などの専門用語事典も引きましょう。エスノグラフィーに関わる分野で、各項目が読み応えのある用語集や事典が出版されています。それを開いて、興味のある項目を読んでみましょう。こうした出版物は、まさしく概念の宝庫です。推薦できるものを「役に立つ事典・辞典・用語集」にまとめました（▶ p.348）。

　研究では、多くの場合、いくつかの重要な概念（キーワード）を設定して、それを用いて議論を展開していきます。前述のように、重要な概念ほど定義に広がりがあります。すでに多くの人がその概念を異なる文脈の中で用い、いろいろな意味を付け加えてきた歴史があるからです。そのため人によって同じ概念をかなり違った意味で理解しているということもありえます。それを防ぐために、**概念規定**をしておく必要があります。概念規定とは、ある概念の意味を調べて、自分はどんな定義によってその概念を用いるのかをある程度明確にする作業です。

　ただし、辞典類に載っている出来合いの定義に凝り固まってしまうことは、エスノグラフィーの場合あまり好ましくありません。現場にその定義を押しつけてしまって、現場での新しい発見の妨げにもなりえるからです。これまでの定義をそれとして押さえておき、現場ではあえてゆるやかな理解をすることが重要です。

> **課題**　関心のある概念の定義を調べよう。特に複数の定義がある場合は、それらを区別して、整理できるようになろう。その語源を調べて、定義の移り変わりを知ろう。

概念力 ②　現場概念をその文脈の中で理解できる。

　現場には、そこで使われている独自の概念があります。その現場の人びと

が現実を捉え、表現するために使っている概念です。これを**現場概念**（もしくは「現場語」、英語では「フォークターム」）と呼ぶことにしましょう。

これを発見して理解すると、現場の人びとが生きている世界を知るための重要な手がかりになります。現場概念の理解のために必要なのは、それがどんな文脈で、どのように使われているかをよく読み取ることです。現場の人びとが使う概念は、辞書的なはっきりとした定義はなく、文脈に応じていろいろなニュアンスが与えられることでしょう。その性質を踏まえた上で、現場概念に注目しましょう。

たとえば「社会人」という言葉は、現代日本の学生の世界、特に「就活（シューカツ）」の現場を理解するための鍵になりうる現場概念ではないでしょうか。

📁 **実例** 「バンカップ・マイダイ」──タイ東北部の子育て観を表す現場概念

タイ東北部で、「高度成長期の子どもの生活世界の変容と学校教育の関係」について調査を行なった箕浦（みのうら）は、「調査地の村の親の基本的な子育て観」を表す現場概念があることに気づきます。それが「バンカップ・マイダイ」でした。これは「強制はできない」という意味だそうです。

箕浦は最初、親が子どもの将来に責任をもつ日本の常識を疑わずに、「親はあなたの将来のことについてどう言っているか」という質問を現地の中学生にしました。これを知った地元の中学校教師は「タイでは、親はそんなことは子どもに言わない。それは子どもが自分できめること」と指摘しました。そしてこのタイ人教師は自分の子どもについて、「将来は本人たちが決めることで、強制はできない（バンカップ・マイダイ）」と答えたといいます。箕浦はそのとき、自分が日本であたりまえの子育て観をタイに持ち込んでしまっていたこと、そしてタイの調査地にある親子関係の考え方は日本の常識とはかなり違っていることに気づき、「バンカップ・マイダイ」を鍵概念に据えて分析をやり直すことになりました。

(箕浦 1999：69)

> **実例** 棚田を〈守り〉する人びと——伝統と開発の間の"矛盾"を解く鍵

　京都大学の山田は滋賀県の棚田を調査対象として卒業論文研究を進めました。棚田は美しい景観として讃えられ、観光地になったりします。しかし山田が現場で直面したのは、ある"矛盾"でした。つまり、棚田を先祖から受け継いで、それに並々ならぬ愛情を注ぐ地域の人びとが、同時にその「棚田の景観を一変させる圃場（ほじょう）整備事業を推進してもいた」（山田 2006：206）のです。この"矛盾"を山田は粘り強く追及していきました。山田がまず気づいたのは地域の人びとは「景観」「風景」といった言葉を語らないということでした。そして次に、現地の人びとが使う、棚田を「守り」するという表現の意味でした。そこにその地域の人びとと田圃との関わりを理解し、さらに棚田への愛着と開発推進との間の"矛盾"を解く鍵があることに気づいたのです。

> **概念力 ③　いろいろな概念の種類を区別できる**

　概念にはそれが使われる文脈によって、いろいろな種類があります。上で挙げた現場概念はその1つです。同じ現場概念でも、たとえばある地域社会における行政の現場概念と、住民の現場概念とは違っているかもしれません。また医療現場での医療者の使う概念と、患者が理解する概念とのあいだにはズレがあるのではないでしょうか。
　研究の文脈では、**現場概念と分析概念との区別**が重要です。分析概念とは研究の世界で用いられる概念です。字面が同じであっても、その区別がなされるべき概念があります。たとえば「アイデンティティ」という概念は当初発達心理学の分野で用いられた分析概念ですが、それが一般に広まって現場概念として多様な意味をもって使われるようにもなっています。「文化」も文化人類学の研究で用いられるときと、一般で使われるときとではかなりのズレがあります。文化人類学内部でも「文化」の理解は多様ですが、強いて挙げると次の2つの意味で使われます。1つには人類と他の動物を区別する

精神的能力としての「文化」。もうひとつは、ある社会集団が共有している認識と行動の仕方としての「文化」。これに対して、一般的に「文化」というと、芸術や文学などの"高尚な"精神活動を指すことが多いでしょう。このように同じ「文化」という言葉が現場概念として使われている場合と分析概念として使われている場合もあります。この区別に意識的になるようにしてください。

　エスノグラフィー研究を進める上で、ブルーマーのいう**「限定概念」**と**「感受概念」**の区別（ブルーマー1991：191-192：および佐藤2006：97-98）を知っておくことも大事です。前者は厳密に定義された概念です。たとえば精神医学の「PTSD（心的外傷後ストレス障害）」は精神医学の分野でどんな条件を満たせば「PTSD」なのかが明確に定められています。一方後者は、ゆるやかに捉えられた概念です。日常でもよく用いられる「トラウマ」などは多様な場面で使われるので明文化された定義がなく、感受概念の例といえるでしょう。あるいは、トロブリアンド諸島のクラを「平和」の観点からみてみるというときも同様です。先の「6.5.4　テーマを持ち込む場合」で「発見的視角としてのテーマ」ということを書きました。それはここでいう感受概念に他なりません。エスノグラフィー調査を行なうときには、テーマを感受概念として扱うことが重要です。つまり、厳密に閉じた定義をしてしまわず、ゆるやかな定義にとどめておくのです。それによって、例えば、「トロブリアンドにはそこに独特の〈平和〉観がある」といった現場での発見が可能になります。

> 概念力④　研究のキーワードを挙げることができる

　研究のキーワードが何かを意識すれば、自ずと概念への感受性が高まります。キーワードとは、それを使って、その研究の要点を説明できる概念です。次節で述べますが、このキーワードは先行研究を探すときにも使えます。
　巻末の4編のミニエスノグラフィーで、何がキーワードとなっているか、みてみてください。それぞれのキーワードがどんな役割をしているのかを考

えてみましょう[1]。(▶ p.265)
　ミニエスノグラフィー④「よみがえる朝鮮通信使」の場合、次の5つを挙げました (▶ p.307)。

　　　　「対馬」「朝鮮通信使」「記憶の技法」
　　　　「地域社会」「トランスナショナル」

　これらのキーワードはそれぞれ、

　　「対馬」───────────→ 調査地域
　　「朝鮮通信使」─────────→ 具体的調査対象
　　「記憶の技法」─────────→ 理論的鍵概念（後述）
　　「地域社会」「トランスナショナル」→ その他の重要な分析概念

……にあたります。「記憶の技法」の代わりに、理論的テーマである「記憶」をキーワードとしてもよかったかもしれません。
　次に「文化人類学」などの学術雑誌に掲載されている論文を開いてみましょう。そうすると最初のページに、タイトル、要旨の他にキーワードが挙げられているでしょう。

課題　自分の研究のキーワードを考えてみる。
　　　　自分の研究テーマ・設問を、5つを目安にキーワードに分けてみよう。

課題　身近なところで使われている現場概念を振り返ってみよう。

---

1) 人類学的エスノグラフィーの場合、キーワードとして調査対象、理論的テーマ、調査地域などを主に挙げます。

概念力 ⑤　具体的な事象やデータを概念化できる

　概念化するとは、現場で具体的に見たり聞いたりしたことや、具体的な事象もしくはデータを言葉で捉えることです。「言葉で捉える」を「言い当てる」とか「言葉を与える」「名づける」「見出しをつける」などと言い換えてもよいでしょう。
　日常的な場面から例を拾ってみましょう。
　友達が携帯電話を使って誰かと話をしています。これをどう概念化することができるでしょうか。たとえば「会話している」ということができます。この「会話している」とか「会話」が具体的な場面に与えた概念です。他にも、「通信している」とか「コミュニケーションしている」という言葉をあてることもできるでしょう。
　概念化に唯一の正解はありません。具体的な事象にはさまざまな側面があります。どの側面を捉えるかによって、同じ事象に対して異なった概念化が可能です。携帯電話の端末に目を向けた概念化も可能です。たとえば、通信の「メディア」とか「テクノロジー」という言葉を与えられるでしょう。

課　題　身近な場面を概念化してみよう。

　こうして概念化することで、ある特殊な事象が、別の特殊な事象と比較可能になります。あるときあるところでAさんが携帯電話を使っている場面と、別のとき別のところでBさんが携帯電話を使っている場面とでは、厳密にいうと違った状況ですが、携帯電話による「コミュニケーション」の観点から比較できます。さらにそれらとインターネット電話を使っている場面とを、コミュニケーションにおける「メディア」の点から比較できるようになります。
　また、概念化によって、具体的で特殊な事象が分析可能になります。具体的な事象はそのままだとただ起こっているだけですが、概念化することによって、分析し、論じることが可能になるのです。上の携帯電話の例では、

携帯電話を使った「コミュニケーション」の特徴は何か？
それとインターネット電話とは何が違うのか？
そこでの「メディア」の役割はどのようなものか？

……といった問いを立てて分析することができるようになるわけです。そしてその分析の結果を、他の研究者が行なっている「コミュニケーション」論や「メディア」論の先行研究と比較して、理論化していく道も開けていきます。

　概念化はあるまとまったテクスト、また写真などの視覚データに対しても行なうことができます。フィールドノーツやインタビュー記録などのテクスト・データや写真などの視覚データは、エスノグラフィー調査の主要なデータとなります。それらの**データを名づけること**、**データに見出しをつけること**がエスノグラフィー分析の基本的な作業のひとつとなります。

　難しいことはありません。要するに、そのテクストや写真をみて、それが表していると思うことを簡潔な言葉にしてみたらよいのです。ちょうど文章に見出しを、写真にキャプションをつけるような感じです。第10章ではより具体的にこの作業について述べてゆきます（▶︎p.184 ①データに見出しをつける）。

> **課題**　第2章で引用した村上春樹の文章を概念化してみよう。

> 概念力 ⑥　概念と概念との関係性を、読み取ることができる

　ある概念の意味は他の概念との関係で決まってきます。現場概念は互いに関係し合って、概念のシステムをつくっています。エスノグラフィー分析でデータを概念化した際、得られた概念をバラバラのままでは終わらさずに、分析の次のステップで複数の概念がお互いにどう関係しているのかを読み取っていきます。

　次の5つの概念を手始めに、概念間の関係性を読み取る作業を実際にやっ

てみましょう。

　　「ボールペン」「鉛筆」「はさみ」「蛍光ペン」「カッター」

　共通性のあるものは何でしょうか。たとえば――

　　「ボールペン」「鉛筆」「蛍光ペン」　→１つのグループ
　　「はさみ」「カッター」　　　　　　　→別のグループ

にくくれるでしょう。ではそれぞれのグループを概念化してみるとどうでしょうか。前者には「筆記具」、後者には「裁断用具」という概念を適用できるでしょう。

「ボールペン」「鉛筆」「蛍光ペン」→１つのグループ→"概念化"→ 筆記具
「はさみ」「カッター」　　　　　　→別のグループ→"概念化"→ 裁断用具

　さらにこの２つの概念をまとめる概念は？
　「文房具」がひとつの答えですね。
　「筆記具」「裁断用具」という概念と、「文房具」という概念の関係性を読み取ってみましょう。
　これは複数の概念が階層状の「包含関係」にある場合です。上位の概念（ここでは「ボールペン」や「はさみ」に対する「筆記具」「裁断用具」）をカテゴリーともいいます。カテゴリーとはいわば複数の概念をしまうことができる引き出しのようなものです。「文房具」という引き出しには、「筆記具」「裁断用具」という箱が入り、そのそれぞれの箱の中に「ボールペン」や「はさみ」が収まります。

「ボールペン」「鉛筆」「蛍光ペン」：筆記具
　　　　　　　　　　　　　　　　　　　　"概念化" → 文房具
「はさみ」「カッター」　　　　：裁断用具

これらの概念は"包含の関係"にある。

　次はCDショップに行ったときのことを想定してみましょう。
「洋楽」「邦楽」「クラシック」「ジャズ」などのジャンル（カテゴリーの一種）で商品が分類されています。「クラシック」のコーナーに行くと、「交響曲」「器楽曲」「声楽曲」「古楽」などの下位ジャンルに分類され、その下に個別のCDが並んでいます。これらも概念が階層状の包含関係にある例です。逆の場合を考えてみます。いろいろな種類のCDがごちゃまぜになって十枚くらい目の前にあります。それらをジャンル分けして、それぞれのジャンルに名前をつけてみます。この作業もまた概念化です。
　以上は概念の関係性のわかりやすい例です。この他にも、

因果関係
：「『紛争』の結果『民族』の違いがつくりだされる」という一文における「紛争」（原因）と「民族」（結果）の関係

時間的推移の関係
：「過去を『否認』する時代に続いて『想起』する傾向が現れた」という一文における「否認」（時間的前）と「想起」（時間的後）の関係

——など、さまざまな関係性が考えられます。
　また、必ずしもきれいに整理できない概念と概念の関係性の方が、現実にはふつうであるはずです。それは、複雑性、重層性、多義性、矛盾などと表

現できる関係性ですが、そうした面を切り捨てずに捉えることはエスノグラフィー分析にとって大変重要です。

課題 大学の中で使われる現場概念（「ゼミ」「講義」「学生」「先生」「就活」「教室」「コンパ」「バイト」などなど）を列挙して、それぞれの関係性を読みとってみよう。

> 概念力 ⑦　自分が使う概念を、相対化することができる

　私たちがあたりまえに使っている概念も、よく調べてみるとある歴史の流れと、社会文化的な条件の中でつくられた特殊なものだということがわかります。
　今使った「歴史」「社会」「文化」などの言葉がまさにそうなのです。『翻訳語成立事情』（柳父 1982）では「社会」「個人」「近代」「恋愛」「自然」など今日の私たちがあたりまえに使っている概念が、幕末・明治維新の時代的文脈の中でつくり出されていったことが明らかにされていて、驚きを感じます。
　「社会」を例にとってみましょう。この言葉、現代の日本では普通に使われています。しかし、柳父は「かつて、societyに相当する日本語はなかった」と指摘しています（柳父 1982：8）。これは英語のsocietyを日本語にするために造られた言葉なのですね。societyには狭い人間関係の意味と、個人の集合体としての広い範囲の人間関係の意味があります。柳父によると、幕末の頃までは、日本に後者の「広い範囲の人間関係という現実そのものがな」（柳父 1982：6）く、福沢諭吉らがこの言葉を日本語に訳す努力の中で、明治の初期に造語されて定着の工夫がなされたようなのです。そのときに、「社会」は日本語在来の「世間」と対立する言葉として、高尚かつ抽象的な意味を帯びるようになったとのことです。これによって、日本語の「社会」は英語のsocietyともズレを生じるようになったのではないかと私は思います。
　自分があたりまえに使っている言葉を鍵カッコに入れただけでも、距離を置いて捉えられる効果があります。
　概念をあたりまえのものとして理解する範囲を「文化」と考えてみましょ

う。現代日本では「社会人」とか「主婦」はあたりまえに使われていますね。現代の日本語話者はその意味を共有しているわけです。しかし別の「文化」から見てみると、事は違ってきます。「社会人」という言葉は英語やドイツ語に翻訳することが難しい、とても特殊な概念です。「主婦」もそうです。インドネシアのバリ島でフィールドワークを行なった中谷は、「バリ島に主婦はいない」と述べています。その謎解きは187ページをご覧ください。

「主婦のいない」バリからみると、今度は「専業主婦」なるものがいる日本が不思議に思えてきます。この視点の転換が**相対化**です。実は日本の「主婦」という概念も歴史の中でつくられてきたものです。

このバリと日本の「主婦」概念の比較から、次のことがいえるでしょう。

- 自分があたりまえに使っている概念が通用しない社会がある。
- 自分の側の概念を調査対象の社会に無自覚に使うと、その社会の現実を歪めてしまうことになる。
- ある社会の現実を理解するには、自分が用いる概念の特殊性を自覚し、カッコに入れて相手の側の文脈の中で理解していくことが必要である。

ある概念を使うことで、現場の対象をよく捉えられるようになればいいのですが、逆に狭めたり、歪めたりしてしまうおそれがあります。概念は対象そのものではありません。ですから、概念と対象とがピタリと重なることはありえませんし、対象を狭めたり、歪めたりする可能性は常につきまといます。しかし、あまりにズレていて対象を捉え損なっていたら、「現場に近い研究」にはなりません。このリスクを防いで、対象をよりよく捉えられるようになるために、自分が使う概念について省みることが必要です。

自分が使っている概念の特殊性を振り返ることができる能力を「リフレクシヴィティ」といいます。人はまったく無垢の目で現実を見ることはありません。何らかの概念を使って現実を捉えます。どの概念も特殊な文脈の中でつくられたものだとすれば、無自覚にある概念を使うことで現実が歪められるおそれがあるということです。そのおそれは、他者のものの見方を理解しようとするエスノグラフィー研究で無視できないものです。そこで自分が使っている概念の特殊性を省みて、他者の世界を捉えるにより適した概念をつ

くっていく能力が重要になってくるのです。「文化」「人類」「フィールド」
——こうした人類学にとってあたりまえの概念自体が、中立的なものではありません。研究者が使う分析概念も絶対的なものではなく、特定の社会的・歴史的文脈に埋め込まれたフォークターム（現場概念、現場語）のひとつといえるでしょう。

課題 自分たちがあたりまえに使っている何らかの概念を取り上げ、異文化や歴史の中の例を鏡にして相対化してみよう。

---

column 　　　　　　　　　　　　　　　　　　概念のエイジェンシー

　現場の概念は働いています。現実を捉え、そして現実をつくり出し、変える働きをします。それは、物質とは違ったかたちで、現実に影響をおよぼします。こうした概念の社会の中での働きを振り返って考えてみましょう。
　この概念の働きは「概念のエイジェンシー」ともいえます。エイジェンシーとは「行為を遂行する能力」のことです。
　たとえば、古びた家が立ち並ぶ通りがあるとします。新しい住宅やマンションの方が便利なので、住民たちの移住や、古い家の建て替えが進んでいます。しかし誰かが、その古びた家々に価値を見出して、「伝統の街並み」の保存を呼びかけると状況が変化します。「伝統的家屋」とか「レトロな町」だとか名づけることで、それまで古びたものだとしか思われていなかった家や通りが価値あるものとして認識され、行政が「街並み保存」に動き出し、「観光資源」としての活用がなされて観光客が訪れ、それと共に観光客用の商店が店を構えるようにもなるでしょう。このようなプロセスは実際に日本の各地でみられます。あるものに名づける（＝概念を与える）ことによって、現実が変化していくのです。

7.2

先行研究のレビュー

　「フィールドワーク」に関する最大の誤解は、「本を読まなくても研究ができる」というものです。しかし、どれだけ文献を読んでいるかがエスノグラフィーの出来を左右するといっても過言ではありません。概念力を身につけるためにも、文献を読むことは不可欠です。
　これから先行研究のレビューという作業と概念力を高める文献の読み方について説明していきます。

7.2.1　先行研究とは

　自分の研究課題に関して、過去に発表された学術論文が先行研究です。エスノグラフィー研究において先行研究というときも、やはり具体的対象／理論的テーマの二層を考えます（方法論の先行研究も加わります）。

> **具体的な調査対象**
> ：自分が調べようとしている現場、事象、地域など具体的な対象に関してこれまで何が明らかにされているのか。

　ミニエスノグラフィー④「よみがえる朝鮮通信使」の文献表を開いてくだ

さい（▶p.328）。ここではたとえば次の論文が、具体的調査対象である朝鮮通信使行列を扱っています。

村上和弘
 2002「『港祭り』と『アリラン祭』——地域活性化と韓日交流との間で」『日本研究』（蔚山大学校 日本研究所）1：119-144。

> **抽象的な理論的テーマ**
> ：自分が調べようとしている対象と関係のありそうな理論的テーマについてこれまで何が論じられているのか。

　ここでいっている理論的テーマとは、具体的な対象を捉えるための視角もしくは切り口にあたります。（▶p.189②理論的テーマを読み取る）
　さて、「よみがえる朝鮮通信使」の文献表で理論的テーマの先行研究にあたるものは、次の書籍です。ここには、具体的対象である対馬も朝鮮通信使も出てきませんが、それらを論じる視角である「記憶」が議論されています。

ノラ、ピエール
 2002『記憶の場——フランス国民意識の文化＝社会史　第1巻 対立』谷川稔（監訳）、岩波書店。

　この二層の先行研究の検討は、現実には並行して行なわれます。しかしエスノグラフィー初心者ならば、現場の事象から出発するという意味で、まず具体的対象に関する文献を押さえましょう。理論的テーマは、調査がある程度進んでようやく浮かび上がってきたり、最初考えていたものから変わっていったりします。
　今の段階で明確な理論的テーマをもっていなければ、むしろ自分の専攻する分野で何が論じられているのかを広く把握することに専念しておきましょう。教科書や入門書を読むばかりでなく、専門的な事典・用語集を開いてみたり、さらには関心を引く専門書や学術論文にもチャレンジしたりしましょ

う。その努力が後になって自分の研究に適した理論的テーマを考える段階で活きてきます。

理論的考察がどういうものかをつかむために、理論的論文ないしレビュー論文を読むことは有効なトレーニングとなります。文化人類学分野の初心者向けとして、『文化人類学 20 の理論』（綾部恒雄編 2006 弘文堂）があります。日本語の雑誌『文化人類学』にも同様の論文は掲載されます。また人類学の分野で代表的なレビュー論文の専門誌は Annual Review of Anthropology です。

課題　『文化人類学』に掲載されたエスノグラフィー論文で、どんな理論的テーマが設定されているか読み取ってみよう。

7.2.2　先行研究の探し方

さしあたり「具体的対象」と「理論的テーマ」に関わる文献をそれぞれ探していきます（≪p.72）。（これに加えて、方法論の文献も探します。）

ここで主に調べたいのは研究者が書いた専門書や学術論文です。たんに「本」を探すのではありません。研究者が本として出版したものにも、一般向け啓蒙書と専門書[2]があることをわきまえてください。一般啓蒙書は基本的に先行研究の中には入りません。本ばかりでなく、学会誌や専門誌などの雑誌に掲載された論文を探しましょう。重要な先行研究が、雑誌の論文として発表されていることが多いです。

---

[2] たとえば、文化人類学者波平恵美子の『暮らしの中の文化人類学』（出窓社 1999）は、新聞連載が元になった一般向け啓蒙書ですが、『ケガレの構造』（青土社 1984）は専門書です。

先行研究を探すとき、概念力④で考えたキーワードを使います（≪p.121）。ひとまず具体的対象と主要な理論的テーマ、それから他のキーワードに広げていくとよいでしょう。

専門分野の事典・用語集でそのキーワードを調べ、該当の項目の最後に文献が載っていたら、それは先行研究にあたります。

図書館のオンライン検索やウェブの検索エンジンにも、キーワードを入れて調べてみましょう。そこで引っかかった文献を手にしてみましょう。自分の目的に合ったものでしょうか。

新書は一般向け啓蒙書ですが、読みやすくかつ専門的な知見がまとめられたものも多くあり、手がかりとして役立ちます（新書の中でもレベルの高いものは、先行研究に含められることがあります）。こうした本や論文の後ろに収められた文献表をみると、芋づる式に次の文献を見つけることができます。

専門誌の論文を調べるためには、国立国会図書館の雑誌記事検索や、個別の雑誌や、特定分野に特化した検索エンジンがあります。文化人類学の分野ならば、学会誌「文化人類学」をウェブで検索することもできますし、英語の人類学関係の雑誌論文を調べられる優れたサイトもあります（≪p.71）。

7.2.3 文献表のつくり方

こうして検索を続けていくと、専門書、一般書、資料などの多くの文献が集まります。これを整理するために文献表をつくっていく必要があります。

最初の段階では、文献表は項目ごとに分けておくのが便利です。項目とは、主に地域、調査対象、理論的テーマ、方法論です。論文を完成させるときには、項目に関係なく著者の五十音ないしアルファベット順に通して並べます。しかし今の段階では、項目別にわけて、新しい文献が見つかればそこに補充していく方が便利です。

私の対馬・朝鮮通信使調査の場合、以下のように「対馬」（地域）「朝鮮通

信使」(調査対象)、「記憶」(理論的テーマ) といった分け方をしました。

> **実例** 項目別文献表――――――――――――「よみがえる朝鮮通信使」

対馬
 嶋村初吉（編著）
  2004『対馬新考――日韓交流「宝の島」を開く』梓書院。
 新対馬島誌編集委員会（編）
  1964『新対馬島誌』厳原町。

朝鮮通信使
 上野敏彦
  2005『辛基秀と朝鮮通信使の時代』明石書店。
 申鎬
  2003「厳原港まつり・対馬アリラン祭について――観光人類学からみた予備的考察」『韓国言語文化研究』(4)：51-59。

記憶
 ノラ、ピエール
  2002『記憶の場――フランス国民意識の文化＝社会史　第1巻　対立』谷川稔（監訳）、岩波書店。
 米山リサ
  2005『広島――記憶のポリティクス』小沢弘明・小澤祥子・小田島勝浩（訳）、岩波書店。

> **課題** 自分の課題に関して文献表をつくってみよう。

7.2.4　先行研究のレビューがどうして必要か

　先行研究を調べて、理解する作業は手間がかかるものです。ではどうしてそれをするのでしょうか。その理由は大きくいって2つです。

　ひとつ目は、**何が明らかにされているのかを知る**ということ。つまり他の研究者たちが、当該のテーマに関してこれまで何を問題としてきたのか、何をどこまで明らかにしているのかを知って、研究の現状を把握するということです。

　2つ目は、その裏返しで、**何が明らかにされていないのかを知る**ということです。そして自分は、その明らかにされていないことを引き受けて研究するということになります。

　研究とは、ある研究領域において意義のある問題を解明するという作業です。ですから、自分の素朴な疑問について調べてみたというだけでは「研究」としては不十分で、それを研究の世界につなげて「研究設問」へと高めなければなりません。そのためにもまず先行研究に向き合わなければなりません。それは自己の関心を研究の世界に位置づけるために必要なステップです。また他の研究者の論文になじむことによって、研究に必要な概念力が身につきますし、論文をいかに書いたらいいのかをつかむこともできます。

　研究の重要な評価基準のひとつに**オリジナリティ**（独創性）があります。これは他の研究者とは違う、独自の知見を提示できているかどうかということです。オリジナルであるためには、他の研究をよく知らなければなりません。自分の研究を既存の研究分野の中に位置づけ、既存の文献と対照させることではじめて自分の論文のオリジナリティを主張できるのです。

7.2.5 文献の読み方

　先行研究をたくさん集めました。これをどう読んでいったらいいのかを考えましょう。ここでは「書く姿勢で読む」と「問題発見的な読み方」という2つのコンセプトを提唱します。ここで説明していることは、先行研究だけでなく、文献の読み方全般にあてはまります。

> **文献の読み方**
> ① 書く姿勢で読む
> ② 問題発見的な読み方

読み方 ①　書く姿勢で読む

　これはすでに第2章の冒頭で述べた点です。
　書く立場に立って、どんな表現を使っているのか、どう論文を組み立てているのかなどについて読み取ります。この姿勢を取ると、漫然と読むよりも、ずっと多くを学ぶことができます。自分で論文を書いていて困ったことがあったら、他者の優れた論文を開いてみると参考になるものです。
　身近にある先輩の卒論でもよいです。どう書いているのかを丁寧に読むことで、論文感覚を身につけることができます。

読み方 ② 　問題発見的な読み方

　問題を発見する力（問題発見力）は、調査の現場においても、専門的な文献を読むときにも必要です。これを文献読解に応用した問題発見的な読み方[3]とは、次の問いを念頭に文献を読むということです。

　その論文で、著者はどんな問題を解こうとしているのか。
　その研究分野では何が問題とされているのか。
　見過ごされているが重要な問題は何か。

　先行研究のレビュー（もしくは文献レビュー）が単なる「読書」と違うのは、問題を発見するという姿勢で読むことが要求される点です。すでにおわかりのように、研究とは、ある研究分野で意義のある問題を明らかにする作業です。だから論文とは基本的に「問題との格闘」なのだということができます。その点がわかると、文献とか論文に対するイメージも変わることでしょう。書き手が至った「答えはなにか」という視点からだけでなく、「どのように問題と格闘して、そこに至ったのか」という視点から読んでみましょう。
　これまでは論文や本というと、何か確実な答えが書かれている完成品のように捉えていたのが、実はそうではなく、ある問題に著者があの手この手で取り組んでいった思考の軌跡だということが浮かび上がってくるはずです。そしてその取り組みには終わりがないということも。
　何かある問題が明らかになると、今度は別の問題が現れるものだからです。どんな論文も問題に開かれた未完成品なのです。

---

3) 河野哲也の提唱する「テキスト批評」は、ここでいう問題発見的な読み方と共通しています。河野はその著書（2002）の第2章で、テキスト批評を論文執筆のための練習法と位置づけて、そのやり方を具体的に説明しています。エスノグラフィー研究の基礎力をきたえる上でも役に立つと思われますから、自分でもやってみるとよいでしょう。

8 研究計画を立てる

> **この章の目標**
>
> 研究計画の立て方を学ぼう。

　自分自身のエスノグラフィー研究について、この時点でいったん立ち止まってまとめておきましょう。

　これまでみなさんは調査する現場を選び、事前調査と先行研究のレビューをしました。すでに現場に入って、実質的にフィールドワークを始めている人もいるでしょう。けれども、ほとんどの人はこれから本格的な調査へと進んでいきます。

　この章では、これまでにわかったことを整理して、これからどのような調査研究をしていくのかを明確にする作業をしましょう。それは研究計画を立てるということです。そして、それを口頭で発表し、さらに研究計画書という文書を作成するところまで行ないます。

8.1

研究計画の意味

この時点で研究計画を立てるのには、次のような意味があります。

(1) 自分の中で整理するため
(2) 他の人に説明するため
(3) 倫理と安全のため
(4) 申請のため

自分の中で整理するため

文章のかたちで研究計画をまとめようとすると、あいまいな点、足りない点などがはっきりしてきます。漠然とわかったつもりになっていても、実はたくさんの穴があることがわかります。研究計画書を書く作業を通して、そうした点を早い段階から埋めることができ、研究としての水準を上げることができます。

効果的に整理をするためのテクニックとして、自分の調査研究に関わる言葉を一枚の紙に洗いざらい書き出して、眺めてみることをお勧めします。それだけでも、互いがどうつながっているのか、何が重要で何が足りないかなどがわかってきます。

他の人に説明するため

研究とは他人とのあいだで行なう社会的な営みです。他の人があなたの研究を理解してくれるかどうか。他の人に説明できる研究かどうか。これらは研究の質を計るためにも重要な点です。ここでいう「他の人」には調査に協力していただく現場の人も、大学ならば先生や同じゼミ生、企業ならば同僚

なども含まれます。研究計画の立案は、研究の説明責任を果たすためにも必要な手続きです。

　研究計画を文書のかたちにしておくと、他の人から意見、助言、指導などがもらいやすくなります。自分ひとりでは気づかなかった点が他の人の指摘からわかって、研究の質が向上するはずです。

倫理と安全のため

　研究計画書には調査のスケジュール、そして倫理と安全のために留意する点も書きます。授業や指導を担当する先生がそれをみて倫理・安全上の問題がないか判断できますし、調査中に何か問題が起こっても手を打ちやすくなります。

申請のため

　現場の選び方によっては、相当の資金が必要になります。その資金を獲得するためには、申請書類を書かなければなりません。その書類の中身は、まさにここでいっている研究計画です。学部学生がそのような申請をする機会はほとんどないでしょうけれど、大学院では研究資金の獲得が目先の課題になります。また、大学院に進学するとき、多くの場合、必要な出願書類に研究計画書が含まれているでしょう。

8.2

研究計画の立て方

　ここでは研究計画をどのように立て、それをどのように発表するのかを具

体的に説明します。

8.2.1　研究計画の要点

以下が基本的に押さえるべき項目です。すべて現段階の仮のもので構いませんから、それぞれについて言語化してみましょう。

研究計画の要点

[1]　研究課題名
　　⇒簡潔に調査対象、地域、理論的テーマをまとめる

[2]　研究目的
　　⇒以下の項目を押さえる

- どこで何を調査しようと思っているのか。
- その調査を通して何を明らかにするのか。
- それを調査しようと思った理由はなにか。
- この研究の意義は何か。

[3]　事前調査の結果
　　⇒第4章で説明した事前調査の結果をまとめる。（p.70）

- その調査対象と地域の基本情報（背景や文脈の情報も含む）
- 予備フィールドワークを行なった人は、いつ、どこに行って、どのようなことを調べたのか、どんな発見があったのかをま

とめる。

[4] 先行研究のレビュー
⇒第7章で行なった先行研究のレビューの結果をまとめる。(≪ p.130)
・調査対象に関してどのような先行研究があり、これまで何が明らかになっているのか。
・(暫定的な)理論的テーマに関してどのような先行研究があり、これまで何が明らかになっているのか。(あくまでも仮の理論的テーマでよい。現場調査の中で修正されることが大いにありえる。)
・以上を併せて考えると、その調査対象を通して、どのような理論的問題を明らかにすることに意義があると考えられるか。

[5] 調査スケジュール
⇒以下の項目をできるだけ具体的に表記する。日程などは表にするとよい。
・いつ(日付と期間)
・どこに(調査地)
・どのようにして行って(交通機関)
・どのように滞在し(宿泊先等)
・何に関して(調査項目)
・何・誰を対象に(調査対象)
・どのように(方法)調査をしようとしているのか。
・(教員と保護者に渡す文書には)調査中の連絡先。

⇒以上は、比較的離れた場所に出かけて調査をする場合。身近なところ(たとえば自分が属しているサークル)で調査をするのなら、それに合わせた項目を取捨選択する。

⇒このときに調査が経済的・時間的・能力的に実現可能かどうかを改めて考えてみる。

[6] 調査の倫理・安全上の留意点
・自分の調査案について倫理的に気をつけるべき点は何か、それについてどのような対策を講じるつもりなのか。
・安全上の留意点があるか。ある場合、どのような対策を取るつもりか。

[7] 参照文献／参照ウェブページ
・巻末の「引用の仕方、文献表のつくり方」を参考にして、参照文献と参照ウェブページの表を付ける。
・ここでは調べた文献、ウェブページすべてでなく、重要なものを選ぶ。

8.2.2 研究計画を口頭発表する

　授業などで研究計画を口頭発表するときには、知らない人もわかるような説明と、自分の関心がはっきりと伝わるようなメリハリのある発表の仕方をこころがけましょう。
　ハンドアウトを配布するときには、A4かA3一枚を目安に上の7つの要点を簡潔にまとめましょう。ハンドアウトと発表原稿は違います。ハンドアウトでは文章ではなく、箇条書きを用いて、口頭で補足説明するようにします。
　今の時点で、完全な発表をすることはできませんし、その必要もありませ

ん。どこまでわかっているのかと、まだわからないことは何かを区別して、ありのままを発表したらよいのです。

　ふつう授業中の口頭発表では、質疑応答の時間も設けられます。それは先生や他の学生から、質問やコメントをもらって、自分の研究計画を修正するよい機会です。ですから、ここではわかったことだけでなく、まだわからないこと、迷っていることを率直に伝えて、他の人の知恵を借りましょう。

　ハンドアウト作成の指針を11.2.3で解説していますから、参照してください。(≫p.220)

　次ページの実例は、A4一枚で作成した研究計画発表のハンドアウトです。

8.2.3　研究計画書を作成する

　研究計画を文書にしたものが「研究計画書」です。上記の7つの要点を踏まえるところは口頭発表と同じですが、ここでは完全な文章のかたちで書きます。

　研究計画書もまた論文の基本を前提にしています。ここで11.4「いかに論文を組み立てるか」(≫p.235)を先に読んでおいて、論文の組み立て方を知っておくと、研究計画書作成にもヒントになるはずです。

研究計画発表ハンドアウト 2008/7/1

文化人類学演習、7年、11223344、小田博志
(授業科目名、学年、学籍番号、氏名)

研究課題：対馬における朝鮮通信使行列の復興と記憶

研究目的：長崎県対馬で行なわれている朝鮮通信使行列の復興について調査し、この事例と記憶との関係を論じる。今年の3月旅行で対馬を訪れた際、朝鮮通信使に関する碑やポスターを見て興味をもった。毎年8月朝鮮通信使の行列を再現するイベントがあることを知り、調査したいと思った。対馬は朝鮮と日本との国境域に位置する。この研究を通して、地域社会の国境を越えた活動を明らかにできる可能性がある。

事前調査の結果
　対馬について：対馬は朝鮮半島と九州の間に位置する島である。対馬から福岡までが約140kmなのに対し、対馬から韓国の釜山までは50kmに満たない。江戸時代、対馬はひとつの藩を成し、朝鮮王朝との貿易・外交関係において特権的な役割を果たした。近年の観光産業の成長が著しく、特に韓国人観光客が急増している。
　朝鮮通信使行列について：江戸時代に、朝鮮から江戸幕府に送られた外交・文化使節団が朝鮮通信使である。現代の対馬では毎年8月の「厳原港まつり・対馬アリラン祭」の中で朝鮮通信使行列がひとつのイベントとして実施されている。江戸時代の衣装が忠実に再現され、韓国からもゲストが招かれているようだ。

先行研究のレビュー
　調査対象である朝鮮通信使行列の復興に関し二つの先行研究を入手した。申（2003）は「和解の地」というイメージ創出の観点から、村上（2008）は対馬の観光化との関連で通信使行列を論じている。いずれも「記憶」論の視点はないがノラ（2002）の「記憶の場」概念などを参考に分析できるかもしれない。

調査スケジュール
期間：2006年8月3日～8日
目的地と宿泊先：長崎県対馬市厳原町、〇〇ホテル（電話0920-XX-XXXX）
交通機関：札幌から福岡経由の飛行機を利用
調査対象・方法・項目
　・「厳原港まつり対馬アリラン祭」で行なわれる朝鮮通信使行列の見学
　・通信使行列の準備過程の観察と関係者とのインタビュー
　・歴史民俗資料館で文書資料の収集

調査の倫理・安全上の留意点
調査協力者のプライバシー保護には十分に気をつける。

参照文献
申鎬 2003「厳原港まつり・対馬アリラン祭について——観光人類学からみた予備的考察」『韓国言語文化研究』（4）：51-59。
ノラ、ピエール 2002『記憶の場——フランス国民意識の文化＝社会史　第1巻　対立』谷川稔（監訳）、岩波書店。
村上和弘 2008「「厳原港まつり」の戦後史—対馬における「日韓交流」の利用戦略をめぐって」『日本文化の人類学／異文化の民俗学』小松和彦還暦記念論集刊行会（編）、pp.159-179、法蔵館。

実例「よみがえる朝鮮通信使」の研究計画発表のハンドアウト

9 現場調査をする
フィールドワーク

> **この章の目標**
>
> 実際に現場調査（フィールドワーク）をするための
> 方法とコツを身につけよう。

　現場調査（フィールドワーク）をどのようにすればよいのでしょうか。ここではその基本的姿勢と実際の技術を説明します。

　エスノグラフィーの場合、「問題（問いを立てること）－調査（調べること）－分析（答えを導くこと）」は互いに分離されず、からみあって進行します。しかしここでは説明の便宜上、調査と分析を分けて、この章では主に調査について、次の章では主に分析について説明することにします。問題設定についてはいずれの章でも関わってきます。

9.1

現場調査の基本姿勢

現場で調査するにあたって大切な基本姿勢を述べてゆきます。

> **現場調査の基本姿勢**
> ① 新しいものに心を開く
> ② 現場の視点に立つ
> ③ 「わけがわからない」状態をこらえる
> ④ 時間をかける
> ⑤ 問い－調べ－分析する
> ⑥ 臨機応変に
> ⑦ 多様な方法を組み合わせる
> ⑧ マナー・倫理と安全を忘れずに

基本姿勢 ①　新しいものに心を開く

　現場は発見の宝庫です。本やインターネットだけではわからないことを知るために現場に来ているのです。そのことをまず思い出してください。好奇心をもちましょう。新しいものに心を開きましょう。些細なことでもいいので、不思議に思うこと、目新しいもの、矛盾、謎に目を向けましょう。問いを発見しましょう。そしてそのつど文字や写真で記録していきましょう。現場で出会った問いが、後に研究設問へと育っていきます。

ここで「6.5.2 『戸惑い』から問題へ」（≪ p.109）を読み返して、現場の意外なものへのアンテナを張っておきましょう。「**本に書いてある通りでないとき、調査は成功している**」と再び強調しておきます。

> **基本姿勢 ②　現場の視点に立つ**

　人は生きていく中でいろいろな考え方やものの見方をすでに身につけています。中には無意識の習慣にまでなっているものも多いでしょう。現場では、できるだけそれをカッコに入れて、現場の視点に立つように努めましょう。

　　ここの人たちはどのように考えているのか？
　　ここの人たちにとって、この事柄の意味は何か？
　　その考え方や出来事にはどんな文脈があるのか？

　こうした問いを向けてください。現場志向のエスノグラフィーにとって重要なのは次の問いです。**ここの人たちにとって今何が問題なのか？**　そのときに「現場の視点」といっても一枚岩ではないことに気をつけてください。人や立場によって視点は変わってきます。ひとつの現場にも複数の視点があります。

> **基本姿勢 ③　「わけがわからない」状態をこらえる**

　現場での発見が心地いいとは限りません。説明できないものに出会うと、人は「わけがわからない」と感じ、戸惑いを覚えて、それを無視しようとしたり、自分がすでにもっている枠組みにあてはめて理解しようとします。しかしそうしてしまうとせっかくの発見の芽を摘み取ることになります。「わけがわからない」状態はときに不快かもしれません。それを持ちこたえるよ

うに努めましょう。そして、それが理解できるようになる情報を集めていきましょう。「わけがわからない」ものを「わかるようにする」——これがエスノグラフィーの基本的なプロセスです。このときに大事になるのが、次で述べる「時間をかける」という姿勢です。

> 基本姿勢 ④　時間をかける

　「スローフード」という言葉があります。環境に配慮して育てられた作物を使って、手間暇を惜しまずにつくられた質の高い食品のことです。ポイントは時間をかけることです。ならばエスノグラフィーは「スローサイエンス」といえます。なぜなら時間をかけてより質の高い理解を得ようとするからです。

　第1章でみたように現場は複雑で、いろいろな面をもっています。関われば関わるほど奥が深いという思いが強まるでしょう。最初のうちは「わけがわからない」、「うまくまとまらない」と思っても、時間をかけて関わっているうちに、だんだんと手がかりが得られ、見渡せるようになってきます。また、すぐにわからないことがあれば、それを無理にわかろうとはせず、また切り捨てることもなく、寝かしておきましょう。醤油やワインを何年も寝かして、熟成するのを待つようにです。時間が仕事をしてくれます。

　時間をかけることは、調査のときばかりでなく、分析のときにも役立つ姿勢です。

> 基本姿勢 ⑤　問い－調べ－分析する

　エスノグラフィー調査は旅行に近いところがあるものの、旅行そのものではありません。それが「知」を産み出すことを目指しているからです。問いを立て、その答えにあたる「知」をエスノグラファーは明らかにしようとし

ます。その点で他の研究者と目指すことは同じなのです。エスノグラファーが独自なのは現場に密着した知を産み出そうとすることです。

　現場調査の終わりには、問いと答えの材料を持ち帰ることができるようにしましょう。エスノグラフィー調査の収穫とは、現場で見つけた問いに対する答えです。最終的に論文のかたちでまとめられる研究設問と結論は、現場から帰ってきて、分析を進める中で明確にしていけばよいです。ですから、現場調査のときには、研究設問に結びつきそうな問い、そして結論につながりそうな材料（＝データ）を持ち帰ると理解してください。

> 基本姿勢 ⑥　臨機応変に

　思い通りにいかないのが現場です。現場調査は偶然の出来事、落胆、意外な展開などの連続です。当初の計画通りにいかないことが普通なのです。臨機応変で、柔軟な対応を心がけましょう。もし最初に考えていた道が閉ざされても、別の道を見つければよいのです。エスノグラフィーの目的は、新しい扉を開いて現場の世界を理解することです。それができるならば、現場調査の流れの中で、思い切って進路変更をして構わないのです。

　現場調査はスポーツの競技に近いものがあります。サッカーであれ、野球であれ、プレイがいったん始まると、選手たちは試合の流れの中で臨機応変にたたかい方を変えていかなければなりません。状況が変われば、最初の作戦を変更するでしょう。流れの中で、好機を逃さずプレイ＝調査を楽しみましょう。

　セレンディピティの話（《 p.95）をここで思い出しておいてください。

> 基本姿勢 ⑦　多様な方法を組み合わせる

　現場調査(フィールドワーク)ではいろいろな方法を臨機応変に組み合わせて使います。何か一

つの方法だけで済ませることはまずありません。人間が生きている現場は多面的で、それゆえに複数の方法が必要になってきます。よく「フィールドワーク＝インタビュー調査」と思っている人がいますが、それはまったくの誤解です。インタビューは大事な調査方法です。しかしそれだけでは明らかにならない現場の側面もあります。話を聴くだけではなく、観察すること、参加すること、撮影すること、文書やウェブサイトを調べることなど次の項で見てゆくような調査方法のレパートリーがあります。また前もって具体的な調査の方法を固めてしまわない方がよいでしょう。場面場面で適切な方法を選んでいくことが勧められます。現場では予測不可能なことが起こるのが普通だからです。

では多様なレパートリーの中から方法を選択する基準は何でしょうか。

第1の基準は、**自分の問いを明らかにするために適しているかどうか**です。どちらかというとインタビューが適した問いがあるでしょうし、観察の方が適した問いもあるでしょう。

第2の基準は、**その問いを文脈も含めて多面的に明らかにできるかどうか**です。インタビューに写真を組み合わせることが有効な場合があれば、観察に文書調査を組み合わせるのがよい場合もあるでしょう。

要約すると、現場調査での方法選択の特徴は、**問いを多面的に明らかにするために適した方法を、複数組み合わせて用いる**ことです。

必要だと思えば、複数の現場を組み合わせてもよいです。エスノグラフィー調査の基本は、まずひとつの現場をじっくり理解することです。しかし複数の現場が組み合わさって成り立っている事象もあります。ミニエスノグラフィーの「エゾシカの再資源化」はその好例です。こういうときは、複数の現場で調査をして、それらのあいだの関係性やネットワークを明らかにするというやり方をします。これを**多現場エスノグラフィー**といいます。

基本姿勢 ⑧　マナー・倫理と安全を忘れずに

もちろん現場で何よりも忘れてはならないのは、相手に対するマナー・倫

理と、自分の安全への配慮です。くわしくは第 5 章を折に触れて見返してください。挨拶と説明を丁寧にする、録音や撮影の承認を得る、借りたものは返す、約束は守る、邪魔はしないなどなど、あたりまえのマナーを改めて肝に銘じましょう。相手へのマナーをないがしろにすることが許されるような「調査」や「研究」はありません。

また、臨機応変といっても、自分の身を守れないような方向に進んではいけません。犯罪や事故の可能性、カルト教団のように人を取り込んでいくようなグループには特に注意してください。何か困ったことや問題があったら、すぐに指導教員に連絡を取れるようにしておきましょう。

9.2 現場調査の方法

　現場ではいろいろな方法を使って調査します。ここではそのレパートリーを解説していきます。

9.2.1　ふだんの方法

　はじめての町で暮らすことになったとき、みなさんはどうしますか。新しく学校やグループに加わったときはどうでしょうか。

そこの人たちがどうやっているのか、よく観察して、まねるのではないでしょうか。また、わからないことがあれば他の人に尋ねるでしょう。そうやって情報を吸収し、試行錯誤を重ねながら、新しい環境になじんでいくはずです。

知りたい場所があれば、「百聞は一見にしかず」で、そこに行ってみる。集まりがあれば自分も加わってみる。言葉で説明してもらうのが難しいことは、自分でやってみる。これらも私たちがふだんしていることです。

「エスノグラフィー」だとか、「フィールドワーク」だとかいっても、何か目新しいことをするのではなくて、実はこうした私たちのふだんの方法を使い回しします。「調査方法」に関するいろいろな思い込みから離れて、**「自分たちはふだん何かを知るためにどうやっているだろう」** と振り返ってみるとよいでしょう。ふだんの方法に立ち返るのです

9.2.2 現場調査の方法

エスノグラフィーの目的は、人びとがふだん生きている現場を理解し、伝えることでした。ふだんの方法を用いるからこそ、ふだんの現実に近い研究ができるのです。むろん調査方法としていろいろな工夫はあるのですが、やはりベースにあるのは私たちがあたりまえに使っている方法だということです。ここでは「参与観察」とか、「インタビュー」という調査法用語だけでなく、なるべくふだんの方法を表す言葉(「観る」「尋ねる」「書き留める」など)を使うようにしました。

> 現場調査の方法
> ① よく観る

> ② 書き留める
> ③ よく聴く
> ④ 関わりながら観る〔参与観察〕
> ⑤ 尋ねる・会話する〔インタビュー〕
> ⑥ 撮影する
> ⑦ 文書を集める
> ⑧ 問い・考える

方法 ①　よく観る

「見る」と「観る」の違いを知っていますか？
　私たちの視界には常に多くの情報が入ってきています。しかしそのほとんどは意識にのぼることなく、消えていってしまいます。目に入るものすべてについていちいち考えていたら、人間は行動できなくなってしまうでしょう。その反面、惰性で「見る」だけになってしまうと、新しい情報に気づかなくなってしまいます。
　これに対して、「観る」とは、問いかけながら見る、何気なく視界に入ったものの意味に気づく、意識して観察するということです。
　道路を横断するときのことを考えてみましょう。信号機があります。青なら渡り、赤なら止まります。私たちはそれをあたりまえに見ています。でもどうして信号の色は3つなのか、赤で止まるのか、改めて考えると不思議なことです。それに青は本当に「青」なのか？
　北海道に住んでいるあるドイツ人の神父さんは、日本人が「青信号」というのがおかしいと言っていました。ドイツでは「緑信号」というからです。私自身、日本で免許取得の際の視野検査で、「見える信号の色を言ってください」と言われ「緑」と答えてしまったことがあります。それから、北海道の車道の信号機は縦型が多いです。道外は3色が横に並んでいることが多いものですが。そのこともよく観なければ気づきません。それに気づいて調べてみると、縦か横かにも意味があることが明らかになります。

こうして問いかけながら観ると、ふだん目にしているものや、何気なく通り過ぎるものにも発見があります。
　フィールドでは、まずよく観ることが大切です。そして気づいたことがあれば書き留めたり、写真に撮ったりして残していきます。私が対馬の厳原町（いづはらまち）に行った初日に気づいたのは石垣塀と石碑でした。この石碑の発見が、この本に収めた論文「よみがえる朝鮮通信使」につながっていったのです。
　何を観るのか？　細部を観ます。現場の人でも見落としがちなディテールをよく観察して、その意味を問うのです。「神は細部に宿り給う」です。（« p.15）

方法 ②　書き留める

　書き留めるには、メモ帳やノート、あるいはパソコンを使います。文字で書き留めたり、絵や図としてスケッチしたりします。そうして記録したものを「フィールドノーツ」といいます（» p.184）。歩いているときに気づいたことを、その場でメモしましょう。この②で説明することは、「よく観る」（①）だけでなく、③以降の項目にも共通します。
　その場でのメモは自分でも読みにくい手書きだったり、断片的な情報だったりします。時間が経つと、何を書いているのかわからなくなってしまうでしょう。そうなる前に清書しましょう。できればその日のうちに、パソコンに入力しましょう。パソコンがなければ、手書きのノート（帳面）やルーズリーフでもよいでしょう。そのときにはメモを取ったときのことを思い出して、補足し、他人が読んでもわかる文章のかたちにしておくのがよいです。いつ、どこで観たことなのかも正確に記録します。これで立派なエスノグラフィックなデータです。
　加えてやっておいたらよいことは、データに**「見出し」をつける**ことです。その日に観たことの要点を短く言葉にするとどうなるか、と考えてみましょう。ひとつの見出しに収まり切らないデータは、複数の見出しの下に分けましょう。この見出しつけの作業で、すでにエスノグラフィーの分析を始めて

いることになります。

　また、ワープロの「蛍光ペン」、「太字」、「下線」などの機能を使って、特に大事だと感じることを強調しておくとよいでしょう。さらに清書している段階で考えたことはカッコに入れたり、ワープロの「脚注」や「コメントの挿入」の機能を使って記入し、現場のメモと区別しましょう。

　デジタル写真をメモ代わりにすることもできます。気がついたら撮る、という姿勢で撮影していきましょう。そのためには持ち歩きが苦にならないコンパクト・デジタルカメラに、なるべく容量が大きい記録メディアを入れておくとよいでしょう。

方法③　よく聴く

　「聞く」と「聴く」にも違いがあります。耳に入ってくるものに意識的になることが「聴く」です。

　その現場に特有の音風景は何でしょうか。私が学生の頃、タイの山岳少数民族のカレン族の村に滞在したことがあります。日の出前から「コーンコーン」という音が響いてきます。何かと尋ねると、その日食べるお米を足ふみ式の杵（きね）と臼（うす）で精米しているのでした。それはカレンの米との関わりと一日のリズムを象徴している音でした。

　札幌を訪れたあるドイツ人が、鉄道駅のエスカレーターに乗っているとき、「これは何を言っているのか？」と聞いてきたことがあります。「乗り口付近や降り口付近には、立ち止まらないでください。手すりにおつかまりください……」というアナウンスでした。日本ではあたりまえのことでも、ドイツではそういうアナウンスがないので気がついたのでしょう。

　現場の人たちがどんな言い回しをしているのかに気づくことが、エスノグラフィーの場合とても重要です。ここでよく聴く力が試されます。34ページの「棚田を〈守り〉する人びと」の例を参照してください。ここで著者は、棚田を大切にする地元の人たちが、その「景観」を一変させるような整備事業を推進していることに戸惑います。しかし、地元の人たちの発言をよく聴

いてみると、「景観」や「風景」という言葉は使われず、その代わりに「棚田を〈守り〉する」という言い回しが使われていることに気づきます。著者はこの「守り」を鍵概念にして、地元の人びとと棚田との関係を明らかにしていきます。

　また、その前に紹介したタイの実例でも聴く力がものをいっています（« p.119）。著者は無意識のうちに「親が子どもの将来に責任をもつ」という見方を前提にタイに入りますが、「将来は本人たちが決めることで、強制はできない（バンカップ・マイダイ）」という言葉から、ここでは違った教育観があるのではないかということに気づき、「バンカップ・マイダイ」を鍵概念に調査案を組み替えることになります。

> 方法 ④　関わりながら観る（参与観察）

　フィールドではよく歩きましょう。よく出かけて、何か行事があったら加わらせていただきましょう。エスノグラファーは足で稼ぎます。現場で発見を重ね、そこの人びとと出会い、交流し、だんだんとなじみになっていきます。それは現場と身をもって関わるということです。社会とは人びとの関わりの総体といえますから、社会を明らかにするためには関わることが必要です。

　現場調査では、たんに関わるだけではなくて、その関わりを意識的に観る、その関わりの中で問いを発見するということをします。「関わりながら観る」のです。現場の生活や活動に、調査者自身が加わるということです。現場の一員となりながら、そこで起こっていることを観るのです。これは参与観察（参加観察）[1]と呼ばれてきたものに他なりません。この「関わりながら観る」ことが、エスノグラフィー調査のもっとも独自な方法だといってよいでしょ

---

1) 原語は participant observation で、これを「参与観察」と訳すか「参加観察」とするかは分野によって違います。文化人類学では慣習的に「参与」が使われますが、看護学などでは「参加」と訳されるようです。

う。そこの人びとと共に生活し、共に活動する中で、次第にそこでの「あたりまえ」がどういうものか身についていきます。

　なんだか難しそうですが、それはことさら不自然なことではありません。私たちはふだんの生活の中でも、「ちょっと待てよ」と立ち止まったり、振り返って考えてみたりしています。そのときどきで反省し、分析するということをしています。参与観察では、それをもっと意識的に行なうのです。

　参与観察の実行に有効なのは、**書くこと**と**問いかけること**です。現場の中で経験したことをフィールドノーツに書き留めて、読み返すと、自ずと距離を取った分析ができるようになります。「ここの人たちはなぜこうするのだろう？　これはこの人たちにとって何を意味するのだろう？　そこにはどんな文脈があるのだろう？」と疑問に思い、問いかけ、それを調べていくことで、現場の人びとが生きている世界が開いていきます。

　参与観察とはただ視覚的に見るだけにとどまらない、**総合感覚的な実践**です。「観る」に「聴く」も加わりますし、他の感覚（味覚、嗅覚、触覚）も活かします。特に、人と言葉を交わしたときに、どんな表現をしているのか、どんな言葉が使われているのかに注意して聴きましょう。

　参与観察のフィールドノーツで注意すべきことは、「書き留める」で説明したことと同様です。しかし単なる観察と違って、参与観察の場合、人との言葉によるやり取りの比重が大きくなります。それを記録するときの注意点は、できるだけ、その**発話者の言葉づかいをそのまま書き取る**ことです。エスノグラファーが言い換えをしたりすると、もともとの言い回し・表現に含まれていたニュアンスが消えてしまいます。自分が考察したことを書くときには、現場の人の考えと混ざってしまわないように区別して表記しましょう。たとえば、自分の考察や感想は丸カッコ（　　）に入れ、現場の人の意見は鍵カッコ「　　」に入れ、横に発話者を明記するなどの工夫をしましょう。

> **方法 ⑤　尋ねる・会話する（インタビュー）**

　人に尋ねて、その答えを聴く、これがインタビューです。インタビューは

万能ではありませんが、たいへん有効な調査方法です。しかしフィールドワークすなわちインタビューではありません。現場の世界を内在的に理解し、伝えることがエスノグラフィーの目的で、極端な話、インタビューなしでもエスノグラフィーが可能な場合もあります。また、インタビューをしても、文脈理解が伴わなければエスノグラフィーではなくなります。インタビューという「道具」の特徴を理解して、使いこなせるようになりましょう。

インタビューによって、その人がある物事を言葉でどう捉えているのかが引き出せます。質問を向けてみると、思いもよらない捉え方をしていることがわかって、貴重なデータとなることが多いです。さらにインタビューへの答えは、すでに言葉としてまとまっているので、データとしての利便性が高いといえます。

では、**インタビューでは明らかにできないことはなんでしょうか**。インタビュイー（インタビューの回答者）が言葉にしていないことをインタビューで引き出すのは難しいです。

その人にとって、あまりにあたりまえなことは意識していないですし、言葉にしたこともないでしょう。日常的実践を理解するには、インタビューよりは参与観察が有効な方法となります。

それから政治経済的に大きな文脈や、構造も意識されない傾向があります。けれどもそうした文脈が、現場の人びとの具体的な言動を枠付けていることが多いのです。マクロな文脈を明るみに出すためには、文献を調べる必要があります。

さらに、インタビュイーが言葉にしたくないこともインタビューでは明らかにできません。トラウマ的な体験は「沈黙」のうちに秘められるでしょう。発言すると政治的な不利益が予想されることも、語られないでしょうし、あるいは建前にすり替えられるかもしれません。**言葉にされないことへの想像力はエスノグラファーにとって大切な資質のひとつです**。

このようにインタビューという方法が適していない情報を得ようと思ったら、観察、参与観察、文書調査などの別のやり方を取る必要があります。

インタビューは、個人だけでなく、家族やグループなど複数の人を相手に行なうこともできます。

インタビューの位置づけはいろいろです。参与観察をしている中でインタ

ビューを行なうこともありますし、独立したインタビュー調査もあります。インタビューのやり方も多様です。以下では主なものについて説明します。

インタビューの種類

インタビューには、「インタビュー」という時間を特別に設けて行なうフォーマル・インタビューと、ふだんの会話と変わらないやりとりをするインフォーマル・インタビューとがあります。フォーマルとは、この場合、「インタビューとしての形式」という意味です。

```
インタビューの種類

フォーマル・インタビュー
  ├ 半構造化インタビュー
  └ ナラティヴ・インタビュー

インフォーマル・インタビュー
```

フォーマル・インタビュー方法の種類

形式ばったインタビューの代表的な種類として、半構造化インタビューとナラティヴ・インタビューとがあります。両者の違いを踏まえて使いこなしましょう。たとえば、ある人の生涯や、出来事の経過を理解するためには、最初にナラティヴ・インタビューをして流れを見通した上で、半構造化インタビューによって個別的な質問を向けるという有効な組み合わせ方が考えられます。

半構造化インタビュー

あらかじめいくつかの質問項目を考えておいて行なうのが半構造化インタビューです。構造化インタビューが、質問文も回答の選択肢も決まっているのに対し、質問項目は決まっていても、自由に回答してもらう、すなわち「半分だけ決められている」ということで「半構造化インタビュー」と呼ば

れます。ここでは質問項目をまとめた「質問リスト」(「インタビューガイド」ともいう) が用いられることが多いです。

　用意された質問にインタビュイーが問答形式で答えていきます。テレビ番組で出てくるような「インタビュー」のイメージに近いのはこれです。

　知りたいことがあらかじめはっきりしており、限られた時間でもらさずに情報を得たいときに有効なインタビュー方法です。

ナラティヴ・インタビュー

　あるプロセスについて自由に語ってもらうインタビューです。相手のこれまでの人生やその人が体験してきた出来事やエピソードを引き出すのに適したやり方です。ナラティブとは「物語」とか「語り」という意味です (野口2009)。むしろ、日本語だと「すごい話を聞いた」というときの「話」に近い概念だともいえます。

■ 実例 ────────────────「騒音」が人生の中でもつ意味

　これは工学部出身の環境音響学者が行なったナラティヴ・インタビューとしてユニークですが、ナラティヴの力を実感させるたいへん優れた仕事です (平松2001)。「嘉手納爆音訴訟」[2]の原告のひとり松田カメさん (1903-1995) に、著者は最初、騒音被害の専門家として会います。次第に著者は、松田カメさんが米軍機の騒音に反対するという行動の背景に、その人生の経験があることに気づき、インタビューを重ねて、一冊の本にまとめるまでになったのです。

> 　カメさんの口述を通して私は、嘉手納の爆音が、人びとにとって単に"うるさい"音といった次元の問題ではないことが、よく理解できるようになった、と思う。同じように「航空機騒音」と呼んでも、それは、たとえば大阪

---

2) 沖縄の嘉手納基地に離着陸する米軍機の騒音に対して、近隣の住民が飛行差し止めと損害賠償を求めた裁判。

空港の騒音問題とは、本質的に異なる側面をもつということだ。嘉手納の飛行機の音は、人びとに戦争を思い起こさせ、毎日毎日その時の心の傷をえぐっている。　　　　　　　　　　　　　　　　　　　　　　　　　(p. vi)

　現実に騒音が問題となっている場面で「科学」はしばしば無力に近い。(中略)（訴訟の）陳述書は個々の原告が具体的にどんな被害を受けているかを訴えるものであるが、もし詳細に理由を書くならそれはライフ・ヒストリーになるのではないだろうか。　　　　　　　　　　　　　　(p. 188)

　音を聞いている人の立場に身を置かずにはできない研究がある。(p. 190)

会話する（インフォーマル・インタビュー）
　会話を通して相手を理解していくことは、上で紹介した「インタビューらしいインタビュー（＝フォーマル・インタビュー）」よりも、「ふだんの方法」に近いといえます。参与観察をすると、現場の人びとと共に過ごす時間が長くなり、必然的に会話やおしゃべりをする機会が増えます。その何気ない会話から、研究のために有益な情報が得られることがよくあります。フォーマル・インタビューでは、自分は質問されているという意識と緊張から、回答が公式の見解に偏る可能性もあります。一方、形式ばらない会話を通して、より日常に近い言葉を知ることができるでしょう。考え方を変えると、フォーマル・インタビューを通して、改めて尋ねられてはじめて言葉とされるまとまりのあるデータが得られるかもしれません。結局は、両者をその特性を踏まえて、使い分けることがポイントになります。
　さて、宮本常一はインフォーマルな会話のやり方を好んでとった人でした。次の引用文からいわゆる「インタビュー」（ここでいう半構造化インタビュー）の問題点と、会話することの利点とがよくわかります。ここではエスノグラファーは質問者、調査協力者は回答者という役割に固定されず、エスノグラファーが自分の体験を話すこともあれば、調査協力者の方から質問もあるという本当の「やりとり」が行なわれているようです。やや長く引用しますが味読してください。

私の場合には、個条書のようなかたちで話を聞くことはほとんどない。できるだけ相手に話してもらう。話してもらうというよりも話し合う。だから単なる聞き手ではない。初めのうちは、私が個条書のような調子で聞くものと思っていたらしい。「こういうことは聞かんのですか」と私が質問しないと、相手から質問の仕方を教えてくれる有様であり、それについての答えはすでに用意されていた。

　（中略）私が調査に来た者だというので、他の探訪者と同じようにものを聞くだろうと考えて、紋切型で答えようとしたが、私にはそれよりもほかのことが、いろいろ聞きたかった。それには私がどんなことに興味を持っているか、それを調べるとこういうことも理解できるというような体験談もしなければならない。すると相手もそういうことなら、ここにはこんなことがあるというようにからんでくる。

　話ははてしなく続いてつきるところがない。昼間は村を歩き、夜は囲炉裏ばたで話を聞いて大変楽しかったのだが、最後にその老人から「あなたはとうとう調査をしなかったが、それでよいのか」といわれた。実は私の知りたいようなことはほとんど聞いていた。「次は何、次は何」というように秩序立てて聞いているわけではない。しかし、相手の話をしているなかに、私の知りたいことが含まれていればよいので、質問して答えてもらうことが必ずしも調査ではない。
　　　　　　　　　　　　　　　　　　　　　　（宮本 1986：116）

プロセスとしてのインタビュー

　一回きりのインタビューでわかることは限られています。時間をかけて疑問点を徐々に明らかにしていくことによって、単発インタビューよりも深い理解が得られます。それは最初のインタビューのときの答えを検討し、そこで出てきた疑問と、なぜそれを疑問に思うのかという説明を、時間をおいて相手に向けるということを繰り返していきます。そのやり方は「対話」と呼ぶ方がふさわしいでしょう。

　このようにインタビューをプロセスとして展開していけるゆとりがあるならば、質問の仕方もそれなりに構想しましょう。いきなり特殊な質問を向けるよりも、最初は広い質問をしてだんだんと焦点を絞っていくやり方が有効でしょう。「在日コリアンと焼肉」をテーマに、在日の焼肉店経営者にイン

タビューしたある卒論生は、最初に焼肉のことを質問せず、在日としての人生の歩みを大きく語ってもらいましたが、その姿勢が相手にも気に入ってもらえたと述懐しています。

多声的なインタビュー

　あるグループに属する人たちがまったく同じ考え方をもっていたり、経験をしていたりすることはまずありません。ズレていたり、ときには対立していたりすることの方が普通ではないでしょうか。みなさん自身が属する家族や、学校の人たちを思い浮かべてみましょう。何かについて質問されたとして、みんな同じような答えをするでしょうか？　エスノグラフィーの目的は、現場の視点を明らかにすることですが、それは「一様な視点」ではなく、**「多様な視点」**を明らかにするといった方が現実には近いはずです。

　その際、何人くらいとインタビューしたらいいですか？　という質問を受けることがありますが、その決まった答えはありません。問題は人数ではありません。その現場にはどんな立場の人が関わっているのかを調べて、なるべく違った立場の人にインタビューをしていくことが大切です。**多声的なインタビュー**をするということです。そのやり方が、多声的な現場・現実のあり方に即しているといえるでしょう。

録音と文字化

　インタビューをどう記録したらよいでしょうか。話を聞くその場でメモを取るやり方があります。それと共に、相手の許可を得た上でICレコーダなどに録音させていただくという手もあります。録音をすると相手の言葉づかいを正確に記録できるという大きい利点があります。手を忙しく動かしてメモすることからも解放され、その場の話に集中できるようになります。しかし、機材は故障のおそれもありますから、録音しているときにも、並行して要点のメモを取るようにした方がよいでしょう。また、録音されているということは、相手に緊張や警戒感を与え、それこそ「オフレコ」の話が聞けなくなるというデメリットもあります。こうした点を考慮に入れて、インタビューの記録の仕方を選びましょう。

　インタビューをプロセスとして考えると、初対面での録音は避けて、ある

程度顔見知りになって、信頼していただけるようになってから、録音をお願いするというやり方もよいです。もちろんそのときも、プライバシーの保護の約束や、録音データをどう使うのかの十分な事前説明は不可欠です。

　音声データは文字にする必要があります。**文字化**（トランスクリプション）の作業の結果できた文字データを「**トランスクリプト**」といいます。文字変換の仕方にもいろいろあります。録音されている発言すべてを逐語的に文字にするやり方から、研究設問と照らして重要だと思える部分だけ抜き出して文字にするやり方までです。逐語的なやり方はかなり時間がかかる代わりに、正確でくわしい文字記録が得られます。抜粋型は効率的ですが、実は重要かもしれない発言がもれてしまうリスクもあります。どれがよいか、それぞれの研究計画に応じて選びましょう。

　音声データと文字データは等しいものではありません。録音された発言には、声の抑揚や間などの大事なメッセージが含まれています。そうしたメッセージは文字にすると消えてしまうものです。インタビューの現場－音声データ－文字データの順に、身体的な生きた情報が抜け落ちていきます。インタビューの現場のことを思い返すと、文字に変換されたインタビュー（＝トランスクリプト）は「抜け殻」のようだと感じることすらあります。文字変換したからといって、録音データを忘れてしまわずに、時折取り出して聞いてみると、新しい気づきが得られることがあります。

方法 ⑥　撮影する

　現場とは五感すべてで体験されるものですから、言葉と文字だけで捉え、伝えることには限界があります。「マルチメディア」な方法を勧めます。特に活躍するのがカメラです。デジタルカメラは調査のあいだ持ち歩いて、発見があれば撮影しておくことを勧めます。可能ならビデオカメラも調査に持っていきましょう。

　映像データには、フィールドから帰ってから見返すと記憶がよみがえってくるという効果もあります。さらに現場では気づかなかったことに、写真や

ビデオを見て改めて気づくこともよくあります。撮影も調査の重要な一部だと考えてください。

撮影する度にバッグから取り出していたのでは、カメラをフル活用することができません。ウェストポーチに入れるとか、ショルダーストラップで吊り下げるとかして、すぐに構えられるようにしておきましょう。デジタルカメラで現場のポスターや碑文を写せば、手書きのメモよりずっと便利です。

特定の人物を撮るときには説明と許可を忘れずに。また、神社仏閣など現地で写真撮影が禁じられていたり、不適切と思われたりしている対象はやはり撮るべきではありません。

方法⑦　文書を集める

現場でしか手に入らない文書、現場以外では手に入れにくい文書があります。

ここで文書というとき「チラシ、リーフレット、パンフレット、ポスター、書籍、雑誌、新聞、原稿」など文字（および図や写真）が記載された（多くの場合）紙媒体のことを想定しています。

それをできるだけ多く集めます。持ち帰ることが可能なものはいただいたり、購入したりします。そうでないものはコピーしたり、筆写したりします。もちろん必要ならば持ち主の許可を得てからです。現場で文書を写すときにたいへん活躍するのがデジタルカメラです。カメラを手軽なスキャナとして大いに活用したいものです。

文書は人が集まりやすい公共ないし民間の施設（役場、図書館、公民館、観光案内所、博物館、道の駅、劇場、宗教施設など）に多く置かれていますから、どのようなものがあるのかチェックしましょう。また地域の書店にも、そこでしか見かけないようなローカルな出版物を置いてある場合がありますからのぞいてみましょう。

方法⑧　問い・考える

　現場調査は、問いを発見し、それを研究設問へと練り上げていくプロセスとしても捉えられます。すでに「3.2 プロセスの特徴」の「⑥〈素朴な問い〉から〈研究設問〉へ」（≪ p.55）で述べたことと重なりますが、ここではより具体的に「朝鮮通信使行列」の研究例と関連づけて現場調査における問いの扱い方を説明します。

> (1)　問いを発見する
> 　現場を歩いていく中でいろいろな問いを発見します。大まかな問い、細々とした問い、素朴な問いがある一方、理論的な問いが現れることもあるでしょう。それらは互いに関係づけられず断片的な状態です。これは問題発見型の調査をする段階で、手当たり次第に情報を仕入れて、この現場では何が問題になっているのかの見通しを得ます。

対馬の厳原町を最初に歩いたとき、私は次の問いを発見しました。

「この碑は何だろう？」
「雨森芳洲って誰だろう？」
「どうして韓国人観光客がたくさんいるんだろう？」
「朝鮮通信使って何だろう？」

> (2)　問いの焦点を絞り、関係づけ、文脈化する
> 　特に重要に感じられる問いに焦点を絞って、調査を進めます。また断片的な問いのあいだにつながりを見出していきます。焦点が絞られた問いについて調査を進めます。

たとえば私は（1）の素朴な問いを受けて、次のようなことを調べていきました。

「朝鮮通信使行列はどのように行なわれているのか？」
「それは対馬においてどんな意味があるのか？」
「いつ頃誰が始めたものなのか？」

これに加えて、問いを社会文化的・政治経済的・歴史的文脈に位置づけます（>> p.188）。こうした文脈情報は現場の人とのインタビューや文献を通して得ることができます。
対馬の調査で文脈への問いとはこのようなものでした。

「行列再現が始まった頃、どのような時代的背景があったのだろう？」
「行列再現によって対馬の置かれた地域的文脈が
　どのように変化したのか？」

> **（3）　問いを理論化し、研究設問へと練り上げる**
> 　　問いを理論的テーマと結びつけて、研究分野において意義のある問題設定へと練り上げます。

対馬の例を理論化して出てきたのはこのような問いです。

「対馬との関わりで朝鮮通信使の記憶がいかに扱われてきたのか？」
「それは対馬の地域社会としてのあり方とどう結びついてきたのか？」

これは分析の章（第10章）でくわしく説明します。

column　　　　　　　　　　　　　　　　　イメージをつかむ

　私たちがふだん生きていく中で、何かが「わかった」ということと、何かが「イメージできる」ようになることとは結びついているのではないでしょうか。みなさんが高校生のとき、大学がどういうところか「わからなかった」と思います。それは具体的に大学という場が「イメージできなかった」からでしょう。しかし、実際に大学に入学し、身をもって大学生活を送ってみると、大学とはこういうところだということが「イメージできる」ようになったでしょう。そしてその「イメージをつかんだ」ことと、大学のことが「わかる」ようになったこととは実は同じことだといえないでしょうか。他の例も思い起こしながら、「イメージを伴った理解」について考えてみましょう。

　イメージ（image）と想像力（imagination）とは同じ語源から来ています。イメージするとはすなわち想像する（imagine）ことです。想像することは、思い描くことと同じです。私たちがふだんの生活で行なっている「理解」は、イメージ／想像力と結びついています。

　エスノグラフィーの大きい目標は、人びとの生活や現場での実践を理解し、その理解を伝えることにありましたね。現場について、イメージをつかむようにしましょう。直観的につかんだことを大切にしましょう。イメージは十分に言葉になっていないでしょう。それを言葉にする作業については、次の分析の章で説明します。

10 分析する

> **この章の目標**
> 現場調査で得たデータの分析の仕方を学ぼう。

　現場調査では多くのデータを得ることができたでしょう。この素材を今度は"料理"していく番です。いわば既成のレシピをもたずに、素材の持ち味を活かして料理をつくっていくことがエスノグラフィーの分析です。エスノグラフィーの場合、素材は野菜や肉ではなくてフィールドノーツやインタビューなどのデータ、道具は包丁やなべではなくて概念です。そして完成品が論文です。ここではデータの「料理の仕方」、すなわち分析の仕方を学びましょう。

エスノグラフィーの分析とは、現場の具体的な事実を概念のレベルで捉えて、研究設問の答えを導き出すことです。エスノグラフィー分析とは概念化の作業に他なりません。この分析の結果「エスノグラフィーの知」が産み出されます。これからまず分析の基本姿勢を学んでから、具体的な作業を行なっていきます。

「分析」というと難しそうに感じるかもしれません。しかしここで強調しておきたいことは、分析とは知的な喜びが味わえる作業だということです。分析をすることで視界が開かれるような喜びを感じることができます。過去の研究や理論は、先人たちが現実の中の謎に挑んで、解明しようとしてきた知の宝庫です。自分が調べたデータの分析を通して、そうした過去の知の宝庫とつながる喜びを体験することもできます。

エスノグラファーの課題には次の2つがあります。

> (1) 現場を伝えるという課題
> (2) 「現場の捉え方」を伝えるという課題

ひとつは、**現場を伝えるという課題**。現場で知った事実を正確に人に伝えることです。

2つ目は、**「現場の捉え方」を伝えるという課題**です。これは、事実を理解し、説明するための概念の枠組みを組み立てて伝えるという課題です。

分析の作業もこの2つの課題に対応します。まずバラバラなデータを具体的な事例に再構成する作業を行ないます。そこに、その事例を通して、ある理論的なテーマについて考察するという作業が加わるのです。

初心者は一番目の課題から手がけていったらよいでしょう。しかし、2つの課題の区別は便宜上のもので、エスノグラフィーの独自性と醍醐味は、事象に密着しながら、理論的考察を展開する点にあります。そこでは具体的な事例と理論モデルが不可分の関係にあるのです。

10.1

エスノグラフィー分析の基本

　エスノグラフィーの分析とは、調査で得たデータを概念のレベルで捉え、それぞれのデータが（特に研究設問に対して）何を意味するのかを明らかにする作業です。この分析の作業を通してエスノグラフィーの知が産み出されます。この作業でみなさんの「概念力」が発揮されます。

　エスノグラフィーの場合、**問題の設定と、調査と、分析とは分離されず、互いにからみあって進む**とすでに述べました。「問い－調べ－分析する」という研究のワルツがどの段階でも刻まれるということです。その点を踏まえながら、この章では分析に焦点をあてた説明をしていきます。

　分析とは研究設問に対する結論を導き出す作業です。研究設問は分析の結果得られた理論的テーマと結びつけられている必要がありますし、結論もまた分析から出てきた鍵概念を含みます。

　またエスノグラフィーの分析には実証と理論の2つのレベルがあります。実証のレベルでは現場でみられた事例を再構成します。理論のレベルでは、現場の事例を概念化し、理論的テーマと結びつけ、最終的にその事例を説明するための概念的なモデルを形成します。この作業の中で中心的な役割を果たすのが**概念化**の作業です（▶ p.123）。これは具体的な事象の側面や意味を言葉にして捉えていくことです。概念化がうまくできるかどうかが、エスノグラフィー分析の成否のわかれ道となります。

エスノグラフィー分析の基本姿勢
　実際に分析作業に取りかかる前に、エスノグラフィー分析の基本姿勢を説明しておきます。

> **エスノグラフィー分析の基本姿勢**
>
> ① 素材を活かす
> ② 「理論あてはめ」をするべからず
> ③ 現場の問いに焦点をあてる
> ④ 両足のバランスを取る
> ⑤ 概念力を発揮する
> ⑥ ひらめきを大切にする
> ⑦ 初心忘るべからず

基本姿勢 ①　素材を活かす

　みなさんは調査の現場でいろいろな経験をしてきたことでしょう。見たり、聞いたりしたこと、発見し、考えたこと、取った記録、収集したパンフレットやチラシ、文書。これらはすべてエスノグラフィーの「素材」です。これからこれら素材の持ち味を活かして、論文という「作品」を仕上げていきます。ここではこうした素材を「データ」とも呼びます。そしてこれら素材（データ）を料理していく作業を「分析」といいます。

　分析という言葉を広く捉えましょう。「分ける」ことだけではなく、材料を組み合わせて**「総合する」「再構成する」**という方向も含めて**「分析」**と考えるのです。

　よい素材には、理論的な発見の種子も埋め込まれています。それをいかに引き出すかがエスノグラファーの腕の見せどころです。

　比喩を使ってイメージしてみると、エスノグラフィーの分析とは次のような作業と比べることができます。

　原石に磨きをかけて宝石へと仕上げる作業。

　木材や土、レンガなどを組み合わせて家を建てる作業。

　野菜や肉などの材料から料理をつくっていく作業。

　この中で料理ならみなさんもつくったことがあるでしょうから、この比喩

をもう少し使ってみましょう。箕浦もエスノグラフィーの教育経験から同じ料理のたとえを使っています。

> フィールドで出会うさまざまな事象や人々は、料理にたとえれば素材である。研究者は、料理人であり、概念的道具は、この研究素材を切るための包丁に相当する。収集したデータをうまく並べただけの研究も多いが、研究者の腕の見せどころは、その素材からどのような料理をつくれるかをイメージし、実際にその素材と包丁から料理をつくって見せることにある。出来上がった料理が、論文である。したがって、研究論文の質は、料理人である研究者の資質のみならず、概念的道具の切れ味によってもかなり影響を受ける。
>
> （箕浦 1999：61）

両者を対照させるとこのように整理できるでしょう。

料理	エスノグラフィー
素材	データ
調理道具、調味料	概念的道具
料理人	エスノグラファー
完成した料理	論文、プレゼンテーション

料理にもいろいろなやり方があります。最初からつくりたい料理が決まっていてそれに必要な材料を仕入れてくる場合があれば、まず市場に出かけていって、そのときもっとも旬の素材を手に入れ、それから作るべき料理を考えることもあります。エスノグラフィーの場合は後者にあたります。

エスノグラフィーには決まったレシピはありません。「素材を活かす」とは、あらかじめつくりたい料理を決めておくのではなく、素材と対話し、その持ち味を活かしながら、人に出せる一品をつくっていくということです（« p.23 コラム「アルチザンの知」）。

> **基本姿勢 ②　「理論あてはめ」をするべからず**

　エスノグラフィーにレシピはない。これは、既存の調理法にとらわれないで、新しい料理をつくりだしていくことを意味します。

　つまり、エスノグラフィーでは、決まった方法を適用したり、既存の有名な理論をあてはめたりするべきではありません。既存の方法や理論はいうならば道具にすぎません。それらを機械的に使えば、せっかくの素材の持ち味を殺してしまいます。**素材が主、道具は従**です。自分が収穫してきた素材を活かすことを心がけ、柔軟に、創意工夫してください。自分のセンスを信じてください。そして必要なときに、既存の方法や理論を適所で用いるようにしましょう。それどころか従来の方法や理論を修正しても、新しい方法を考案してもよいのです。

　「あてはめ型」の理論適用は禁物です。しかし学生のレポートでは、「理論あてはめ」や「理論押しつけ」が残念ながらよくみられます。「これにはモースの贈与論があてはまる」「これはレヴィ＝ストロースの二項対立の理論で説明できる」「この事例はファン＝ヘネップの通過儀礼の理論で結論づけられる」……。ここで言っている「理論あてはめ」とは結論のところで既存の理論を引き合いに出して、それで終わりにするやり方です。分析は（偉い学者の有名な）理論をあてはめるものだと考えるのは、ひどい誤解です。現実・現場は既存の理論に収まり切らないものだから、私たちは現場調査をするのです。現場で得られた知見を既存の理論に押し込めてしまえば、せっかく行なった現場調査を無意味にしてしまいます。付け焼刃の理論あてはめは、分析ではなく、分析の放棄であり、「ベッドの寸法に合わせて、赤子の手足を切ってしまう」ほど愚かなことです。しかしこれは、既存の理論を使ってはいけないということではありません。エスノグラフィーの場合、事例と既存の理論とを対話させます。この**対話的理論形成**の作業については後で説明します。

> 基本姿勢 ③　現場の問いに焦点をあてる

　本格的な分析を始める前に、調査をして自分は何を発見したのか、現場でどんな問いを見つけたのか、あるいはどんなことに戸惑いや意外さを感じたのかを振り返ってみましょう。それが核となって、研究が育ってゆく可能性があるからです。

> 基本姿勢 ④　両足のバランスを取る

　1章でも見たように（《 p.18）エスノグラフィーは2つの軸のあいだで進行していきます。

```
現場の世界――――――研究の世界
実証――――――――――理論
具体――――――――――抽象
```

　このどちらかだけに偏るのではなく、両者のバランスを取りながら歩んでいってください。
　出発点は現場であり、具体的な事例です。しかしそれだけでは研究として成立しません。現場に足を置きながら、理論的である。事例の具体的なディテールを描写しながら、概念的な論証を行なう。これに名前をつけるなら、「描写的分析」といえるでしょうし、「ボトムアップ式理論形成」ともいえるでしょう。分析の作業を通して、現場に根ざした理論をつくることを目指すのです。
　第1章でエスノグラフィーの特徴のひとつに「Aを通してB」を挙げました（▶p.18）。具体的な調査対象（A）を通して、抽象的な理論的テーマ（B）を論じるということです。ここでいう「両足のバランスを取る」とは、

Aに一方の足、Bにもう一方の足を着けて、2つのあいだのバランスを取るということです。

> 基本姿勢 ⑤　概念力を発揮する

　エスノグラフィーの分析とは、基本的に、具体的な事象を概念のレベルで捉えていくという作業です。第7章で「概念力」のトレーニングをしましたね。そこできたえた概念力を、ここで遺憾なく発揮してください。概念力のあるなしがエスノグラフィーの出来を左右します。
　現場概念をその文脈の中で理解する力、現場概念と分析概念とを区別できる力、具体的なデータを概念化できる力、あるいは概念と概念とのあいだの関係性を読み取れる力。これらを思い出して、分析の作業に臨みましょう。

> 基本姿勢 ⑥　ひらめきを大切にする

　ひらめき、直観、創造力——これらはときに「非科学的」とされて、研究の世界から排除されます。しかし、こうした力こそ事象を把握するとき、そして新しい理論的な視座を開くときに必要なのです！　些細な手がかりから、ものごとの全体像をひらめく推論の仕方を「アブダクション」といいます。特にこれはエスノグラフィーの分析のときに重要です（»p.194）。

> 基本姿勢 ⑦　初心忘るべからず

　調査をするうちに大量の情報や文献の中でおぼれそうになって、方向を見失うことがよくあります。そんなときは、自分の"初心"に立ち返ってみて

ください。自分は何をやりたかったのだろう？　そもそも何に興味をもっていたのだろう？　現場で何を面白いと感じたのだろう――こうしたことを思い起こして、それを活かせるように軌道修正するのです。そうすると再び喜びと見通しをもって、エスノグラフィーの道を歩き出すことができるでしょう。

10.2

エスノグラフィーの分析をする

　これから、エスノグラフィーの分析の作業を、段階に分けて説明してゆきます。しかし厳密に決まった手順があるとは考えずに、臨機応変に進めましょう。途中で時間のかかる個別の作業がありますが、最終的な目標をイメージしておくと道に迷わなくてすみます。

最終目標をイメージしながら
　分析の作業で最終的に目指すのは、現場の世界を具体的に描き出すということと、そしてその世界の捉え方（すなわち理論モデル）を示すということです。そのエスノグラフィーを読んだ人が、前者の点では「**そういう世界なのか**」、また後者については「**そういう捉え方があるのか**」という感想を持てば分析は成功したといえるでしょう。
　また論文の構成の観点から、分析の最終目標といえるのは次の3つです。

(1) 「設問」を明確にすること
(2) 「事例」を再構成すること
(3) 「鍵概念」を導き出すこと

以上の3点が論文の序論-本論-結論の核となります。

(1) 「設問」を明確にすること————→序論
(2) 「事例」を再構成すること————→本論
(3) 「鍵概念」を導き出すこと————→結論

これら目標が達成されれば、論文の中身がそろったといえるでしょう。

エスノグラフィーは具体的な実証と抽象的な理論のあいだで成立します。またエスノグラフィーの論文は設問から始まって、事例と理論を含む本論、そして結論と進行していきます。これを図にしてみました。

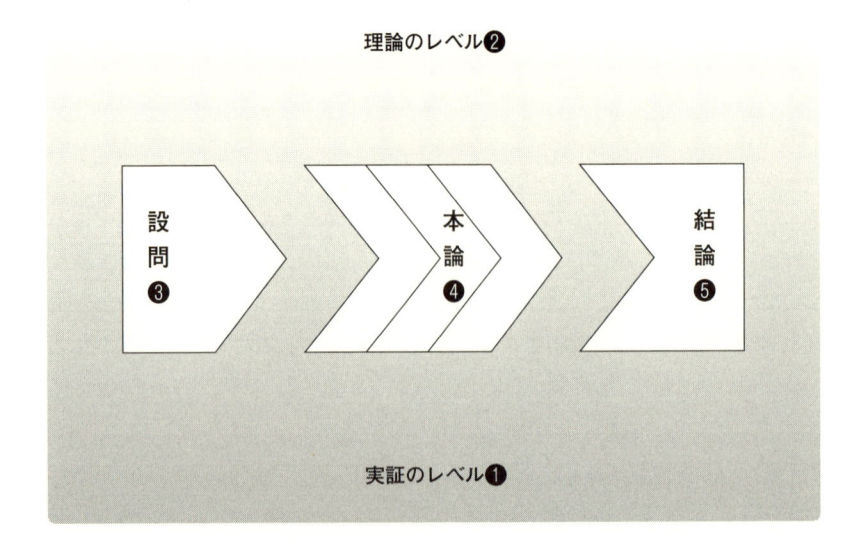

理論のレベル❷

設問❸ ＞ 本論❹ ＞ 結論❺

実証のレベル❶

いわばこれらがエスノグラフィー作品のパーツにあたります。このそれぞれを押さえれば、完成品を組み立てることができるようになります。
　❶から❺までの番号は、これから説明する①から⑤の各項の分析作業に対応しています。番号はあくまでも便宜的なもので、この通りに進むべき決まった順序ではありません。以下の説明を機械的に踏むべき手順ではなく、あくまでも最終目標を達成するための指針と考えて、柔軟に使いこなしてください。

> **10.2.1　分析の作業**

> **エスノグラフィー分析の作業**
>
> ①　データを読み込む
> ②　理論的テーマを読み取る
> ③　研究設問を練り上げる
> ④　概念と概念とを結びつける
> ⑤　結論を導き、理論的考察を行なう

> 作業①　データを読み込む

　現場で得られるデータのすべてを論文のために使うことはありません。取捨選択をして、研究設問に答えるために必要な素材を使うことになります。まずやることは、自分の手元にどんな素材（データ）があるのかをよく知るということです。これがデータを読み込むという作業です。
　その準備として、データを整えます。録音された音声を文字にしたり、断

片的なメモを完全な文章にしたりします。そして次にデータを読み込みます。何度もテクスト・データを読み返したり、ヴィジュアル・データを見返したりします。そうやってデータになじんでいきます。このときに行なうのが「見出し」をつける作業です。あるテクストや写真が何を表しているのか、どう要約できるのかを概念化していきます。それと共に、思い浮かんだアイディアがあればメモ書きしていきます。こうして自分が現場で得たものを把握し、見渡していきます。

データを整える
　まず集めてきたデータを、扱いやすいように整理します。

入力する：手書きのメモなどを、読みやすいようにワープロに入力します。録音した音声記録は文字化（トランスクリプション）して、トランスクリプト（文字変換されたデータ）を作成します（» p.166）。トランスクリプトは完全に逐語的なものから、重要だと思われる部分のみ文字にするものまで幅があります。そのつどの研究目的や条件に合わせて行ないましょう。

表にする：調査協力者、調査の日程などを一覧表にします。

ファイルする：プリントアウトしたフィールドノーツやトランスクリプト、収集した文書などを市販のファイルに綴じます。たとえばA4の大きさに統一したら扱いやすくなるでしょう。小さい新聞記事などはA4の白紙に貼り付けるという手があります。定型でない文書類で綴じにくいものは、市販のクリアポケットに入れてファイリングするとよいでしょう。
　電子化されたデータをコンピュータ上で分析していくこともできます。そのときにはコンピュータの「フォルダ」機能を活用して電子ファイルを整理しましょう。

データによくなじむ
　データによくなじみましょう。これはデータを繰り返し読んだり、聴いたり、見たりして、親しんでいく作業です。この作業を通して、現場調査のと

きには気づかなかったことに気づくことがあります。さらにどこに何が書いてあるのか、誰がいつそう言ったのかが頭の中に入ってきて、データのあいだの関係性をつかみやすくなっていきます。さらにデータの意味することが浮かび上がってくることにもつながります。インタビューを文字変換した文書をくりかえし読むだけでなく、口調のニュアンスが残った録音をくりかえし聴くことも有効な作業です。これらの作業で新たに気づいたこと、考えたことは書き留めていきます。その場合、もとのデータと区別できるように改行して日付を入れるとか、ワープロの「コメントの挿入」機能を使うとよいでしょう。

　ここで「なじむ」という表現を使っているのにはわけがあります。データになじんでいくプロセスは、見知らぬ街になじんでいくことに似ています。みなさんが旅行や引越しではじめての街に入ったときのことを思い描いてください。何がどこにあるのか、この道とあの道とがどうつながっているのかがよくわからなくて、道に迷うこともあるでしょう。しかし何度も街を歩くことで、建物や道の位置関係が把握できて迷うことはなくなっていくでしょう。これは、その街になじんだということです。

　街を歩いていて迷ったとき、みなさんならどう解決するでしょうか。人に尋ねることもあれば、地図を参照することもあるでしょう。データになじむときにも、やはりどうしてもわからないということがでてきます。この場合、「道を人に尋ねる」ということは、補足調査をすることに相当します。わからないことを現場の人に問い合わせたり、文献で調べたりするわけです。そうしてわかったことはデータとして追加されます。現場研究の場合には、「地図」に相当するものはありません。むしろ**エスノグラフィーの分析とは、まだ地図がない街の地図をつくっていくという作業**だといえるかも知れません。地図は街そのものではありません。街のある部分を選び出し、それ以外の部分は削って、その街の捉え方を図にしたものが地図です。地図には作成者によって何通りものつくり方があります。肝心なことはその地図によって、その街のことがよくわかり、迷わないようになり、目的地がすぐ見つかるようになることです。場合によっては、その街の住民にとっても地図が役立ちます。エスノグラファーはいわば、そのような「地図」を手づくりで作成していくわけです。

データに見出しをつける

　データを読んでいくと、内容的にある程度まとまった固まり（データの分節ともいいます）があることに気づきます。その固まりに「見出し」をつけていきましょう。最初のうちは、そのデータの部分に密着した、具体的な見出しにしたらよいでしょう。

　この部分は何を表しているのか、この固まりにぴったりの名前は何か、とデータに問いかけてください。見出しに唯一の正解はありません。ひとつのデータ部分に複数の見出しをつけることもできます。また複数のデータ部分が同じ見出しのもとにまとめられることもあるでしょう。

　エスノグラフィー分析とは概念化だと述べました。実はこの見出しつけ作業自体が立派な概念化であり、データ分析を実行していることになるのです。この作業を通して、見出しとデータとのセットが得られます。また後々論文を書くときに、これらの見出しは章や節の見出しとしても生きてくることになります。

　かなりの量のデータが集まった場合、そのすべてに渡って見出しをつけていくことはたいへんな作業です。必ずしもそこまですることはありません。データを読み込んでいくうちに、この次の②や③で説明する理論的テーマや研究設問が明らかになっていくでしょう。研究は設問に答えられるようになった時点でいったん完了になります。だから見出しつけ（＝データに密着した概念化）の作業は、設問に関係するデータに関してのみ行なったらよいということになります。

実例 フィールドノーツ————————————「よみがえる朝鮮通信使」

　次のテクストは私が対馬での調査で書いたフィールドノーツからの抜粋ですが、どのような見出しをつけられるでしょうか。

　　万松院への道の途中、宗家の城跡を利用して観光物産協会、歴史民俗資料館などが集まっている所があった。資料館は本日休み。物産協会でパンフレ

ット類をもらった。ハングル版があった。韓国との近さを、壱岐（九州よりにある別の島）−厳原（対馬南部の町）間よりも釜山−比田勝（対馬北部の町）間の方が近いと表現していた。『国境の島』というキャッチフレーズも使われている。　　　　　　　　　　　　　　　　　　　　　　　（3月13日）

　このテキストの後半の部分に焦点をあてて、ひとまず「韓国との関係づけ」とか「『国境の島』としての自己定位」といった見出しが考えられます。こうしてある見出しを立てれば（＝概念化すれば）、同じ見出しがあてられる別のデータと比較することができるようになります。

実例　インタビュー・データ────樺太引揚者のライフストーリー

　学生のNさんは、ボランティア活動でたまたま知り合った女性Kさんが戦後に樺太から引き揚げて来たということを知ります。その体験に興味をもったNさんは、Kさんとインタビューを行ないます。以下はそのデータ分節です。

　　私たち豊原って言う駅の前でね、自分の家に帰る汽車を待ってたでしょ。それで遅くなって出たんだけど、その次の日かな。空襲があった。そこの駅の前で待機していた人だいぶ亡くなった。終戦後だよ。いい加減な国でしょ。

　これにどんな見出しをつけたらいいでしょうか。空襲を中心に「終戦後の空襲」とすることができるでしょう。あるいは終戦に焦点をあてて「あいまいな終戦」という見出しも面白いです。
　次は別のデータの分節です。

　　故郷はやっぱり樺太だねぇ……樺太。でも芦別（北海道の地方都市）もどんどん遠くなっていくね。札幌が長くなったから。

これはどうでしょうか。前半部分には「故郷としての樺太」という見出しがつけられるでしょう。また全体的に「遠ざかる故郷」としてもよいかもしれません。

現場語を解釈する

現場でローカルに使われている言葉（現場語・現場概念）に焦点をあてて、その意味を解釈します。現場語は、現場の世界を理解し、描き出す上できわめて重要です。

そのときに気をつけるべきことは、なじみの言葉に翻訳して理解したつもりにならないということです。外国語なら、辞書に載っている訳語に安易に置き換えてはなりません。訳語はせいぜい解釈のひとつだと考えましょう。日本国内で、日本語が用いられている現場であっても、その現場語は独自の意味で使われている可能性があります。それが使われているローカルな文脈の中で繊細に理解をしていきましょう。第7章の該当箇所を再読してください（▶ p.127）。複数の現場語間の関係性を図にしてみると、見通しが得られやすくなります。

実例 ─────────────── 『「女の仕事」のエスノグラフィ』

中谷のバリ島における女性の仕事に関するエスノグラフィー（中谷2003）から、重要な現場語・現場表現を抜き出して、その関係性を図にしてみました。

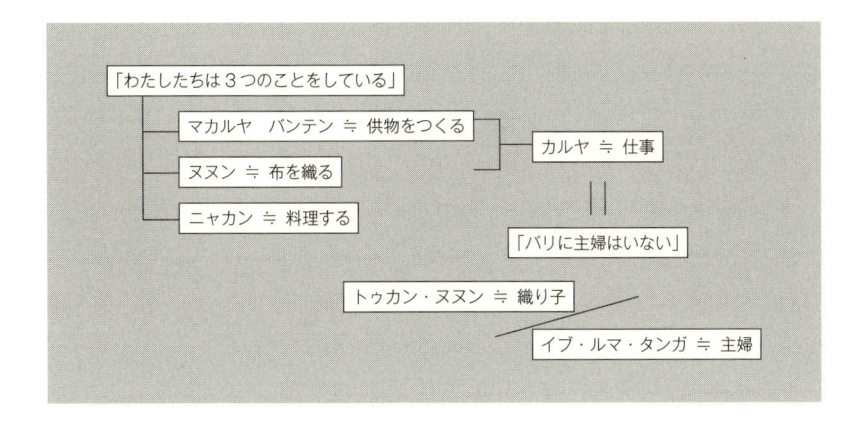

```
┌─────────────────────────────────────────────────────────┐
│  ┌─「わたしたちは３つのことをしている」                    │
│  │  ┌─ マカルヤ　バンテン ≒ 供物をつくる ─┐              │
│  ├──┼─ ヌヌン ≒ 布を織る                 ├─ カルヤ ≒ 仕事 │
│  │  └─ ニャカン ≒ 料理する               │      ‖        │
│  │                                      │ 「バリに主婦はいない」│
│  │         トゥカン・ヌヌン ≒ 織り子      │               │
│  │              イブ・ルマ・タンガ ≒ 主婦                │
└─────────────────────────────────────────────────────────┘
```

バリ島の女性の「仕事」に関する現場概念の関係図

　この著作において、現場語はそれによって再構成と章立てがなされるほど重要な役割をしています。≒の右側に置いた日本語は近似する言葉で、これで置き換えられるわけではありません。中谷は、バリの女性たちが使う言葉を現地の文脈の中で理解していくことを通して、経済的報酬だけに結びつけられないバリに独特の「仕事」観を浮かび上がらせます。

　日本語で「あなたの仕事は何ですか？」と問うような場合、この「仕事」は賃金労働の意味になります。一方、バリ島で仕事にあたる「カルヤ」という現場語には、賃金が得られる労働（ヌヌン＝布を織ること）以外に、経済的報酬に結びつかない儀礼の準備（マカルヤ　バンテン＝供物をつくる）も含まれます。この両方が、バリ農村の「女性の仕事」と考えられています。それに対して日本語の「家事」にあたる、ニャカン（＝料理する）は必ずしも女性の義務とされず、男性もそれを受け持っています。こうした現地に独特な「仕事」観に基づいて、中谷は「バリに主婦はいない」という日本人にとっては驚くようなフレーズをも読み解いていきます。

イメージを言葉にする

　データに接しているうちに、現場に関する直感的なイメージが浮かんでくることがあります。それにふさわしく言葉にしていきましょう。これがイメージの概念化です。概念化を、フィールドノーツやトランスクリプトなど、

「言語データ」の処理とだけ考えると狭くなってしまいます。みなさんが現場でつかんだイメージをよく思い起こし、それを「言葉にしていく」という内面的な作業も、非常に大切な分析の一環となります。

　イメージと身体と言葉とは関係し合っています。イメージがうまく言葉にできたとき、「それだ！」という感覚と、身体が楽になったような感覚とが訪れるでしょう。逆に言葉がイメージから逸れているときには、フラストレーションの感覚が去らないと思います。このようにイメージを概念化するときには、身体的な感覚にも気をくばりましょう（» p.170）。

文脈を調べる

　データを読み込んでいく中で、関わりのある文脈についても文献やウェブを使って調べていきましょう。その発言、出来事、行動などの文脈は何かと問うのです。この場合の文脈として、地域的・時代的・歴史的・政治的・経済的文脈が考えられます。

▶ 実例 ──────────────────────「よみがえる朝鮮通信使」

　この研究ではたとえば、対馬・厳原町の地域の祭りに朝鮮通信使行列が取り入れられた1980年前後の経済的文脈について文献やウェブを使って調べ、さらに現地の調査協力者にメールによるインタビューもしました。この頃の対馬は、人口流出が進み、産業振興も行き詰まった状況でした。この文脈の中で、朝鮮通信使行列は観光資源としての意味づけがなされていたことが明らかになりました。

データを事例としてまとめる

　この段階では、調べている事例の事実関係をまとめます。それは自分の頭の中で情報を整理するためと、他人にどんなことを調べたのかが説明できるようにするためです。この作業をすると足りない情報がわかってきますから、適宜調べて補足します。この作業を事例の再構成と呼びましょう。

たとえば、対馬調査の場合では、朝鮮通信使行列が復興される時間的な推移を表にしました。それが巻末のミニエスノグラフィーに取り入れた「朝鮮通信使と現代の対馬　関連年表」（» p.327）の基礎になりました。人物とナラティヴ・インタビューをしたのなら、その語り（ナラティヴ）を文字変換したものに見出しをつけ、読んで理解できるようなかたちにします。
　これらの作業も再構成の一種です。後の「④概念と概念とを結びつける」で述べる再構成との違いは、この段階での再構成はあくまでも具体的なデータの整理の一環である点です。これに対し④では理論的な切り口に基づいて事例を構造化します。先取りすると、④では、記憶論の視点から対馬における朝鮮通信使復興のプロセスを組み立て直すやり方を取り上げています。後ほど詳述しましょう。

問い、謎、戸惑いに焦点を合わせる

　現場で直面した問い、謎、戸惑いを思い返して、それに焦点をあてましょう。データを読み込んでいるときにも、新たにそうした発見があるかもしれません。それらに焦点を合わせて、概念化をしましょう。収まりが悪く、うまく説明のできない問いが、研究設問へと発展し、理論的な発見を生むことになる可能性があるからです。
　これについては、第6章の「『戸惑い』から問題へ」の節を読み返してください（« p.109）。

作業 ②　理論的テーマを読み取る

　次に行なうのが、データと理論的テーマとを結びつける作業です。理論的テーマはデータの中にありません。研究者がこれを読み取るのです。つまり理論的テーマとは分析概念の一種です。「**この具体的な事象は何の事例なのだろう？**」という問いの「**何の**」にあたるのが理論的テーマです。言い換えると、理論的テーマとは「**この事例を通して何を論じることができるだろう？**」の「**何を**」に相当します。対馬と朝鮮通信使の研究で、私は「この事

例を通して**記憶を論じることができる**」と考えました。つまり「記憶」がテーマとなりました。テーマの設定は、自分の調査を研究の世界に位置づけるために必要なステップです。

ここでいう理論的テーマは、具体的な事実よりも抽象的な議論の領域にあたります。**理論的テーマを読み取るとは、調査の対象を捉えるための切り口ないし視座を定めるということです**。研究の「理論的視座」あるいは「理論枠組み」を定めることだと言い換えることもできます。

理論的テーマを設定する意味はどこにあるのでしょうか。それは具体的な事実の報告だけに終わらない**俯瞰的な視点を得る**ことです。それによって、調査対象と他の事象との比較も可能になります。詳細な事例の記述だけが延々と続くエスノグラフィー報告というものを見かけますが、それに接して感じるのは「それで何が言えるの？」という疑問です（むろん優れた事例報告には、それだけで思考を喚起する力があるものですが）。この「何が言えるの？」に対して、「これが言える」という答えにつながるのが理論的テーマなのです。

　　この事例を通して何が論じられそうか？
　　どんな切り口から分析ができそうか？
　　これは何の事例といえるか？

これらの問いを向けながら、データの読み込みを進めていってください。煮詰まってしまって、どうしてもいいアイディアが浮かばないときには、いったんデータ・事例から離れることも大事です。距離を置くことでひらめくかもしれません。ふと手に取ってみた直接関係のない文献からヒントを得られることもあります。

さらに理論的テーマは研究分野とのパイプ役としての機能を果たします。テーマの設定によって、その研究ははじめて研究としての位置づけを得るのです。「XX研究」とか「YY論」という場合のXX、YYにあたるのが理論的テーマです。文化人類学の分野で近年取り上げられるテーマを改めて列挙しましょう。

> ジェンダー・人の移動・歴史・開発・エスニシティ・日常
> アソシエーション・都市・紛争・抵抗・会社・テクノロジー……

　適切なテーマを立てるには、研究の世界で何が論じられているのかを知らなければなりません。勉強が必要です。そのためにひとまず役に立つのは、概念力や先行研究の章でも紹介した当該専門分野の「用語集」「事典」を開くことです（》p.348）。

　文化人類学の分野では、その点で最近優れた出版物があります。『文化人類学事典』（丸善）、『文化人類学キーワード』（有斐閣）、『文化人類学最新術語100』（弘文堂）などです。これらにはそれぞれの用語に関する文献も掲載されているので、さらに踏み込んで学ぶことができます。しかし、やはりそこで見つけた概念を、安易に用いるべきではありません。

　重要なことは、現場の対象をよく観て、それによくフィットしたテーマを見つけることです。現場で経験したことを言葉にするのはそれほど簡単ではありません。しかしそのためにじっくり時間をかけてみましょう。それでもなかなかピタリとくるテーマが思い浮かばないとき、ふと開いた文献で「これだっ！」と思う言葉と出会うかもしれません。「**これなら自分が現場で感じたことをよく捉えることができそうだ**」という実感を伴う概念が、理論的テーマとして適しているのです。

　文化人類学を専攻分野としてエスノグラフィー研究をするというときでも、必ずしもこの分野で標準的なテーマを設定しなくて構いません。歴史学、社会学、心理学、哲学など他分野で研究の蓄積があるテーマを選んでもよいのです。重要なことはそのテーマが、みなさんが現場で経験したこと、データから読み取ったことを分析するに適したものかどうかという点です。研究としてのつじつま合わせをしようと、現場の経験に無理やりにテーマを押しつけるのはまずいやり方です。

column　　　　　　　　　　　　カタカナ語に頼るべからず

　「アイデンティティ」「マイノリティ」「グローバリゼーション」などのカタカナ語が理論的テーマとして使われることがあります。しかしそういう言葉の扱いには注意が必要です。(「多文化共生」などのちょっと長い漢語も同様。) そういう言葉を使っただけで分析をしたような気になってしまうからです。またそれだけでいかにも「研究」をして「論文」を書いているかのような錯覚に陥ってしまうからです。それによって思考停止してしまうおそれがあります。理論的テーマとはそこで思考を止めるものではなく、そこから思考を始めるものでなくてはなりません。そういう言葉をテーマとして立てていけないというのではなく、事象を捉えていくためにそれを使う必然性と適切性、およびリスクをよく考えなければならないということです。たとえば「アイデンティティ」をテーマとして、「そのエスニック・マイノリティはどのようなアイデンティティをもっているのか」という問いを立てるとします。この問いは、人は特定の帰属意識をもつものだという観念を前提にしています。しかしそのような考え方自体が歴史的に特異なものです。無批判に「アイデンティティ」という概念を用いることは、その罠にからめ取られてしまうことになります。使うのであれば研究の世界での議論をよく踏まえ、検討した上でその概念を使うべきです。アイデンティティ概念に関しては、たとえば鄭 (2003) が批判的な議論を展開しています。

ひらめきによる理論的テーマの発見

　具体的な素材から理論的テーマを読み取るときには、ひらめき型の推論、すなわち**アブダクション**を行ないます。それは事実のレベルから、理論のレベルへの飛躍をするということです。アブダクションは事実の断片から、それを説明しそうな枠組みを洞察することです。

　卒業論文研究を進めている学生の指導をしているときなどに、「これで行

ける」という感覚をもつことがあります。「これでこの人の卒論は成り立つ」「このまま行くとうまく行く」という感覚です。その感覚を振り返ってみると、「**調査対象によくフィットした理論的テーマを発見した**」瞬間だといえそうです。アブダクティブな理論的発見ができた、それが言葉になった、と思えたときです。それまでの「迷い」の時期からの「飛躍」として訪れます。そこで働くのが「ひらめき」です。

「ひらめき」とか「思いつき」というとなんとなく「非科学的」というイメージがあるかもしれませんが、それこそが理論的な発見をもたらすものなのです。ひらめきは非科学的どころか、研究遂行上きわめて重要な働きをします。(▶p.194 コラム「アブダクションとホームズの推理」)

ひらめくための方法

ひらめきがいつ訪れるのかは計算しがたいものです。しかしそれが訪れやすくなるような条件を整えることはできます。そのための工夫のいくつかを参考までに挙げておきましょう。

- 次のような問いかけをデータに向かって行なう。
    - 「このデータは何の事例だと言えるだろう？」
    - 「この事例を通して何が論じられそうか？」
    - 「この具体的な事例をどう捉えたらいいだろう？」
    - 「どんな切り口から分析ができそうか？」
    - 「現場で出会った謎をどう説明できるだろう？」
- 似た事例と比較する。
- 頭の中にあることを書き出してみる。
    (後に説明する「④概念と概念とを結びつける」を参照。)
- いったんデータから離れてみる、寝かしておく。
- 関係がありそうな文献を読んでみる。

> **実例** ────────── ドイツの教会アジール／「よみがえる朝鮮通信使」

　私は教会アジールという事象についてドイツで調査をしました（小田2008）。キリスト教徒を中心とする市民が、国家によって難民と認定されない難民を保護する運動です。この調査対象を分析していくためのテーマとして「歓待（hospitality）」を立てました。それはこの現象に「よそ者をコミュニティがいかに受け入れるか」という「歓待」の側面があったからです。歓待を盛んに論じたのはジャック・デリダやエマニュエル・レヴィナスといった哲学者です。よって歴史学や人類学における歓待論の文献と共に、哲学の文献も参照しました。

　他の例を挙げると、対馬の朝鮮通信使行列の研究では「記憶」をテーマとしました。対馬の厳原町を訪れた初日に、町に立っている石碑をみて「記憶」がテーマとなることを直観していました。記憶論は近年の歴史学において盛んになっています。

---

column　　　　　　　　　　　　アブダクションとホームズの推理

　アブダクションとは、ある具体的な事実を説明しそうな仮説を導き出すことです（米盛2007を参照）。チャールズ・パースという哲学者が演繹（デダクション）、帰納（インダクション）と並ぶ三つ目の推論のやり方として定式化したものです。

　説明できないような事象を目の前にして、それを説明し得る枠組みを考え出そうとするときに、アブダクティブな思考が働き始めます。おそらく歴史上もっとも有名なアブダクションのひとつは、ニュートンが落下するリンゴを観察して、「万有引力」の仮説をひらめいたことでしょう。

　この例でニュートンが天才的なのは、「万有引力」をひらめいたことだけではなく、リンゴの落下という何でもないことに解くべき問いを見

出したことです。普通ならあたりまえのこととして見逃してしまうような事柄に驚きを感じること。目の前のものごとに問題を発見する能力。これがアブダクティブな発見の前提となります。

　名探偵シャーロック・ホームズの推理も実にアブダクティブです。ホームズは普通なら見逃してしまうような些細なことに目をとめます。そしてそこから思いもつかないような推理を展開します。たとえば、ワトソンが履いている靴の内側に引っかき傷があることから、彼が最近雨の中を歩いたことと、不器用で無神経なメイドを雇っていることを当ててみせます（ドイル2006）。

> 作業 ③　研究設問を練り上げる

　理論的テーマを定めたことは、研究のスタートラインに立ったことを意味します。ですが、まだ研究そのものがスタートしたとはいえません。研究上の問題設定（研究設問）をして、研究は本格的にスタートするからです。研究設問は、現場調査やデータの読み込みで発見した問いに理論的テーマを結びつけて、疑問文のかたちで言語化します。

　論文の冒頭で述べられる「この研究では……を明らかにする」の「……」に入る表現が研究設問です。これはすなわち研究目的にあたります。これによって論文の独創性や一貫性が確保できるものですから、問題設定の作業はきわめて重要です。

事例と理論的テーマを組み合わせて問題を立てる

　すでにみなさんは自分が調べた事例にふさわしい理論的テーマを考えています。ここで行なうのは、その理論的テーマと事例とを組み合わせて、疑問文のかたちで研究上の問題を適切に絞り込み、明確化する作業です。

📁 **実例** ──────────────────────────「よみがえる朝鮮通信使」

　現代の対馬における朝鮮通信使行列に対して「記憶」というテーマを立てました。現代の朝鮮通信使行列復興が「事例」、記憶が「理論的テーマ」にあたります。これをどう疑問文のかたちに組み合わせられるでしょうか。

> **最初の設問：**
> 「現代の対馬において朝鮮通信使の記憶がいかに扱われているのか。」

　これが最初に立てた問題です。
　この問題をもとに分析を進めていくと、対馬で朝鮮通信使の記憶がよみがえるきっかけとして大阪に住む在日コリアンの映像製作者が決定的な役割を果たしたことがわかりました。この重要なエピソードを論文に取り入れたいと思ったので、「対馬における」を「対馬との関係」と変更することにしました。さらに「記憶（memory）」のカテゴリーに含まれる行為の中でも、「想起する（remembering）」が関わること、それが映像製作や仮装行列などの実践に結びついていること、そしてその実践が地域社会としての対馬の位置づけを変える結果になっていることが明らかになっていきました。そこで設問を細分化して、以下のように練り直しました。

> **練り直した設問：**
> 「現代の地域社会である対馬との関係で、
> 朝鮮通信使の歴史がいかに想起されてきたのか、
> それはどのような実践としてあらわれ、
> どのような結果につながったのか。」

📁 実例 ───────────────────── 『「女の仕事」のエスノグラフィ』

　中谷（2003）はバリ島においてフィールドワークを行ないました。この場合の事例はバリの農村社会におけるさまざまな女性たちの日常の営みです。そしてそこに「女性の仕事」という理論的テーマを読み取りました。それによって、バリの事例を通して女性と仕事との関係について捉え直し、日本の現状についても問いかける理論的視座を展開しています。ここでの研究設問はこのようになるでしょう。

　「バリ島農村の女性たちにとって
　『仕事』はいかなる意味をもっているのか。」

　第9章（« p.149）で説明したように、エスノグラフィーにおける問い／問題は固定したものではなく、変化し、育っていくものです。研究設問が、論文執筆の最終段階になって始めて明確になるということすらあります。調査と分析の進行の中で、設問が育ち、それに対応して分析も展開していくのです。

📁 実例 ───────────────────── 完成した研究設問

　実例としていくつかの文献から研究設問を抜き出してみました。どちらも明快な文章です。研究設問を植物にたとえると種（たね）にあたります。よい種が生長して大樹になるように、この3行程度の設問がそれぞれ大部の書物へと育っているのです。

野元美佐『アフリカ都市の民族誌』より
「本書の目的は、カメルーン共和国の首都ヤウンデに暮らす都市居住者が、いかに貨幣を動かしているのか、なぜそのように動かすのかを明らかにすることである。」
　　　　　　　　　　　　　　　　　　　　　　　　　（野元 2005：18）

小熊英二『単一民族神話の起源』より
「大日本帝国時代から戦後にかけて、『日本人』の支配的な自画像といわれる単一民族神話が、いつ、どのように発生したかを歴史学的に調べ、その機能を社会学的に分析すること。」
(小熊 1995：5)

主問と副問
　基本的に研究設問は一文にまとめられます。しかし、事例やテーマに関わる複数の側面に応じて、いくつかの副問に分けられるでしょう。論文の構成の点では、**序論で主問を説明し、本論ではいくつかの副問によって章を分け、結論は本論を踏まえて序論に対する答えを導き出す**というやり方をとることもできます。

■ 実例 ─────────────────────「よみがえる朝鮮通信使」

　この例を再び取り上げてみましょう。ここで行なうのは、上で挙げた「練り直した設問」を分解して、主問と副問にわけていく作業です。

> **練り直した設問：**
> 「現代の地域社会である対馬との関係で、
> 朝鮮通信使の歴史がいかに想起されてきたのか、
> それはどのような実践としてあらわれ、
> どのような結果につながったのか。」

これは次の主問と副問にわけることができます。

> 主問：現代の対馬との関係で、朝鮮通信使がいかに想起されて
>   きたのか。
> 副問：それはどのような実践としてあらわれたのか
> 副問：そしてどのような結果につながったのか。

分析を進めていくと、主問で問われる想起はいくつかの段階でわけられる、長いプロセスを成していることが明らかになりました。そこで次のように主問を設定しました。

> 主問′：朝鮮通信使が想起されるプロセスには、どのような段階
>   があるのか。

そしてそのプロセスの各段階には上の2つの副問を含む、複数の要素（想起の担い手〔アクター〕、通信使への意味づけ、実践の内容、その帰結）がみられることがわかりました。これを問いのかたちで表すと次のようになります。

> それぞれの段階において、
>
> 副問（1）：誰がアクターとなっているのか。
> 副問（2）：朝鮮通信使はどう意味づけられているのか。
> 副問（3）：朝鮮通信使の想起がどのような実践につながったのか。
> 副問（4）：朝鮮通信使に関わる実践が、どのような帰結をもたらしたのか。

後ほどくわしくみてゆきますが、ミニエスノグラフィー「よみがえる朝鮮通信使」では、本論にあたる章（Ⅲ　転調する朝鮮通信使の記憶と対馬）を、主問′に応じて3つの節に分割しました（1　もうひとつの関係性、2　観光資源としての通信使行列、3　国境を越えた地域社会へ）。ミニエスノグラフィーの

目次で確かめてください（»p.307）。副問（1）、(2)、(3)、(4) の答えはそれぞれの節に織り込んで述べ、さらに結論で表にまとめました（»p.327）。

課題　自分の事例と理論的テーマを使って研究設問を考えよう。

作業 ④　概念と概念とを結びつける

　エスノグラフィー分析で根本的に大事な点をここで確認しておきます。現場におけるものごとの結びつき（＝関係性）をまず明らかにします。自分の先入見は横に置いてください。例えば「知床」と「自然」とが結びつくはずだと考えてしまわずに、現場ではそう結びつけられているのかと問うのです。そう結びつけているのが自分なのか、現場の人びとなのかを自問しながら分析を進めましょう。現場での関係性を明らかにしてから、その関係性と、それを捉えるに適した分析概念とを結びつけていきます。

　さて、これからは③で明確になった設問をデータに向けます。再びデータの読み込みを行なうのです。第一段階（»p.181 作業①データを読み込む）で行なった読み込みと違う点は、今回は焦点が絞られていることです。ここではだんだんと理論的なレベルでの概念化に移っていきます。ある程度分析が進んで多くの概念が出てきたら、立ち止まって、今度は概念と概念との関係性を分析します。そして「鍵概念」、すなわち設問を解く鍵となるような概念を形成するにいたります。

設問をデータに向ける

　理論的なレベルにもまたがった設問をデータに向けましょう。これでより焦点を絞った分析ができます。

　私は対馬と朝鮮通信使に関して集めたデータに、「朝鮮通信使がいかに想起されたのか、それと対馬とがどう関係しているのか」という設問を向けました。その結果、その想起の担い手となった人びと、時代的文脈、その想起によって引き起こされた行動、その行動の結果などに関わる概念が浮かび上

がってきました。

概念のあいだの関係性を考察する

　複数の概念が出てきたままだと、混乱して、何がわかったのか人にもうまく説明できません。今度はこれらを整理して、設問に対する解答、すなわち結論を導いていきます。

関係性を図にする

　関係性を明らかにしていくために役に立つのが、複数の概念を書き出して、一望の下に眺められるようにし、それぞれのあいだの関係性を考える作業です。「作業①データを読み込む」ですでに、現場概念の関係性を図にする作業を説明しました（▶ p.186）。ここでは現場概念だけでなく、分析概念も含めて、研究全体に関わる概念の結びつきを図にしてみましょう。

　もっとも手っ取り早いのは一枚の紙の上に書き出すことです。これでもそれなりの見通しが得られます。自分の研究内容について重要だと思うことを何でも挙げていってみましょう。調査対象は、理論的テーマは、設問は、キーワードは、浮上した概念は……

　別のやり方として、小さい紙片やカードに概念を書いていくこともできます。その利点は並べ替えが可能になることです。共通性のありそうな概念同士をまとめて置くことで、よりはっきりとその共通性、そして全体の中での位置づけがみえてきます。

　他の人とデータを共同分析するには、黒板やホワイトボードに概念を書き出していってもよいでしょう。あるいは紙にマジックで概念を書いて、ホワイトボードに磁石で貼り付けるやり方も有効なはずです。

　コンピュータをこの作業に用いることもできます。ワープロや表計算のソフトウェアを使って概念を書き出すのです。全体を見渡すには、ある程度大きいディスプレイが有利でしょう。

　たとえば、私はこのようにします。ワードで、「印刷の向き」を「横」にし、「図形」の機能を使ってまず「新しい描画キャンバス」をページいっぱいに広げます。そしてその上に適当な大きさの「テキストボックス」を白紙のまま置いていきます。できるだけたくさん用意しておくといいでしょう。

そしてそのテキストボックスの中に概念を書き出していくのです。こうすると、描画キャンバスの好きな位置に、テキストボックスを置くことができます。さらに線、矢印、図形を描き加えて、概念間の関係性を図化することも可能です。

実例 概念関係図①――――――――――「よみがえる朝鮮通信使」

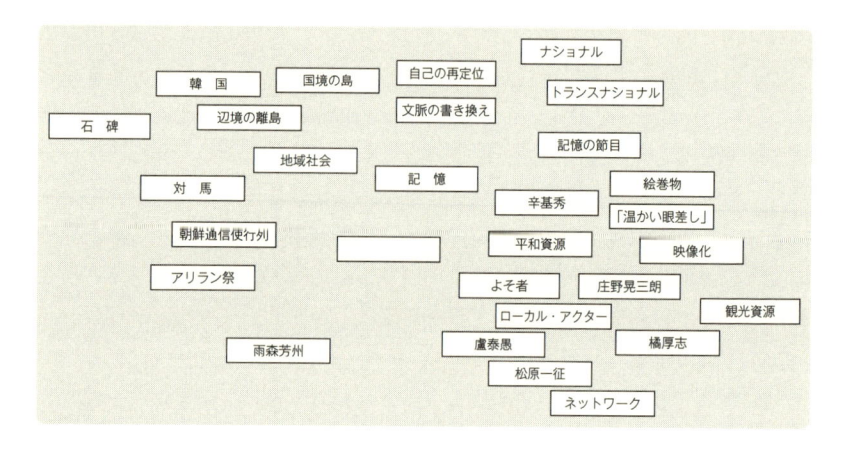

（概念関係図：韓国、国境の島、自己の再定位、ナショナル、石碑、辺境の離島、文脈の書き換え、トランスナショナル、地域社会、記憶の節目、対馬、記憶、辛基秀、絵巻物、朝鮮通信使行列、平和資源、「温かい眼差し」、映像化、アリラン祭、よそ者、庄野晃三朗、ローカル・アクター、観光資源、雨森芳州、盧泰愚、橘厚志、松原一征、ネットワーク）

概念関係図①

　図の上の方に「国境の島」「自己の再定位」という概念がありますね。これは184ページの実例でフィールドノーツをもとに考えた見出しに登場した概念でした（「『国境の島』としての自己定位」）。このようにしてデータから考え出された概念が今はまだバラバラに浮かんでいる状態です。これから、概念と概念の関係を読み取り、組みあわせ、鍵概念を発見し、理論へとつないでゆきます。この図がどのように構造化されてゆくか、さらにみてゆきましょう。

課題 共同分析のセッションをしよう。
　　　　自分が調べたデータをもちよって他の学生や同僚と共同分析

してみましょう。他の人が思わぬ発想をしたりして、よい概念化のヒントが得られるものです。共同分析の際は、そのデータの背景や研究の文脈をよく説明して他の人に理解してもらうことが必要です。授業（演習）で行なえれば教員のコメントも得られるのでよいですが、自主ゼミのかたちでやることにも十分意味があります。

鍵概念をつくり出す

エスノグラフィーとは扉を開いて、その向こうに未知の世界を発見することです。扉を開くには鍵が必要です。エスノグラフィーでは言葉（概念）によって、人びとが生きる世界への扉を開きます。その働きをする概念をここでつくりましょう。分析の結果現れてくるたくさんの概念の中でも、現場への扉を開く鍵となる概念を「**鍵概念**」[1]と呼ぶことにします。

鍵概念はエスノグラフィー研究において2つの役割をもっています。

> 鍵概念：（1）調査対象を的確に把握する役割
> 　　　　（2）既存の研究分野に接合する役割

鍵概念は、理論的テーマと同じく、**具体的な調査対象と抽象的な理論枠組みとをつなぎあわせる「蝶つがい」**の役割をします。エスノグラフィー研究は2つの世界のあいだで成立します。

ひとつは現場の世界です。エスノグラファーが調査のために出かけていく、人びとが生活し実践している現場です。もうひとつは研究の世界です。研究者が何らかの学問的問題に取り組んでいる世界です。**鍵概念とはこの2つの世界をつなぐ言葉**です。鍵概念の発見においても「ひらめき」がものをいいます。

---

1) ここでの「鍵概念（キーコンセプト）」は、グラウンデッド・セオリー・アプローチにおける「コアカテゴリー」とほぼ同じものです。「鍵」のイメージをここでは重視しました。

鍵概念は必ずしもひとつの単語でなくてもよく、必要ならいくつかの語からなるフレーズとなってもよいでしょう。

📁 実例 ————————————————————「よみがえる朝鮮通信使」

　朝鮮通信使が想起される現場を分析していくと、想起の前の段階で、ローカルなアクターたちが何らかの問題に直面していることが浮かび上がってきました。それは在日コリアンに向けられる差別であるかもしれないし、対馬の経済的な行き詰まりかもしれません。この状況で朝鮮通信使の想起が偶発的な出来事をきっかけに起こり、それをヒントに問題解決のための新しいアクションが起こされます。そのアクションは対馬に関してそれまでにない結果をもたらします。

　ここで特徴的なのは、ローカル・アクターたちが朝鮮通信使の記憶を用いる独特のやり方です。自分たちが現在置かれた不利な位置づけを、未来に向けて好ましく書き換えるために、創造的な記憶の用い方がなされているのです。その例として、朝鮮通信使行列を港まつりの仮装行列に取り入れたり、地域間のネットワークを形成したりすることが挙げられます。

　私はこの分析結果と、フランスの歴史家セルトーが『日常的実践のポイエティーク』（セルトー1987）で使った「民衆の日常的実践の技法」という概念との間に共通性があると考えました。セルトーはそこで、権力をもたない民衆が、既存の制度や仕組みを自分たちに有利なように流用する様を描き出しているのです。朝鮮通信使のケースには、歴史的出来事の想起の仕方にこの民衆的技法が発揮されていると言えるでしょう。こうした考察を踏まえて考え出したのが「記憶の技法」という鍵概念でした。

　「既存の理論」との関係において、「理論あてはめ」との違いがわかるでしょうか。ここでもたしかにセルトーの理論は「あてはまる」のですが、ただそれだけで終わらずに、セルトーの理論にはない「記憶」と結びつけるなどして、対話的に議論を展開しています。

　他の理論をあてはめて「終わり」とするか、そこから議論を「はじめる」かの違いです。

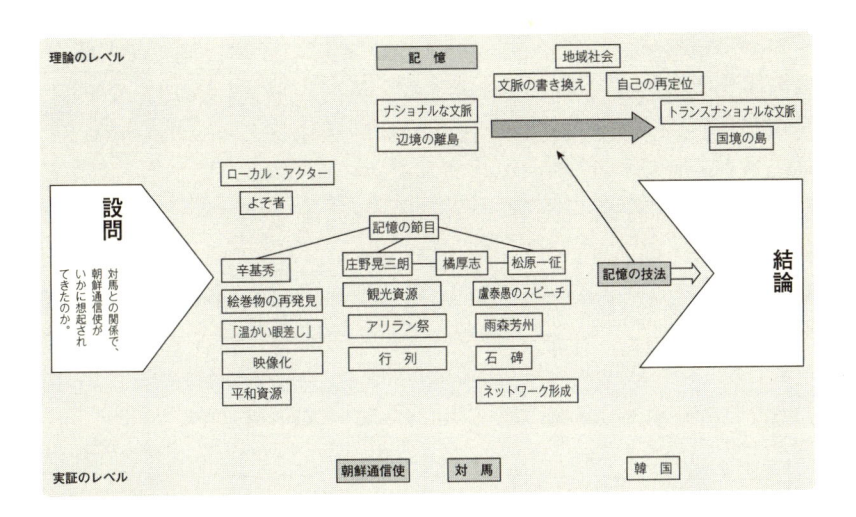

📁 **実例** 概念関係図②　　　　　　　　　　　　　　「よみがえる朝鮮通信使」

```
理論のレベル
                        ┌記 憶┐        ┌地域社会┐
                    ┌文脈の書き換え┐ ┌自己の再定位┐
           ┌ナショナルな文脈┐      →      ┌トランスナショナルな文脈┐
           └辺境の離島  ┘                  └国境の島      ┘
       ┌ローカル・アクター┐
       │よそ者      │
  ┌───┐        ┌記憶の節目┐                          ┌───┐
  │設問│  辛基秀  庄野晃三朗 橘厚志 松原一征  記憶の技法  │結論│
  │   │  絵巻物の再発見 観光資源 盧泰愚のスピーチ        │   │
  │   │  「温かい眼差し」 アリラン祭  雨森芳洲            │   │
  │   │  映像化     行 列    石 碑                   │   │
  │   │  平和資源           ネットワーク形成            │   │
  └───┘
実証のレベル       朝鮮通信使  対 馬          韓 国
```

概念関係図②

事例を構造化する

　事例こそがエスノグラフィーの中身です。設問と結論は論文のいわば"芯"として重要ですが、それだけだと魚料理と称して骨だけを出すようなもの。事例がなければ料理にはなりません。ディテール豊かな事例にエスノグラフィーの魅力があり、味わいがあるのです。

　ただし素材（データ）をそのまま出されても、読む方は困ってしまいます。まず素材に手を加えて、「事例」として仕上げたものを提供しなければなりません。**データ〔素材〕を組み合わせて現場の事象をテクストとして再現する**作業を行ないます。これによって、バラバラな素材が「事例」としてのまとまりをもちます。これが「データを読みこむ」（作業①）で見てきた「事例を再構成する」作業の最初の段階です（≪ p.188「データを事例としてまとめる」）。

　その再構成のプロセスの中でもより理論的なレベルと関係づけて行なうのが、「事例の構造化」です。**理論的切り口**（ここでは「記憶論」）**から事例を**

組み立てなおす（構造化する）のです。この分析の段階で素材に手を加える作業を、「事例を構造化する」といいます。

概念間の関係性を分析する作業を通して、事例をどう組み立てればよいかをも浮かび上がらせます。設問に答えるために、データをどのような側面に分ければよいか。そして、それらをどのような順番に並べればよいかを考えるのです。

実例　　　　　　　　　　　　　　　　　　　　　　　　「よみがえる朝鮮通信使」

前頁の「概念関係図②」をみてください。この中心部分が、大ざっぱに構造化された事例にあたります。その部分を以下に抜き出します。

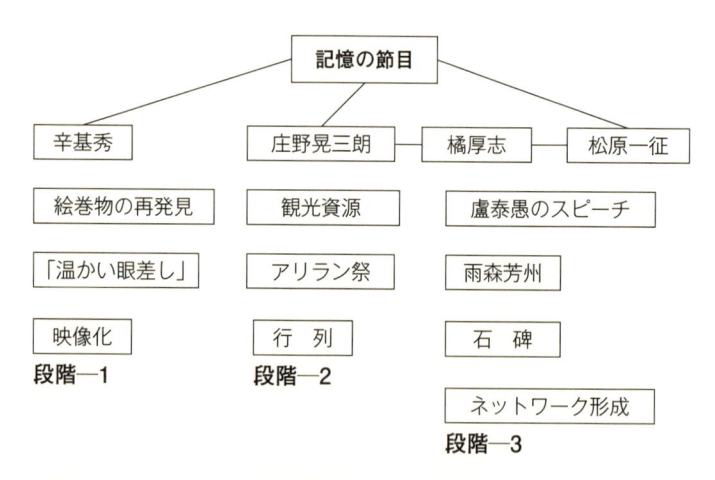

```
                    記憶の節目
         ┌───────────┼──────────┬──────────┐
       辛基秀      庄野晃三朗    橘厚志     松原一征
         │            │                      │
      絵巻物の再発見  観光資源            盧泰愚のスピーチ
         │            │                      │
     「温かい眼差し」  アリラン祭           雨森芳州
         │            │                      │
       映像化        行　列                石　碑
      段階―1        段階―2                  │
                                       ネットワーク形成
                                         段階―3
```

構造化された「よみがえる朝鮮通信使」の事例

これは朝鮮通信使が想起されるプロセスの事例です。分析の中で、このプロセスには「記憶の節目」と呼ぶべき段階があることが明らかになりました。

この節目によって、朝鮮通信使想起の事例を3つの段階に分けてみました。それぞれの段階で、「アクター」、「朝鮮通信使の意味づけ」、「起こされる行

動」と「結果」とが違ってきます。

　本書に収めたミニエスノグラフィーでは、事例にあたる章に「転調する朝鮮通信使の記憶と対馬」という見出しをつけ、それを上記の3つの段階に対応する節で分けました。そしてそれぞれの節をさらに小見出しで分割しました。こうすることによって以下のように事例を構造化することができました。ここまでできれば、論文の本論の設計図が完成したにも等しいといえるでしょう。

Ⅲ　転調する朝鮮通信使の記憶と対馬　(▶▶ p.307)

1　もうひとつの関係性　←──────────── 段階─1
　　「温かい眼差し」
　　映像化
　　歴史を問い直す

2　観光資源としての通信使行列　←────────── 段階─2
　　対馬独自の売り
　　歴史を行列する
　　日本国内での再定位

3　国境を越えた地域社会へ　←──────────── 段階─3
　　対馬の国境を越えた役割
　　ネットワークの形成と交通基盤の整備
　　国境を越えた地域社会としての再定位

📁 実例 ──────────────────── 『「女の仕事」のエスノグラフィ』

　中谷によるエスノグラフィーの本論も、バリの事例が中身となっています。本論の中でも中核に当たる3つの章にはこのような見出しが付けられていま

す。

　　序　章　インドネシアの女性政策と「二重役割」
　　第1章　バリ社会をジェンダーで読む
　　第2章　供物をつくる　←───── マカルヤ バンテン
　　第3章　布を織る　←───── ヌヌン
　　第4章　料理する　←───── ニャカン
　　第5章　「結婚したがらない女」たち
　　終　章　変容する社会の仕事とジェンダー

　これらは、バリ島農村の既婚女性たち自身が「わたしたちは3つのことをしている」と語る3つの現場概念に相当します（☞ p.187「バリ島の女性の『仕事』に関する現場概念の関係図」）。つまりここでは現場概念を用いて、バリ島農村の女性の仕事の事例が構造化されているわけです。

> 作業⑤　結論を導き、理論的考察を行なう

　さて、ここまできたら研究の完成も間近です。鍵概念を用いて、結論を導きましょう。これで設問に対する答えを導き出したことになります。そしてその次にすることは、この結論を既存の理論モデルと比較して、理論的なレベルでの考察を行なうことです。これによって結論の独自性を示し、自分の研究結果の当該の研究分野に対する貢献点を主張できるようになります。

結論を導く
　序論で述べられる研究設問の答えにあたるのが結論です。また結論は本論を踏まえたものである必要があります。鍵概念を用いて結論を導き出しましょう。以下、対馬と朝鮮通信使の研究を例に説明をします。

📁 **実例** ────────────────────「よみがえる朝鮮通信使」

　「概念関係図②」（p.205）を振り返りましょう。この研究の主設問は「対馬との関係で、朝鮮通信使がいかに想起されてきたのか」でした。事例を通して明らかになったのは、ローカルなアクターたち（映像製作者、対馬の商人や役場職員）が、朝鮮通信使の想起をきっかけに行動（映像化、行列の復元、ネットワーク形成）を起こし、それによって対馬の「辺境の離島」という位置づけが、韓国をも含めた「国境の島」へと変化していくプロセスでした。これは、対馬が不利な位置づけとならざるをえないナショナルな（日本国内の）文脈を、朝鮮通信使の記憶を用いてトランスナショナルな（国境を越えた）文脈へと転換させ、その新しい文脈の中で自己をより有利に再定位するプロセスと言い換えることができます。このローカル・アクターによる創造的な記憶の用い方を「記憶の技法」と名づけました。これらの知見を次のような結論にまとめることができるでしょう。

> ローカル・アクターたちは「記憶の技法」によって朝鮮通信使を創造的に想起して、対馬が置かれる文脈を書き換え、その結果、対馬は「国境の島」として再定位されることになった。

対話的な理論的考察
　導き出した結論には、先行研究もしくは既存の理論モデルと比較してどのような意義があるのかを考察します。自分が導いた結論と既存の理論との関係は「対話的」なものにしてください。つまり、一方的・トップダウン的に既存の理論を自分の研究にあてはめたり、押しつけたりするのではなく、必要であれば先行する理論を修正したり、そこに新しいものを加えたりする姿勢で臨みましょう。それによって自分の研究の理論的な意義・独創性が高まり、研究分野への貢献ができるようになります。
　対話的な理論的考察をするときの問い方は次のようなものです。

> ・エスノグラフィーの分析で明らかになったことと、
>   同じ理論的テーマに関する先行研究とを比較してみて
>   何が言えるのか？
> ・既存の理論から調査結果をみて、どんなことがわかるのか？
> ・逆に調査結果からみると、既存の理論や先行研究には何が足りないのか？　どんな新しいことがわかったのか？
> ・そして、どんな修正が必要か？

　このように既存の理論で一方的に照らすのではなく、既存の理論と現場からの知見が互いに照らし合い、修正し合うという対話的関係の中で、理論的考察を進めていきます（« p.204）。

実例　　　　　　　　　　　　　　　　　　　　　　　　　「よみがえる朝鮮通信使」

　この論文の結論と考察の部分では、「記憶の技法」という概念の記憶論における意義を述べ、また「記憶の技法」の担い手としてのローカル・アクターの特徴に関して論じました。

どこまでやれば分析は終わりか？

　これは分析の作業をする身にとって切実な問いでしょう。エスノグラフィー調査で得られるデータは量が多く、複雑でもあるために、やれどもやれども分析が終わらないと思えることもあるからです。この「きりがない」状況にどうすればピリオドを打てるのでしょうか。

　その答えは、「**設問に十分に答えられる結果が出たとき**」です。もちろん、これまで述べてきたように問題設定も最初から与えられているのではありません。調査のプロセスの中で問いを発見し、それを絞り、理論的なテーマと結びつけてようやく「研究設問」になるわけです。これを受けて、先の答えをこのように言い換えることができるでしょう：

> 求められている研究の規模とレベル（たとえば演習のレポートか、卒論や修論か）にふさわしい問題を設定して、その設問に十分答えられる結果が出たときに分析は終わったと判断できる。

　「十分答えられる結果が出た」かどうかを判断する基準として、第一に、**大きな不足がないかどうか**が挙げられます。不足があるならば補足調査をする必要があります。2番目に、すでに集めたデータに、その**分析結果と矛盾する情報がないか**どうかを点検します。もし矛盾があれば、それを統合できるように分析を先に進めなければなりません。3番目にその**設問に関連のある新しい情報がデータにないか**どうかを調べます。もし新しい情報があれば、分析を進めます。もう新しい情報が見当たらなくなったということは、言い換えるとグレーザーとストラウス（1996）のいう「理論的飽和」に達したということです。

　もうひとつ付け加えれば、同じ設問であっても、授業のレポートか修士論文かで要求される分析結果のレベル、どこまでの先行研究をふまえて、その研究分野でのオリジナルな成果を主張するかが違ってきます。この要求されるレベルというものは、それぞれの環境によってかなり変わってくるでしょう。同じ授業のレポートでも、学年によって評価のハードルは変わります。また同じ卒論であっても、大学や教員によって要求するレベルは異なるでしょう。そのために、みなさんは授業中の指示や、指導教員の見解、先輩たちの実例などを参照して判断してください。

結論の暫定性

　エスノグラフィー研究の結論は、いずれの場合でも絶対に最終的なものではなく、途中の答えです。さらに調査を進めればそれを覆す事実がでてくるかもしれません。別のエスノグラファーが現場に入ると違った答えを導く可能性もあります。エスノグラフィー研究の答えは「仮の」もしくは「暫定的（ざんてい）な」ものなのです。この「暫定性」はエスノグラフィーの欠点ではなくて、長所だと考えるべきでしょう。この暫定性ゆえにエスノグラフィーの知は人間的現実に近いものになるのです。常に途中であり、暫定的であることは人

間が生きている現実の性質だからです。この点を自覚して、結論づけの際にも取り込むようにすればよいでしょう。

> column　　　　　　　　　　　　　　　　　　　　　　　　　　非線形の思考
>
> 　理論とは概念でできた建物のようなものです。鍵概念がいわば"大黒柱"の役割を果たします。建物はいろいろな部品や材料から成り立っていますが、それら部分をバラバラなまま並べても全体としての建物がどのようなものかイメージできません。部分をどう組み合わせたらよいかという設計があってはじめて建物全体のことがわかります。つまり全体（建物・理論）は部分（材料・概念）の単なる寄せ集めではないのです。全体と部分とは違った次元にあります。質的研究（たとえばグラウンデッド・セオリー・アプローチ）の教科書には、データを分析して抽象度の低い概念をまず作り出し、それから次第に理論を構築していくという説明をしているものがあります。オープン・コーディングからはじまって理論にいたるといった説明の仕方です。その前提として全体は部分に還元できるとする「線形」の考え方があります。しかし部分（概念）をいくら作り出しても、それから全体（理論）ができあがるという保証はないのです。実際に分析をしてみると、わりと早い段階でその事象を全体としてどう説明できるのかを把握していることがあります。設計が先に着想されるということです。その場合、分析の後半は、むしろ部分としての概念を細かく作り出していく作業が中心となります。全体を部分の寄せ集め以上のものとして捉える立場を「非線形」の考え方といいますが、エスノグラフィーの分析ではこの「非線形」の思考が働くのです。大ざっぱにいって、エスノグラフィーの分析にはデータから概念を作り出す作業と、概念と概念との組み合わせ方を発想する作業とが含まれます。前者と後者とが単純な時間的前後関係にはなく、後者が比較的初期の段階で成されることもあるということです。本書では分析の手順について便宜上「線形」の説明の仕方をしているところもありますが、そう

> とは限らないことを意識してお読みいただきたいと思います。部分を超えた全体（理論）を一挙に把握する思考の働きが他ならぬアブダクションです（▶︎pp.194-5）。

11 発表する

この章の目標

研究成果を口頭や論文で発表する方法を学ぼう。

　いよいよ研究成果を発表するときです。主な発表の仕方には、口頭発表と論文としての発表の2種類があります。この章ではその両方を念頭に説明していきます。初心者には難しい論文の組み立て方は丁寧に説明しています。さらに論文の評価基準も挙げていますので、自分の論文のチェックに活用してください。

11.1

発表の基本姿勢

　エスノグラフィーの研究成果を発表するときに、口頭であれ、論文としてであれ共通して心がけた方がよい姿勢があります。

> **発表の基本姿勢**
> ① 知らない人がわかるように
> ② ポイントを明確に
> ③ 問いと答えの一貫性

基本姿勢 ①　知らない人がわかるように

　自分が知っていることを、他の人は知らないものです。そのことを常に意識して、知らない人がわかるように伝えましょう。自分の研究の中にはまってしまっているとこれがなかなか難しいものです。自分の視点をいったん離れて、それを知らない人、違った見方をするかもしれない人の視点に仮に立ってみましょう。発表とは対話的な実践です。自分の中の内なる他者と、今自分が書いていることは「わかりやすいかどうか」、「説得力があるかどうか」と問答しながら発表を組み立てていきます。エスノグラファーの役割は「橋渡し」することです。それを十分に果たす上で、この「知らない人がわかるように伝える」という姿勢はきわめて重要です。

> 基本姿勢 ②　ポイントを明確に

　ポイントとは、自分の研究で特に強調したいことです。まず、設問を明確にして、それを受け手に共有してもらわなくてはなりません。それから研究の結果の中でも、特に重要でオリジナルな点を強調します。これによって、メリハリのある発表になります。調査をして「これがわかった！　これを伝えたい！」という核、つまり「魂」を込めて下さい。
　口頭で発表するにしても、レポート・論文を書くにしても、それは自分が明らかにしたことを他人に伝える作業です。そのときに調べたことをただ並べ立てるのはまずいやり方です。何を他人に伝えたいのか、知ってほしいのかを考えて取捨選択をしましょう。特に強調したい点をくわしく、そうではない点は必要なだけにとどめて発表にメリハリをつけましょう。そのことによって印象に残るプレゼンや論文にすることができます。
　そのためにも、明確な問題設定を文章化しておくことが大事です。この段階で問題設定が鋭いものになっていれば、オーディエンス（受け手、読者）の側に発表のポイントがはっきりと伝わるでしょう。発表内容をまとめようとする前に、自分はそこでどんな問題を明らかにしようとするのかをよく練って、文章のかたちにしておきましょう。

> 基本姿勢 ③　問いと答えの一貫性

　発表には一貫性が求められます。この場合の一貫性とは、問い（序論）と答え（結論）が対応しているかどうか、本論の細かい内容もその対応関係の中で位置づけが明確かどうか、ということです。これで発表の「背筋」が通ります。一貫性がない場合、聞く方は「今述べられていることにどんな意味があるのかよくわからない。バラバラな発表だ」という印象をもってしまいます。

11.2

口頭発表の注意点

　授業（ゼミ、演習）や研究会、学会などの機会に口頭発表が行なわれます。発表の種類によって、時間の長さや、求められるレベルも変わってきます。ここでは論文（最終レポート）を作成する前の段階で授業中に行なわれる、発表時間20分程度（質疑応答を含めた持ち時間45分程度）のケースを想定して説明していきます。

　聞く人たちに、自分の研究設問を共有してもらうための説明を心がけましょう。それができるためには、自分の研究の問題設定を自覚しておかなければなりません。設問がその研究のポイントとなり、聞く側はそれを手がかりに発表の展開を追っていけるようになります。自分の設問は何か、自分は何を明らかにしたいのかをあらかじめ文章化しておきましょう。問題設定を的確に文章化することは、意外に難しいものです。そのときには無理をせずに、可能な範囲でまとめ、質疑応答の時間に他の人の知恵を借りてもよいでしょう。その研究の面白いポイントを、かえって他人がわかることもありますから。

11.2.1　発表のとき押さえる項目

　発表のときに押さえるべき項目は次の通りです。これらについて説明できるように整理していきましょう。聴衆はみなさんの調査の内容を知らない人

たちです。知らない人にもわかるような説明を心がけましょう。

(1) 研究の目的と位置づけ

　　どんな問題を明らかにしようとしているのか。それに着目した理由は何か。その問題は研究の世界でどう位置づけられるのか。その問題には先行研究と比べてどんな意義があるのか。以上が序論にあたります。

(2) 調査の対象と地域に関する基本情報

　　どこで何について調査をしたのか。その概要、文脈、背景に関わる情報はどのようなものか。

(3) 調査の概要の説明

　　どれくらいの期間や回数にわたって、どのような方法で調査をしたのか。

(4) 調査と分析の結果

　　調査をして何がわかったのか、それをどう捉えるのか。これが発表の中身、本論にあたり、もっとも長い時間を割くべき項目です。

(5) 結論と課題

　　明らかになったことをまとめるとどうなるのか。何が設問に対する答えか。まだ不明の点や残された課題は何か。

11.2.2　発表時間を有効に使うには

　発表時間は限られています。これらすべての項目についてまんべんなく説明することは不可能です。調査対象の基本情報を説明しているうちに、本論

であるはずの調査結果の発表に割くべき時間が短くなってしまうということも起こるでしょう。時間配分を意識して準備をしましょう。それを防ぐための工夫として考えられるのは2点です。

(1) ポイントを絞る

　自分は何を伝えたいのかを明確にして、そこにより多くの時間を配分し、メリハリのある発表にしましょう。当然、もっとも長い時間が費やされるべきは、調査と分析の結果の部分です。

(2) 補足情報はハンドアウトに回す

　調査の対象と地域に関する基本情報などについて、口頭では重要なことだけを触れるにとどめ、それ以外の情報はハンドアウトにくわしく掲載して、関心のある人にはそちらを参照してもらうこともできます。

　口頭発表のときには、質疑応答へと開かれた発表を心がけましょう。第三者から直接の反応が得られる口頭発表は、自分が気づかない問題を指摘してもらい、研究の質を高めるためにたいへん有益な機会です。聴衆からよい質問やコメントをもらうために重要なのは、設問を共有してもらうこと、すでにわかっていることと、まだわからないことを区別した発表を行なうことです。

11.2.3　ハンドアウトの作成

　口頭発表のとき、通常ハンドアウトを作成して、聴衆に配布します。その役割は次のようなものです。

(1) 発表の要点を提示する

ハンドアウト（もしくはレジュメ）とは、基本的に発表内容の要点をまとめたものです。それは発表原稿そのものではありません。完全な文章のかたちの発表原稿と、ここでいうハンドアウトとは違っていることに注意してください。

聞く側が発表の要点をパッと把握できるハンドアウトが望ましいです。長い文章を渡されたら、その読み取りに気がとられて、肝心の口頭発表に注意が向けられなくなります。ハンドアウトは、口頭でのプレゼンの補助なのです。

ハンドアウトは要点を絞って、簡潔に箇条書きのかたちにして掲載しましょう。そして口頭でその内容をくわしく説明していくかたちで進行させましょう。

ハンドアウトに含まれるべき情報は、先に挙げた5項目すなわち、①研究目的と位置づけ、②調査の対象と地域、③調査の概要、④調査と分析の結果、⑤結論と課題です。A3の用紙一枚を、これら5項目の見出しで分割しましょう。そしてそれぞれの見出しの下に要点をまとめていきましょう（どうしても必要があればA3一枚より長くなっても構いませんが）。

(2) 調査地域・対象に関する情報を提示する

発表では立ち入らないが、補足として聞き手の役に立つ情報があれば掲載します。年表や地図のように表や図のかたちにまとめると把握しやすくなるでしょう。

(3) インタビューなどのデータを提示する

分析の素材であり、結論の根拠となるデータを引用します。発表の趣旨に照らして必要なら、生データをある程度長く引用することもあります。資料として意味があるが、あまりに長くなりそうな場合、ハンドアウトとは違う「別紙」に掲載して、興味のある人に見てもらうようにしたらよいでしょう。

文化人類学演習　エスノグラフィーの実践08-2　口頭発表ハンドアウト　2008/12/1

よみがえる朝鮮通信使──対馬をめぐる記憶の技法のエスノグラフィー

総合文化論コース　7年　小田博志

序論（目的＝設問、理由、位置づけと意義は何か）

　この研究の目的は、対馬において朝鮮通信使の記憶がいかに扱われているのかを明らかにすることである。

　昨年対馬をはじめて訪れたとき、厳原町に「朝鮮通信使接遇の地」などの碑が建てられていることに気づいた。また町にはハングルの看板があふれ、8月の「アリラン祭」では朝鮮通信使行列の再現が行なわれていることを知った。そこで現代における対馬と朝鮮通信使との関係を調べてみようと思った。

　対馬における朝鮮通信使行列復興に関する先行研究（申 2003；村上 2008）には記憶論の視点がないが、歴史的出来事の想起という点でこれは記憶（ノラ 2002）というテーマに関わっている。本研究は、記憶と地域社会をテーマとしたエスノグラフィー研究として位置づけられる。

調査の対象と地域

対馬について

　対馬は九州と朝鮮半島の間に位置し、長崎県に属する、日本で3番目に大きい島。江戸時代には対馬藩として一国を構え、宗家が統治した。2008年11月30日現在の総人口は36,938人。2004年に6町が合併して対馬市となった。行政の中心地は南部の厳原町。

右地図「対馬市WEB通信局、対馬市へのアクセス」より→

朝鮮通信使について

　歴史上の朝鮮通信使とは、室町および江戸時代に李氏朝鮮から日本の幕府に派遣された公式使節団を意味する（仲尾 2007）。江戸時代には1607年を皮切りに計12回派遣された。

アリラン祭について

　正式名称は「厳原港まつり対馬アリラン祭」。毎年8月の最初の土日に行なわれる。厳原町で1965年より行なわれていた「港まつり」に、1980年から朝鮮通信使行列が仮装行列の一つとして加えられた。1988年の長崎旅博を契機に「対馬アリラン祭」の名称が付け加えられた。「港まつり」を担当するのは厳原町商工会議所であるが、それとは別に朝鮮通信使行列振興会が組織されている。2006年の見学者は2日間で約31,000人（うち韓国人1,400人）であった

調査の概要

　対馬でのフィールドワークは2006年の3月と8月、2007年の8月と合わせて3回行なった。調査日数は延べ16日間である。06年3月は予備調査に当たる。06年と07年の8月は「厳原港まつり対馬アリラン祭」の日程に合わせて対馬を訪ねて参与観察とインタビューを行なった。

調査と分析の結果（何がわかったのか、明らかになったのか）

朝鮮通信使行列再現のきっかけ

　1980年の3月に対馬で映画『江戸時代の朝鮮通信使』の上映会が開かれた。これに参加した呉服商のS氏が朝鮮通信使行列の再現を思いついた。S氏は対馬独特の"売り"を通信使行列に見つけた。そして、「李朝通信使行列振興会」を結成し、その年の港まつりに通信使行列を出演させた。

雨森芳洲の再発見

　1990年に韓国の盧泰愚元大統領が日本でのスピーチにおいて、雨森芳州（江戸時代に対馬藩に仕官

実例　「よみがえる朝鮮通信使」のハンドアウト

した儒者で、朝鮮との「誠信の交隣」を説いた）について言及した。これを聞いた海運会社社長のM氏は、対馬の日朝間の仲介者としての役割を想起し、「対馬芳州会」を結成、行政との協力の下、通信使関連の石碑建設や他の自治体ならびに釜山市とのネットワーク形成を行なっていった。
「対馬が日本と朝鮮の中に立って両国をつないでいたときは平和だった。明治になって日本政府が対馬藩から外交権を取り上げて、対馬は「国防の島」になった。」（2006 年 8 月のインタビューより）

「辺境の離島」から「国境の島」へ
この動きは、2000 年の釜山 – 厳原間の定期航路開通に結びついた。99 年には約 2 千人であった対馬への韓国人入国者数は急激に増加し、08 年には 7 万 2 千人となった。対馬は「国境の島」「交流の島」というキャッチフレーズで、国境を越えた地域社会であることを打ち出すようになった。その目玉として、8 月の朝鮮通信使行列が位置づけられている。

結論と課題
対馬における記憶の技法
ローカルなアクターたちが、江戸時代の朝鮮通信使や雨森芳州の歴史を活用して、ナショナルな文脈における「辺境の離島」からトランスナショナルな文脈における「国境の交流の島」へという対馬の再定位を進めている。この創造的な歴史資源の使い方を「記憶の技法」と名づけたい。対馬の事例を通して、セルトー（1987）が論じたような民衆独自の実践の仕方を記憶論（ノラ 2002）へと結びつけることができると思われる。

残された課題
1980 年よりも前に港まつりで通信使行列が行なわれたという記録もあるので、さらに調べたい。辛基秀氏が朝鮮通信使を再発見し、記録映画を製作するようになった経緯について明らかにしたい。

調査経験を振り返って
たとえ「ダメもと」でも、現場に行ってみることが大事だと実感。準備スタッフの方に昼食に誘われたり、貴重な資料を入手できたりした。

参照文献
申 鎬 2003「厳原港まつり・対馬アリラン祭について——観光人類学からみた予備的考察」『韓国言語文化研究』（4）：51-59。
セルトー、ミシェル・ド 1987『日常的実践のポイエティーク』山田登世子（訳）、国文社。
仲尾宏 2007『朝鮮通信使——江戸日本の誠信外交』岩波書店。
ノラ、ピエール 2002『記憶の場——フランス国民意識の文化＝社会史 第 1 巻 対立』谷川稔（監訳）、岩波書店。
村上和弘 2008「『厳原港まつり』の戦後史—対馬における「日韓交流」の利用戦略をめぐって」『日本文化の人類学 / 異文化の民俗学』小松和彦還暦記念論集刊行会（編）、pp.159-179、法蔵館。

参照ウェブページ
対馬市 WEB 通信局（長崎県対馬市公式ウェブサイト）、対馬市へのアクセス、2008 年 11 月 30 日参照
http://www.city.tsushima.nagasaki.jp/where/access.html

11.2.4　スライドの作成

　プレゼンテーション用のソフトウェアでスライドを作成すると、効果的な発表ができることがあります。それが可能な環境なら使ってみてよいでしょう。スライドのひとつの利点は、写真などの映像データや図表を取り込んで、大きく見せることができることです。

11.2.5　視聴覚データの活用

　視聴覚データを通して、調査の現場をよりいきいきと伝えることができます。積極的に活用しましょう。現場で撮影した写真、ビデオや録音したデータなどを用いることが考えられます。ただこうした視聴覚データは、あくまでもクローズドな授業や研究会の場で用いるにとどめるべきで、公開の研究会での使用には慎重にならなければなりません。
　さらに現場から持ち帰った、地図、チラシ、パンフレット、書籍などを発表時間中に回覧すると効果的になる場合があります。

11.3

どんなスタイルで表現するか

　エスノグラフィー研究で明らかになったことを、どのように表現していけばよいのでしょうか。ここでは特に論文を作成する場面を想定して説明していきます。口頭発表にも重なることですから、適宜置き換えて応用してください。

エスノグラフィーで用いるスタイル

① 説明する
② 描く
③ 物語る
④ 声を活かす
⑤ 論じる

スタイル ①　説明する

　調査した地域や対象、また調査の方法などを読者にわかってもらうために「説明する」というスタイルを取ります。自分が調べたことや書こうとしていることを読者は基本的に知らないのですから、丁寧な説明は論文のいたるところで必要になってきます。特に論文の前半部分では説明の比重が高くなることでしょう。

説明のために必要なら文章だけでなく、図、表、数量データなどを積極的に使いましょう。地域を説明するには地図を、経過を説明するには年表を用いると有効です。

> 📁 **実例** ──────────────────────「よみがえる朝鮮通信使」

　「よみがえる朝鮮通信使」では調査地域である対馬についてⅡ章の1節で（▶ p.310）、調査対象の朝鮮通信使については同章2節（▶ p.311）で説明しました。対馬に関しては地図も掲載しました。

```
スタイル ②　描く
```

　現場の様子を言葉で描き出しましょう。細かいディテールまで描き込むとよいです。読む側が「現場の様子が目に浮かぶみたいだ」「目で見えるようだ」と感じられることを目指しましょう。第2章で小説家の紀行エッセイを紹介しました。そのことも思い出して描写を実践してください。

> 📁 **実例** ──────────────────『「女の仕事」のエスノグラフィー』

　バリ島における「女性の仕事」をテーマにしたエスノグラフィーの出だしの描写を紹介します。ある村の一日の始まりを描いており、エスノグラファーとして「私」も登場しています。特徴的な点は、聴覚的な描写に比重が置かれていること。描写といっても、目で見たものだけではないのです。「しんと静まりかえった村内で、ただひとつ響くカタン、カタンという機音」──このイメージが鮮明に伝わってきます。そして女性たちが布を織る「機音」が、このエスノグラフィーの主題を予告するものですから、イントロダクションとしても効果的です。

村の朝は早い。耳をつんざくような雄鶏の声と屋敷地をいきおいよく履いていくホウキの音にいたたまれなくなって私が起きだすころには、ほかの住民たちの一日はとっくに始まっている。（中略）
　農民の場合は朝早く朝食もとらずに田んぼに出かけ、あとで妻や子どもが調理したての昼食を届けるか、昼前に帰宅して食事をする。昼前後には役所勤めの人びとや学校に通う子どもたちも三々五々戻ってくる。そのあとは、村役場や郵便局、大小さまざまの商店が軒をつらねる村の大通りも人の往来が絶え、しんと静まりかえってしまう。集落を縦横に走る小道にも人の姿はほとんどない。みなそれぞれの屋敷で食事をしたり、テレビをみたり、あるいは午睡にはいったりしているのだろう。ただひとつ集落内に響く音——それはカタン、カタンという機音(はたおと)である。　　　　　　　　（中谷 2003：30-32）

写真を使う

　現場を描くために写真は威力を発揮します。デジタル写真のデータを、ワープロの「図の挿入」のような機能を用いれば、簡単に本文に取り込むことができます。マリノフスキは 1922 年というきわめて早い時点で、多くの写真をエスノグラフィー『西太平洋の遠洋航海者』に掲載しました。ベイトソン、レヴィ=ストロースなども写真の名手でした。エスノグラフィーはもともと視覚的なものだといえます。だからエスノグラフィーを「文化を書く」ことだという理解の仕方は狭く、むしろ「現場を見せる」（現場をイメージさせる）ものだといってもよいのです。実際、映像人類学の分野ではエスノグラフィック・フィルム（動画としてのエスノグラフィー）が製作されてきました。

エスノグラフィーをマルチメディア化する

　写真だけでなく音声、動画などの視聴覚データを CD-R や DVD-R などに書き込んで、論文の付録にするということも考えられます。最近はそれを容易にする技術的条件が整っています。映像人類学という分野ではずいぶん古くから、映像エスノグラフィーが作成されてきました。近年の視聴覚技術の進歩で、映像エスノグラフィーが収められた DVD を付した出版も現れて

います（北村他 2006）。

> スタイル ③　物語る

　出来事の推移や、事態の展開、実際の体験などを言葉で伝えたいとき「物語る」というやり方が有効です。「物語るというスタイルを学術的な論文に使っていいの？」と思う人もいるかもしれません。しかしエスノグラフィーでは物語的なスタイルが長く使われてきました。物語っていくスタイルは「ナラティヴ」とも呼ばれて、近年の研究の世界でも注目を集めています（江口・野村・斉藤 2006；野口 2009 など）。

　物語るスタイルを的確に用いることで、読者を現場の世界に引き込むことができます。優れた小説を読んでいると、その物語の世界に引き込まれ、時が経つのを忘れていたなんていうことがありますね。物語的なスタイルには受け手に体験を共有させる力があるのです。

　エスノグラフィーで使われる物語はいくつかに分けられます。

　ひとつは現場の人が語る物語。この物語の人称は、現場の人の一人称となります（Aさんはこう語った「私が……」）。

　もうひとつは現場の人や出来事についてエスノグラファーが語る物語。ここでは三人称（「彼／彼女が……」、「Aさんは……」）が使われます。

　そしてエスノグラファーが自分の現場での体験を語る物語。ここではエスノグラファーが一人称で登場します（「私が……」）。

　さらに例は少ないながら二人称の語り方が使われることもあります（「君／あなたが……」）。

　論文の内容に必然性があるなら、以上のどのスタイルをどう組み合わせて用いても構いません。エスノグラファーが一人称で登場するスタイルを要所で用いたら、読者を調査現場の世界に引き入れるために効果的です。

> 実例 「よみがえる朝鮮通信使」

私は「よみがえる朝鮮通信使」の冒頭に物語るスタイルを用いました。それによって、読者に調査のきっかけを共有してもらいやすくするためです。

> 2006年3月に私が対馬を訪れたのはある思いつきからだった。もともと韓国に行く予定だったが、飛行機の代わりに船で行けば途中の対馬にも寄れるということに気づいてプランを立てたのだ。……

column　　　　　　　　　　　　　　　　　　　一枚岩の集団はない

社会の中では集団のカテゴリーがあたりまえに使われています。例えば、「日本人」「ドイツ人」「アイヌ民族」「黒人」「白人」「男」「女」などなど。そしてあたかもそのカテゴリーの人たちが、同じような性質をもっているかのように一枚岩的に語られがちです。例えば、「日本人はドイツ人と同じように勤勉だ」とか「アメリカ人は陽気だ」などと。これらは「ステレオタイプ」と言った方がよいもので、鵜呑みにして用いると「偏見」を広めることになりかねません。エスノグラフィーを通して、「〇〇人」「××民族」のステレオタイプを再生産することにならないように細心の注意を払いましょう。みなさんが現場で出会ったのは「〇〇人」一般ではなく、具体的な人物だったはずです。その人たちが社会の中で「〇〇人」と名づけられたり、自らそう名乗ったり、またそうした名づけや名乗りを利用したり、逆にそれに抵抗したりと事情は複雑です。現場では誰も「〇〇人」の鋳型にきれいにはめることはできないのです。集団のカテゴリーをエスノグラフィーの中で扱うときには、その現場の複雑さに焦点を当てるようにしましょう。「〇〇人は」とか「××文化では」のように、十把一絡げにして語ることは避けましょう。「よみがえる朝鮮通信使」では、「対馬島民」のような言い方を避けて、具体的な人物を主語にしました。

スタイル ④　声を活かす

　現場の人が語った言葉を引用しましょう。現場の声を伝えることはエスノグラフィーの大事な役割のひとつです。現場の人の声はエスノグラフィーにいきいきとした印象を与えます。そして、ポリフォニック（多声的）な効果を生みます。読む方にとっては、この声の部分がエスノグラフィーを読む醍醐味だったりします。短いフレーズやセンテンスの場合は、地の文にカギカッコに入れて引用したらいいでしょう。数行ないしそれ以上にわたる引用のときには、地の文から1行空け、行の冒頭を2、3文字程度下げるようなやり方があります。

短い声の引用（「よみがえる朝鮮通信使」より）
　……松原氏は「海を介した交流が対馬の活路であり、通信使は日韓を結ぶ大きな歴史遺産である」と述べる（嶋村2007：60）。

長い語りの引用（「よみがえる朝鮮通信使」より）
　……橘氏は2007年8月のインタビューでこのように述べた。

　　　対馬から福岡への距離は145キロですが、釜山へは49.5キロに過ぎません。釜山は人口400万以上、周辺含めると1000万人以上です。東京がそこにあると言えます。私たちは釜山で市場調査をしました。韓国人観光客にとっての対馬の魅力は、自然がいい、空気が甘い、水がきれいだ、人間がいい、山登りができるといった点にあるとわかりました。対馬住民もその視点がわかっていないんです。釜山に対して「大商工業都市である釜山の観光保養地としての対馬」という位置づけをしてほしいとPRをしました。

> スタイル ⑤　論じる

　論じるとは、ある問題に関する主張について検討することです。論じるというスタイルがあってこそ、論文は「論文」となります。これまでみてきたような「描く」や「語る」スタイルが現場を伝えるために大事であることはいうまでもありませんが、それらだけだと論文にはなりません。「説明する」「描く」「語る」に「論じる」が加わって、エスノグラフィー論文としてのバランスが取れるのです。ここで「論じる」は「検討する」「分析する」「考察する」「論証する」「議論する」と重なるものとして説明していきます。

　論じる対象は実証的な問題と理論的な問題に分けられます。

　実証的な問題とは、ある事実について異なったデータがある場合に、どのデータが正しいのか、また、その事実の背景にどんな文脈があるのかといった問題です。たとえば、対馬で朝鮮通信使行列の再現が始まった年について異なった年を示すデータがありますが、どれが正しいのか、なぜそのようなばらつきが生じたのかなどについて論文の中で「論じ」ます。

　しかし、エスノグラフィー論文において「論じる」スタイルは、理論的な問題に重点的に用いられます。

　理論的な問題とは、ある事実をどのように捉えたらよいのか、どう説明できるのか、あるいはそれをどのようなテーマに結びつけることができるのか、といった問題です。たとえば、対馬の朝鮮通信使行列の再現を「記憶」論の枠組みで捉えることは妥当か、この事象は「記憶」論の中でいかなる意味があるかといった問題を分析し、それを論文において展開した場合、理論的問題について「論じる」ことになります。

　理論的に論じるスタイルは、エスノグラフィー論文の場合、後半になるに従って比重を増していきます。それは、現場の具体的な事象の描写から、その理論的な意味へと焦点が移っていくからです。

　ここで基本に立ち返ってみましょう。論文とは、序論で設定した問題を解明していく文章表現です。その問題を明らかにするために調査をし、調査で得られたデータを分析します。そしてその分析結果から結論を導きます。ある問題について分析したことを文章化すれば、それは「論じる」スタイルと

なります。次のような問いに対応するのが論証的なスタイルです。

・研究上の問題に対して、この具体的事象は何を意味しているのか。
・現場の出来事をどう概念的なレベルで捉えることができるのか。
・それが既存の理論モデルにどのような示唆を与えるのか。
・その事例から何が言えるか。
・その事例を通して何を論じることができるか。

実例　　　　　　　　　　　　　　　　　　　「よみがえる朝鮮通信使」

私はこのミニエスノグラフィーの結論部分でこのように論じました。

　……この「記憶の技法」という鍵概念について以下で論じたい。
　「国境の島」という対馬のイメージをつくりあげていっているのはローカルなアクターたちである。彼らは忘れられていた足元の歴史を掘りおこし、多様な記憶のメディア（映像、碑、行列、イベント）を使いこなし、偶発的な発見や外部からの情報にも積極的に反応しながら、「辺境」から「国境」へと自己が置かれた文脈を仕立て直していった。日本国内のみに限定された視野を、朝鮮半島まで含めたものへと拡大し、その中で自己を位置づけ直していったのである。

実例　　　　　　　　　　　　　　　　　　「貨幣の意味を変える方法」

野元（2004）はカメルーンのバミレケというエスニック・グループがなぜ「トンチン」を行なうのかという問いを明らかにしています。トンチンとは日本でいう頼母子講で、「一定規模の人が定期的にある金額を出資し、その総額を一人に与えることを繰り返し、順番にすべての人が受領する」仕組みのことです。野元はこの論文で、バミレケの人びとはなぜトンチンを行なうのかという問いを、特に貨幣に注目して解き明かそうとします。カメルーン

の都市ヤウンデで、バミレケの人びとは同郷会を結成します。その参加者にたいていの場合義務付けられるのがトンチンです。「トンチンがない同郷会はありえない」とか「トンチンに参加しないと、怠け者だと思われる」と彼ら自身が語ることからも、バミレケにとってトンチンの重要性がうかがわれます。トンチンをやり取りされるお金の額だけみると、「一回りすればすべてのメンバーは同額を交換し合ったことになり、最終的には誰も利益を得たり損をしたりしない」ことになり、個人で同額のお金を貯蓄するのと変わりがありません。ではバミレケの人びとはどうしてトンチンをそれほど重要視するのでしょうか。この問題を野元は次のように論じています。

> 一回一回の集会にはそのような［支出額と受領額の：小田注］均衡は成立していない。そこにあるのは逆に、一人（ときには数人）の受領者を除き、そのほかのメンバーはカネを与えるのみという一方的な贈与行為である。つまりトンチンの集会は、一方的な贈与の場なのである。　（野元 2004：363）

> 贈与という行為によってやりとりされる貨幣に注目してみたい。トンチンは贈与行為であるがために、そこでやりとりされる貨幣の意味をも変化させる。トンチンは、一人一人がその日の集会のために稼いできたカネを集めて、一つにする。ここにおいて、個人的なカネが集団のカネになる。トンチンに支払うことが、銀行に預金することとは異なるように、このトンチンに集まったカネも、銀行の貯金とは異なる。　（364）

こう論じることで野元は、トンチンとは「貨幣の意味を変える方法」だと結論づけています。つまりバミレケの人びとは利己的といったネガティヴなイメージがつきまとう貨幣を、トンチンへといったん回すことで、集団の助け合いの資金というポジティヴなものへと変換しているのだというのです。

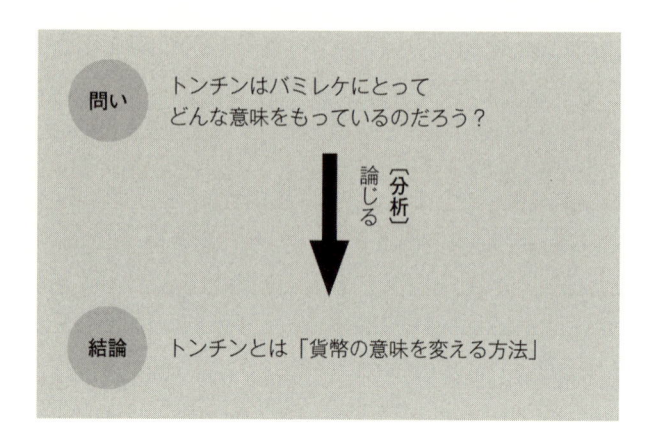

```
┌─────────────────────────────────────────────┐
│  ╭──╮                                        │
│  │問い│  トンチンはバミレケにとって          │
│  ╰──╯  どんな意味をもっているのだろう？    │
│                                              │
│              〔分析〕                         │
│              論じる                           │
│                ↓                             │
│                                              │
│  ╭──╮                                        │
│  │結論│  トンチンとは「貨幣の意味を変える方法」│
│  ╰──╯                                        │
└─────────────────────────────────────────────┘
```

📁 **実例** ─────────────────── 『「女の仕事」のエスノグラフィ』

　10.2 でバリ農村の女性の仕事に関する現場語を紹介しました（≪ p.187）。中谷は著作の中で、バリの既婚女性たちがなぜ自分を主婦と呼ばないのかという問題を次のように論じています。

> 　既婚女性たち自身が、家事労働を自分の一義的役割としてとりわけ重要なものとはみなしていない……。むしろ、妻や母としての存在感は、経済的活動や儀礼労働の遂行によってこそ表現される。だからこそ、彼女たちは自分を「主婦」〈イブ・ルマ・タンガ〉とはみなさないのである。……既婚女性の場合は料理や育児の合間にほそぼそと布を織りつづけているわけだが、それでも彼女たちの機織りは、たんなる家事の延長としての「みえない仕事」ではない。職業を問われれば、彼女たちはイブ・ルマ・タンガではなく、トゥカン・ヌヌン（織り子）と必ず答える。　　　（中谷 2003：178-179）

　そして、この背景にはバリにおける「仕事」観があることを中谷は指摘しています。バリで「仕事」にあたる概念は「カルヤ」ですが、この 2 つの概念の意味の範囲がズレているというのです。

女性たちにとっての重要な「仕事」、ともにカルヤという言葉であらわされるものは、あくまでも機織りに代表される経済活動と宗教的・社会的義務である儀礼活動の二種類であり、家事（中略）のような活動はいわば「仕事でないもの」の範疇にはいるといえるだろう。　　　　　　　　　　（181）

11.4

いかに論文を組み立てるか

　書きたいことだけを並べていっても論文になりません。それでは論文に必須の性質（たとえば論理的な一貫性）が欠けることになるからです。それでは論文をどのように作成したらよいのでしょうか。押さえなければならないポイントは何でしょうか。それはまず、論文の基本構成を知ることです。

11.4.1　論文の基本構成

　論文は次の3段構成を基本とします。

> **序論** 問題を設定し、その背景、位置づけ、意義を説明する。
>
> **本論** 再構成された事例を中心に、調査結果をくわしく述べる。
>
> **結論** 設問に対する答えを導き、その意義と課題を論じる。

　エスノグラフィー論文の場合、序論で問題を設定し、本論でそれに関わる調査と分析の結果を述べ、結論で解答を提示するという基本構成になります。

　序論と結論とは、問いと答えの関係で対応している必要があります。

　本論は再構成された事例を中心に、調査と分析の結果をくわしく述べていくところです。ここが論文の本体となり、もっとも厚くなるはずです。また本論の各部分は、序論（問い）もしくは結論（答え）の各側面に対応していなくてはなりません。この序論－本論－結論が論理的に対応しているときに、その論文は「**一貫性**」があると評価されます。一貫性は論文の基礎的な評価基準のひとつです。

　結論では、まず本論の要約を行ない、そこから導き出される答えを簡潔にまとめ、それについて必要な説明をして、その答え（＝結論）の当該研究分野における意義、問題点、残された課題の順に書きます。

11.4.2　論文を組み立てる

　本には「目次」があります。普通の本や論文で、文章が何の切れ目もなく最初から最後まで続くことはありません。段落に分けられ、またいくつかの段落が集まって節を構成し、さらにいくつかの節から章が成り立ちます。そして章や節には見出しがつけられます。これら見出しの多くは、分析の段階

で、概念化によってすでにつくられているでしょう。

　論文も、見出しがついた章や節に分割されます。これは論文のアウトライン（＝構成＝章立て＝目次）を構想する作業です。言い換えるとそれは論文といういわばひとつの建物を「組み立てる」作業です。そのときに気をつけるべきことは次の2点です。

> (1) 論文の基本構成（序論－本論－結論）を踏まえる。
> (2) 章と章とをストーリーラインによってつなぐ。

　ストーリーラインの一貫性を高めるために役立つのは、論文の要約をしてみることです。序論から本論、結論にいたるまでのポイントを簡潔にまとめてみましょう。それがスムーズにできれば、一貫したストーリーラインができたということになります。それは小説や映画でいえば「あらすじ」にあたります。

　本論は、論文の中でもっとも厚くなるべき部分です。必要であれば複数の章に分割しても構いません。本論では再構成された事例が主に提示されます。本論の組み立て方は、時間の経過によるもの（『よみがえる朝鮮通信使』）、現場語の関係性に従うもの（『「女の仕事」のエスノグラフィ』）など、さまざまなやり方が考えられます。複数のエスノグラフィーに接して、参考にしてください。どのような構成の仕方がよいかは、ケースバイケースに判断するしかありません。ここでやはり基準となるのは設問です。設問に答えていくために適した本論の構成がよい構成といえます。

　序論・本論・結論の関係を図でイメージしてみましょう。

　まず、序論と結論の関係は以下のように対応しています。

序論　＞　結論

　序論と結論のそれぞれの端を引っ張ると、このように本論がひろがり出て

くるイメージです。

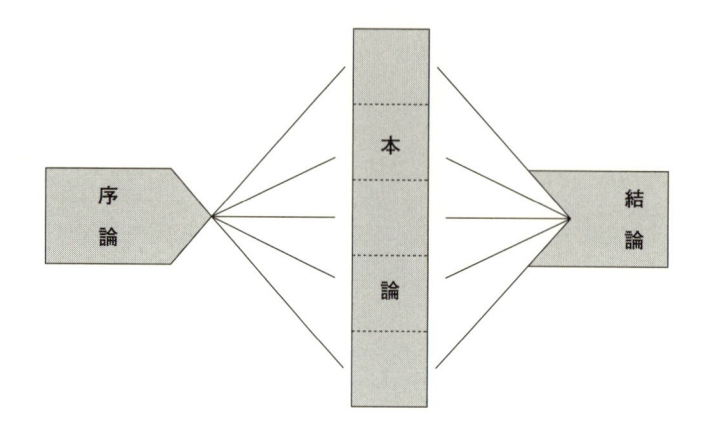

```
       ┌─────┐
       │ 本  │
┌───┐ │     │ ┌───┐
│序論│─┤ 論  ├─│結論│
└───┘ │     │ └───┘
       │     │
       └─────┘
```

　本論はいくつかの部分（章や節）に分かれます。それぞれの部分は、設問に答えて結論を導く論旨に結びついています。
　論文をどのように分割し、どんな内容をどう配置したらよいかを次の「エスノグラフィー論文の組み立て方」にまとめましたので参考にしてください。短かめのゼミのレポートの場合と、長めの卒論や修論の場合とを分けて示しています。以下の分け方と見出しは基本形で、必要に応じ変えてください。

エスノグラフィー論文の組み立て方１（演習のレポートの場合）

1　序論
　この論文ではどんな問題を明らかにするのか。
　（問題設定＝研究目的）
　その問題の背景はなにか。（手短に）
　（背景を最初に述べ、それから設問をつなぐという順番でもよい）
　理論的テーマに関する先行研究レビューと、その流れの中で問題がどう位置づけられるのか、意義は何か。（手短に）

(理論的テーマについて多く書きたい場合は、章を独立させてもよい。この場合「2　理論的テーマ」となる）

2　調査の対象と方法

調査の地域に関する説明。
調査の具体的対象（たとえばフィルムコミッションなど）に関する説明。
調査の方法に関する説明：どこで、何を・誰を対象に、何について、どのくらいの期間・回数、どのような方法で調査をしたのか。

3　（調査と分析の結果←内容に即した見出しをつけ、適宜 3.1、3.2、3.3 と節に分ける）

再構成された事例を中心に、調査と分析の結果明らかになったことをくわしく述べていく。

4　結論

まず3の内容を簡潔に要約し、
そこからどんな結論（＝序論で提示した問題に対する答え）が導けるのか、
その結論には先行研究と比較するとどんな意義があるのか、
残された課題は何か、を順次述べる。

実例　目次　――――――――――――「よみがえる朝鮮通信使」

1　序論

2　調査の対象と方法

 2.1　対馬
 2.2　朝鮮通信使
 2.3　調査の概要

3　転調する朝鮮通信使の記憶と対馬
 3.1　もうひとつの関係性
 3.2　観光資源としての通信使行列
 3.3　国境を越えた地域社会へ

4　結論——記憶の技法

エスノグラフィー論文の組み立て方2（卒論・修論の場合）
章の下に節を設けるときは、1.1、1.2、1.3のように番号をふる。

1　序論
この論文ではどんな問題を明らかにするのか。
（問題設定＝研究目的）
その問題の背景はなにか。（手短に）
その問題を扱う意義はなにか。（手短に）
この論文の構成はどんなものか。

2　（理論的テーマに関する先行研究のレビュー＝研究分野への位置づけ
   ←内容に即した見出しをつける）
たとえば「先住民族研究」「人類学的貨幣研究」「博物館研究」「和解論」など。
この研究はどんな分野に位置づけられるのか。
どんな先行研究があるのか。
使う概念をどう定義するか。

自分が立てた問題の、当該分野における独自性はどんな点にあるか（1の「意義」と重なるが、こちらでよりくわしく書く）

3 （具体的な調査地域・対象の説明←内容に即した見出しをつける）
たとえば「札幌市におけるアイヌ民族」「北海道の企業博物館」「対馬の朝鮮通信使行列復興」「ドイツにおける平和NGO」など。
どこで何について調査したのか。
その基本的な情報はなにか。
どんな先行研究があるのか。

4 調査の概要
どこで、何を・誰を対象に、何について、どのくらいの期間・回数、どのような方法で調査をしたのか。

5 （調査と分析の結果←内容に即した見出しをつける）
6 （調査と分析の結果）
7 （調査と分析の結果）……

再構成された事例を中心し、調査と分析の結果明らかになったことを、適当な数の章に分けてくわしく述べていく。
具体的な事例を描き出していきながら、分析的な議論もはさみこんでいく。

8 結論
調査した結果、最初に立てた問題に関して、要するに何が明らかになったのか。
その結論を先行研究の中に位置づけるとどんな意義、独創性、限界、問題点があるのか。
今後さらに研究されるべき問題はなにか。

> 以上、あくまで基本形なので、ポイントさえ押さえていれば、変形してもよい。
> 調査と分析の結果をいくつの章に分けるのかは自由。
> また事例を描写的提示する章と理論的考察の章とを分けてもよい。

11.4.3　取捨選択する

　調査をすると、多量の、そして雑多な情報が集まってきます。それを論文に詰め込もうとすると、まとまりがつかなくなります。逆に、思い切って取捨選択して、必要な情報だけを使うようにしなければなりません。せっかく集めたデータの過半数を使わないということだってよくあります。
　では、取捨選択の基準は何でしょうか。それが研究設問であり、結論です。設問に答え、結論を導き出すために必然性のあるデータを用いるのです。本筋に関係の薄い、しかし資料として価値のあるデータは、付録として、論文本編の後に収録するということもありえるでしょう。また、取捨選択をやりすぎて、事例の「ディテール」までそぎ落としてしまっては、痩せぎすのエスノグラフィーになってしまいます。現場の様子をいきいきと描き出す上で、細かい情報は「肉付け」となる大切なものです。その辺のさじ加減に絶対的な基準はありません。ここでもバランスを取ることが大事になってきます。この場合、論文としての一貫性を確保するために情報を削るという方向性と、事例の描写を豊かにするために情報を使うという方向性のあいだでバランスを取るということです。紙数に限りがあるときには、メリハリをつける——特に伝えたいポイントを厚く書き、それ以外は必要最小限までそぎ落とすという方向で考えたらよいでしょう。

11.4.4　タイトルをつける

論文のタイトルは次の2つを考慮に入れるとよいでしょう。

> (1)　その論文の基本要素を含める
> (2)　ある程度「キャッチー」である

　論文の基本要素とは、設問と結論、調査の地域と対象、理論的テーマ、方法論的アプローチもしくは学問的ジャンルなどです。タイトルをみれば「何をどこでどのように」研究したものかが分かる必要があります。特に設問はタイトルに圧縮したかたちで含めるとよいでしょう。

　メインタイトルの他にサブタイトルをつけることもあります。メインタイトルで一般的なテーマを用い、サブタイトルでは対象や地域を絞り込むというやり方が一般的です。問題設定を簡潔に言い直してタイトルにすることもできます。

　人の興味を引くようなタイトルを工夫してみましょう。いわば「キャッチーなコピー」の側面ももたせるのです。基本要素を並べただけだと味気ないタイトルになりがちです。論文も人に読んでもらうものですから、読む気にさせる工夫もしてみましょう。ただしこれは程度をわきまえてやるべきで、あまりに煽情的ないし興味本位なもの、内容とかけはなれたものになってしまうと不適切と判断されます。調査の現場で出会った言い回し（現場語）で、調査結果を端的に表していると思われるものをタイトルにすると効果的となることがあります。

　よいタイトルのセンスを磨く上で、実例に多く接することが有効です。次に実際のエスノグラフィーのタイトルを挙げてみました。

> **実例** エスノグラフィー論文のタイトル

『ヌガラ―― 19世紀バリの劇場国家』
『無文字社会の歴史――アフリカ・モシ族の事例を中心に』
『越境する家族――在日ベトナム系住民の生活世界』
『「女の仕事」のエスノグラフィー――バリ島の布・儀礼・ジェンダー』
『"お茶"はなぜ女のものになったか――茶道から見る戦後の家族』
『アフリカ都市の民族誌――カメルーンの「商人」バミレケのカネと故郷』
『布がつくる社会関係――インド絞り染め布とムスリム職人の民族誌』
『暴走族のエスノグラフィー――モードの叛乱と文化の呪縛』

11.4.5 論文の要旨をまとめる

　要旨は、論文の序論・本論・結論の3段構造に対応させるのが基本です。
　第1段落で問題設定を述べます。
　第2段落で本論を章ごとに分けてまとめます（「第1章では……。第2章では……」のように）。必要なら複数の段落に分割していいです。
　最後の段落で結論を要約します。
　卒論くらいの規模（3万～4万字程度）の論文なら、A4の用紙1枚、1000字程度の長さの要旨が適当でしょう。期末レポートくらいの長さ（4千字程度ないしそれ以上）の論文ならA4の用紙半分程度になるでしょうか。
　要旨をまとめることは、論文の明確さと一貫性を高めるために有効な訓練となります。設問や結論があいまいな場合、また、本論の展開に有機的なつながりが薄い場合には、要旨もあいまいでうまくまとめることが難しいはずです。逆に、設問と結論が明確に文章化され、本論のストーリーラインも一貫したものになっていれば、要旨をスムーズにまとめることができます。要旨がうまく書けないということは、実は論文の本体を見直した方がよいとい

うシグナルかもしれません。

📁 **実例** 要旨 ──────────────「よみがえる朝鮮通信使」

巻末に収めたこの論文の要旨を読んでみてください（▶ p.306）。

11.4.6 点検する

論文をついに書き終えました。さあ、提出！といきたいところですが、その前に、必ず冷静に読み返して、点検し、必要な加筆訂正をしましょう。

最低限のチェック項目は次のようなものです。

誤字脱字はないか。
説明不足のところはないか（知らない人が読んでわかるか）。
文献表は完全か（決められた形式に従っているか、欧米系の著者名がファミリーネームによって挙げられているか）。
匿名とすべき人名が実名のままになっていないか。

仕上げのためのよりくわしい点検は、次の「評価基準」を参考に行なって下さい。

11.5

よいエスノグラフィーとは──**評価基準**

　よいエスノグラフィー論文とは、どういうものでしょうか。その基準は何でしょうか。

　2つの主要な基準をまず挙げることができます。実証性の基準と理論性の基準です。なぜこの2つなのでしょうか。エスノグラフィーとは、現場の具体的な事例を通して理論的な問題を考える研究のやり方です。ここには2つの側面があります。具体的事実の側面と、抽象的理論の側面です。先に挙げた2つの基準はこの両者に対応しています。

　「**実証性の基準**」は、現場の具体的な事実がよく調べられ、それを根拠にして研究がなされているかどうかをみるものです。また実際に調べられたことをよく描けているかという点もこの基準に関わります。ここでは**調査力**が問われます。

　「**理論性の基準**」によって、現場の事実が適切に概念化され、概念のレベルで分析と統合がなされているか、すなわち理論化がなされているかどうかを判断します。ここで問われるのは**概念力**です。

　一貫性、オリジナリティ（独創性）、明確さ、方法の妥当性とアカウンタビリティ（説明責任）など、エスノグラフィーに限らず研究全般にあてはまる基準もあります。

　これらの評価基準を次にまとめました。これらは研究の最初の段階から気をつけるべきことです。エスノグラフィーの道のりを歩みながら、そのときどきでチェックリストとして活用してください。

エスノグラフィーの評価基準

以下で鍵カッコ「〜」に入っている表現は、当該の基準が満たされたときに出てくることが予想される感想です。

エスノグラフィーとしての全般的基準
　現場での発見からスタートしている。
　実証と理論のバランスが取られている。

実証性の基準──「よく調べた」「よく描けた」

　調査の対象となった現場とそこの事例が具体的にくわしく調べられており、その描写を通して現場のことがイメージできる。

⇒　事実が十分にくわしく調べられている。
　　　「よくこれだけ調べたな」
　　　「これは貴重な記録だ」

⇒　事例がよく描き出せている（ディテールに富んだ描写）。
　　　「知らないところの情景が、いきいきと目の前に浮かんでくるようだ」
　　　「そういう世界なのか、よくわかった」
　　　「その世界のことがイメージできるようになった」

⇒　現場とよく関わっている。
　　　「よくそれだけ関わったな」

⇒　現場での発見がある。
　　　「そんな現実があったのか、知らなかった」

⇒ 文脈がよく調べられ、事例がその文脈に位置づけられている。
「そういう背景があるのか」

理論性の基準――「よく捉えた」

事例が概念的なレベルでよく捉えられ、理論的な考察が展開できている。
「その事例を、そう捉えることができるのか」
「その事例を、そう説明することができるのか」

⇒ 概念と概念との関係性が綿密に分析されている。
⇒ 分析を通して適切な鍵概念が生成されている。(それを通して対象がよく理解され、調査対象の世界と研究分野とが結びつけられている)。
⇒ 事例が抽象的な問題に適切に結びつけられている。
「その事例が、そんな大きい問題と結びついているのか」
⇒ 既存の考え方を問い直している。
「あたりまえだと思っていた考え方が覆される思いがした(目から鱗)」
⇒ 適切に研究の世界での位置づけがなされて、その中での意義や独創性が説明されている。
⇒ 先行研究が適切にレビューされ、当該研究分野で議論されている問題を引き受けている。
⇒ 用いる分析概念が、先行研究と対比してよく練られている
⇒ 既存の理論的概念を用いることで
　○「対象がよくわかる」(理論的道具によって対象の"持ち味"が引き出された)
　×「難しくてわけがわからない」(対象が理論的道具の犠牲にされてしまった)

× 「それはこじつけだ」「表面的なあてはめだ」「無理な押しつけだ」（対象に理論的道具を用いる必然性が薄い）

研究としての全般的基準

⇒ 論理的な一貫性がある。
　「論文の筋が通っている」
　「論文の要素間のつながりに必然性がある」
⇒ 明確さ
　「明確に問題が設定されている」
⇒ オリジナリティがある
　「他の人が思いつかないような問いを立てている」
　「他の人が目をつけていないことを調べている」
　「他の人が言っていない独自の結論を導き出している」

方法論的な基準

⇒ 妥当性
　エスノグラフィーという方法がふさわしい対象と問題が設定されている。
⇒ アカウンタビリティ
　調査の方法（データ収集・分析の方法、調査対象者やデータの選定基準など）がよく説明されている。

社会的意義
社会的な問題と取り組んで、現場においても有意義な知見を提示している。

12 社会へとひらく

> **この章の目標**
>
> 調査でお世話になった人びとにお返しをしよう。
> 社会でエスノグラフィーを活かしていこう。

　エスノグラフィーは常に社会の中で行なわれるものです。論文を書いた時点で終わり、ではありません。調査で協力してくださった方々にお返しをしなければなりません。
　ここまでの道のりを歩み切ったのなら、エスノグラフィーの基本が身についたことでしょう。今度はそれを社会の中で活かすにはどうすればよいのかを考えましょう。エスノグラフィーには非常に大きな潜在的可能性があるのです。

12.1 お返しをする

　これで論文を書き終えました。提出を終えてほっとしているでしょうか。口述試験を終えたり、成績評価を受け取ったりすると、いよいよ「これで終わった」と思うかもしれません。しかしまだ終わりではありません。ここで、調査でお世話になった方々の顔を思い浮かべましょう。

12.1.1　お礼の気持ちを伝える

　現場の人たちは、「この若い学生のためならば」と快く、場合によったら「この忙しいときに」と少し困りながら協力してくださったのかもしれません。「あの子、論文は書けたんだろうか」と気にしている人、「自分が喋ったことがどう使われるのだろう」と不安に思っている人もいるでしょう。おそらくこうしたいろいろな気持ちをもちながら、調査協力者は、「よそ者」としてある日現れたみなさんを迎えいれ、そして時間を割いてくださったのです。みなさんは多くのものを与えてもらいました。まずそのことに感謝の思いをもちましょう。それからその思いを具体的に表しましょう。少なくとも、論文を提出したり学位が得られたことの報告を、心からの感謝の言葉と共に伝えましょう。

12.1.2　論文をお送りする

「調査というのは地元から何かを奪って来るのだから、必ずなんらかのお返しをする気持はほしいものだ」(宮本 1986：110)。これは宮本常一が師と仰いだ渋沢敬三の言葉であり、渋沢はそれを忠実に実行したのだそうです。いただいたらお返しをする。調査研究の場合でもこの気持ちを忘れないようにしましょう。お返しとして最低限できることは、かたちになった論文をお送りすることです。論文をお送りするのは、審査や成績評価を通ってからの方がいいでしょう。また調査協力者にお送りするときに修正した方がよい点はないか、指導の先生の意見を参考にしましょう。

お返しとしてお金や物を贈るのは不適切なことも多いです。学生がお金や物を贈ると、逆に、相手に不快感を与えることもあります。無償の思いから協力してくださった方の気持ちを傷つけかねません。仮に差し上げるにしても土地や相手によって何がいいのかが違ってきます。これも指導の先生に相談しましょう。

12.1.3　他に何ができるのか？

……何日も何日も来ていて、ろくにお礼をするわけでもなくて、来た本人たちは功成り名を遂げて、博士になり、あるいはいろんなとこへ就職もどんどんいいほうへ行って、本人達はうんと楽になっていくけども、じゃまされて手間暇かけさせられたアイヌには何一つそれらしいこと、学者は報いをしてくれませんでした。　　　　　　　　　　　(現代企画室編集部 1988：85)

この萱野茂の言葉を思い出し、再度心に刻みましょう。そして自分が、社会的なマイノリティのことを調べた場合、他に何ができるのかと自問してみましょう。
　同じく第5章で引用した、宮本常一が伝える日本の地方の人たちの声。「何のために調べるのか、なぜそこが調べられるのか、調べた結果がどうなるのか一切わからない。」(宮本 1986：114) も思い起こしましょう。

　今の答えは、「自分には何もできない」という無力感かもしれません。しかしこの問いにひっかかり続けるということが、エスノグラフィーを社会に開かれたものに変えていくことにつながるのだと思います。

来た道を振り返って
――インタールード――

　もう一度冒頭のプロセス・マップを見てみましょう。初心者の頃と、12のステップをほぼ歩み抜いた今とを比べて、みなさんはいったい何を得たでしょうか。

　論文を書き終えたことは「研究の一区切り」とはいえるでしょうが、それで「終わった」わけではありません。さまざまな現場での人びとの生活・実践はずっと続いています。それとの関わりで、みなさんが研究したこと、論文を書いたことにはどんな意味があるでしょうか。それを問うてみましょう。

　研究する。調査する。分析する。理論化する。そして論文を書く。

　こうしたことは、日常とかけ離れた何か難しいこと、偉いことのように錯覚されがちです。でも、論文を書き、学位を得たからといって人間として偉くなるわけではありません。このあたりまえのことを確認しておきましょう。そして論文を書くことや、大学という空間が持っている一種の「魔法」にかからないように気をつけましょう。

　研究をしたり、論文を書いたりすることも、この社会の中で数多くある実践のひとつにすぎません。野菜をつくったり、コンピュータのプログラムを開発したり、育児をしたり、タクシーを運転したり、難民を保護したりする。エスノグラフィーすることも、そんな諸々の営みのひとつに位置づけられるわけです。それは、他の実践よりもことさら偉いわけではありません。同時に、他の実践よりも価値が低いわけでもありません。エスノグラファーにはそれなりの「プロ意識」と、その制作物（論文など）への社会的責任が問われます。「私は学生で、プロじゃないよ」という場合でも、現場と関わる以上、それなりの社会的責任を引き受けなければなりません。

　その上で、エスノグラフィーの道のりをひととおり歩み抜いた今、自分はどんな経験をし、何を身につけたのかを振り返ってみましょう。そしてその経験と能力を社会の中でどう活かせるのかを一緒に考えましょう。

12 社会へとひらく

12.2
社会で活かす

エスノグラフィーには、研究の世界にとどまらず、社会の中で応用できる潜在的な可能性があります。これまでみなさんが実践でつちかってきたエスノグラフィーの経験をふまえ、それをどう社会で活かせるのかを一緒に考えてみましょう。

12.2.1　ものの見方を活かす

この本の読者で研究職に携わっている人は少数かもしれません。学生ならばこれから就職をして「社会」に出ていく人の方が多いでしょう。そのときにそれぞれの「現場」に入っていくことになります。現場を内側から理解する方法としてのエスノグラフィーを、それぞれの社会の現場で活かしてください。この本ではエスノグラフィーを研究方法として説明してきましたが、それは「ものの見方」として仕事や生活の現場でも役に立つはずです。特に次の点を思い返してください。

> - 現場は既存の計画・定説・理論では理解しきれない。
> - 自分にとって「あたりまえ」の考え方を自覚して、いったん横に置くことが、現場を理解する上で必要。
> - 現場には自分とは違った「あたりまえ」がある。
> - 現場には互いに矛盾するような視点や、予測不可能な側面がある。
> - 人びとの使う表現や、物事のディテールが現場を理解する鍵となる。
> - 個々の事柄を関係づけていくと、現場の仕組みが浮かび上がってくる。
> - 現場の謎は、それをとりまく文脈の中で解きほぐせる。
> - 複雑な関係性を概念化すると見通しがよくなる。

12.2.2 ビジネスに活かす

マーケティングや商品開発のために、エスノグラフィーが応用されるようになってきています。たとえばアメリカの代表的な半導体メーカー・インテルでは、文化人類学者が製品開発のための調査をエスノグラフィーの手法によって行なっています。さらにマイクロソフト、インテルなどのIT関連企業とアメリカ人類学協会とが合同で、エスノグラフィーの国際会議を開催するまでにいたっています[1]。そしてこの動きは冒頭の「エスノグラフィーをはじめよう」で紹介したように、日本の企業にも波及しています。これほどにエスノグラフィーが注目され、活用されているのは、それがまさに人びとが生きる現場を明らかにする方法として認知されているからに他なりません。

---

[1] 国際会議「産業におけるエスノグラフィーの実践」http://www.epic2008.com/

日本においても、大学でエスノグラフィーを学んだ学生が、企業でエスノグラフィーの専門家として働くようになるでしょう。

私はその動きを基本的に歓迎したいと思います。ただし、よい面ばかりではないことも指摘しておかなければなりません。企業によるエスノグラフィー利用には、生活世界の市場化という側面もあるからです。こうした動きは生活のあらゆる場面が、企業の利潤追求の現場にされてしまうことにつながりかねません。これはビジネス倫理の問題です。企業のエイジェントとして、エスノグラファーが人びとの生活のどこまで踏み込むことが許されるのか。この点を議論して、明確にする必要があるはずです。

12.2.3　概念的資源としてのエスノグラフィーの知

私たちが生きている世界は、言葉でできています。そこに新しい言葉を付け加えれば、その分世界も少し変わることになります。概念化することでエスノグラファーは現場を言い当てる新しい言葉を提供することができます。ひとつの例を紹介します。

波平恵美子は脳死・臓器移植の人類学的研究を行ないました。それは現代日本の医療シーンの綿密なエスノグラフィー研究といえるものでした。分析を通して浮上して来た鍵概念は「遺体観」でした。「脳死体」からの臓器移植に反対する立場のある医師グループは、なぜ自分たちが臓器移植を「おかしい」と思うのか、また推進派の医師たちをどう説得すればよいのかわからなかったといいます。そこで波平がある調査結果をもとに「『死体観』と『遺体観』は違う」という分析を述べたところ、その医療グループの人たちは、「言葉を与えてくれた」と感じたのだそうです[2]。

---

2) 筆者が行なった波平氏へのインタビュー中に語られたエピソード。なお、このインタビュー内容は書籍としての刊行が予定されています（波平、小田 2010）。

現場の当事者でも、自分たちが置かれた状況を言葉にしているとは限りません。現場のただ中にいるからこそ、言語化するのが難しいともいえます。状況や物事を的確に名づけると、それをコントロールできるようになります。エスノグラファーが分析して得た言葉、すなわちエスノグラフィーの知は、現場を読み解くのに役立つ概念的資源となりえるのです。

12.2.4　現場を共有するエスノグラフィー

これまでエスノグラファー／人類学者は、現場で出会う人びとを「原住民」「調査対象者」「インフォーマント（情報提供者）」などと呼んで、「向こう側」に置いて認識する傾向がありました。「こちら側」は研究者の世界です。このために、研究者にとっての問題と現場の人びとの問題とがズレてしまうことが往々にしてありました。

ピエール・ブルデューは研究者と現場の人びととのズレを鋭く指摘して、研究者の特権性という幻想を批判しています。

> 家系図をつくる人類学者の「親族」に対する関係は、息子に適当な結婚相手を世話するという現実的で切迫した問題を解決しなければならないカビリア人の父親の「親族」に対する関係とは程遠いものです。同じように、たとえばアメリカの学校制度を研究している社会学者は、学校を「利用」しているのですが、これは娘のためによい学校を探す父親が学校を利用するのとは無関係です。
>
> （ブルデュー 2007：103）

現場の人びとにとって、研究とは何か難しそうで縁遠いものに映り、研究者は「これは研究だから、学問のためだから」と社会的説明を避ける傾向は今でもあります。しかし「社会の中のエスノグラフィー」と位置づけるなら、それでは済まされないでしょう。エスノグラファーもやはり社会の中に生き、

そのつどの問題に取り組んでいます。どこか特別で中立的な位置にいるわけではありません。

現場の人びとをたんに対象とし、分析するのではなく、現場の人びとが直面している問題の解決と状況の改善につながるような知を産み出すこと。このような方向性を「**現場を共有するエスノグラフィー**」と呼びたいと思います。その人たちの問題を共有するためにまずやるべきこと、それは、その人たちの声をよく聴くことに他なりません。

これはエスノグラファーが、現場の人びとの抱える問題に近寄っていくというタイプのアプローチです。

別のタイプも考えられます。それは現場で何らかの問題に直面する人が、エスノグラフィーするというものです。現場の人がエスノグラファーになるのです。このとき、自らの現場を調査対象とするということもあるでしょうが、違った地域において共通する問題に取り組んでいる人びとについて調査するという手も考えられます。違った文脈で同じ問題と取り組む人びとのやり方から学び、その成果を、自らの文脈に活かすという、現場から発し、現場へと還るエスノグラフィーです。

いくつかの実例をみてみましょう。

📁 実例　災害に見舞われた先住民社会へのコミットメント『噴火のこだま』

清水は人類学者としてフィリピンの先住民アエタの調査をしていました。1991年にピナトゥボ火山が大噴火を起こすと、アエタ社会は深刻なダメージを受けました。清水はアエタの人びとの救援活動に関わり、その中で、エスノグラフィーと人類学のあり方にも根本的な反省を加えるようになります。清水の次の文章にはそれが凝縮されています。ここでまさに、人びとの現場を共有し、そこにコミットする人類学の方向性が示されています。

> 人類学の可能性は、(中略) テクストの外部における人類学者の現地へのコミットメントを含めて追求していくことによって開かれる (中略)。すなわち人類学者は、(中略) 現地の人々とのさまざまな関わり合いから逃げ出

さず、今そこにある現実の問題の解決や改善のために積極的に介入し関与すべきであること、そのうえで、さまざまな矛盾や葛藤や利害対立をはらんでダイナミックに変動する現代社会の断片の民族誌の作成を模索すべきであることを（中略）［本書は］主張している。　　　　　　　　　（清水 2003：16）

📁 実例　────────────────────── 災害エスノグラフィー

　防災の専門家たちが、自分たちにとって緊急の防災という問題に、エスノグラフィーを用いた例が「災害エスノグラフィー」（林他 2009）です。これについては第2章でくわしく紹介しました。これは上述の「現場を共有するエスノグラフィー」の2番目のタイプ、すなわち現場の問題に取り組む人たちがエスノグラフィーを応用したものとして注目に値します。

📁 実例　────────────────── 医療事故の現場エスノグラフィー

　看護学の嶋森好子は、看護現場の医療事故の実態調査から事故防止対策を検討する研究プロジェクトを実施しました（嶋森他 2002）。そのプロジェクトの中に、事故現場に直接入り、当事者とのインタビューを通して、事故の経過を詳細に明らかにする調査を実施しました。これは「エスノグラフィー研究」として行なわれたものではありませんが、現場の当事者の視点を、その文脈を含めて理解することを試みた点でエスノグラフィー的だと言えます。
　この嶋森らの研究を、精神医学者で医療人類学にくわしい江口は次のように評価しています。

　　「こうしたミスや医療過誤は、いくつかの要素が重なれば誰にでも起こりうる」　　　　　　　　　　　　　　　　　　　　　　　　（江口 2004：55）
　　「メディアの視点でも法律家の視点でもない……あくまでその中で働く者の視点に立って、出来事にいたるエラーやルール違反に焦点を当てるものである。この第三の視点を取らない限り、個人の責任追及や事件の隠蔽に終わ

り、真の事故対策に結びつく組織的な解決には至らない」 (56)
　「日常臨床場面で必要なのは、マニュアル的な外側からの知識の蓄積の総和ではなく、こうした『当事者の視点』に立って出来事を再構成しようとする方法論、そこから反省点や改良点を抽出していこうという「発見的」作業ではないか」 (56)

他者を人間化する想像力

　写真家の土井敏邦氏はドキュメンタリー番組『兵士たちの悪夢』(NHK ハイビジョン特集 2008 年 8 月 31 日放映) の内容に、自身の長いパレスチナ・イスラエルでの取材経験を重ね合わせて、「人間化」というテーマについて考察しています。

　　　向き合う「敵」や「テロリスト」「虐殺の犠牲となった民間人」が、自分と同様、身体の傷だけではなく、深い"心の傷"を負う"感情を持った同じ人間"なのだという自覚を持ちえなければならない (中略)。
　　　だからこそ、国家と軍隊が恐れるのはまさに"敵の人間化"なのだろう。戦争で"心の傷"を負う兵士たちを描いた NHK のドキュメンタリー『兵士たちの悪夢』の中で、軍隊が敵を"非人間化"する理由と過程を象徴する 1 例として、ベトナム戦争時に新兵を訓練した元担当官が登場する。彼は、新兵に叩き込んだのは"条件づけ"だったと語る。
　　　「まず敵は人間以下だと教えます。ベトナム人は銃を真っ直ぐ撃つことさえできないと教えたりしました。あいつらの目は細くてものがよく見えない。アメリカ人の丸い目とは違うんだとね。敵を殺させるには、相手が人間だという感覚を徹底的に奪っておくことが重要です。なぜなら敵も同じ人間だと感じた途端、殺せなくなるからです」

　　　　　　　　　　　　　　　　　(土井敏郎 Web コラム、日々の雑感 127)

　エスノグラフィーが目指すのはこの逆のプロセスです。ステレオタイプ化された「他者」イメージをカッコに入れ、現場で具体的な他者と人間として出会い直すことです。パレスチナ系のアメリカの人類学者アブー＝ルゴドが、重要な論文「文化に抗して書く」の最後で、エスノグラフィーの意義として

「戦術的人間主義」と言っているのはこのことです（Abu-Lughod 1991）。良質なエスノグラフィーからは、違った文脈で生きている人間の姿が伝わってくるものです。そこには人間的な想像力をよみがえらせる働きがあるのです。

実例 ミニエスノグラフィー

収められたミニエスノグラフィーについて

「フィールドワークは本当に面白い。
未知のフィールドの刺激と、
現場に生きる人びととの会話により、
自らの世界が広がる喜びがある。」

　執筆者のひとり、小倉さんがこう述べるように、これから読んでいただく4つのミニエスノグラフィーの核には現場での発見の喜びがあります。
　最初の3編は学生のもの、最後は私が本書のために執筆したものです。3人の学生はいずれも私の授業「文化人類学演習」を履修し、その中でエスノグラフィーを身につけていきました。加藤さんと小倉さんの研究は卒業論文、高橋さんのものは修士論文に結びつきました。それぞれが自分の力で調査を進めるなかで、発見の喜びを体験し、それは、そばで見ていた私にも伝わってきました。3人の学生の論文はどれも優れたものですが、それぞれの中にある現場と共振したときの感動を感じとっていただければ幸いです。
　各論文の最初に、私が書いたガイドと、著者によるまえがきを収めました。またはじめの2編については、各論文の後にさらに私のコメントを付けました。

Guide ミニエスノグラフィー①

世界遺産登録され、ますます有名になった知床に関するエスノグラフィーです。よくマス・ツーリズムとエコツーリズムとが別の観光形態として区別されますが、加藤さんが知床観光の現場に入って直面したのは両者が混在している状況でした。既存の区別では割り切れない現実があったわけです。最初、加藤さんはそれに戸惑いますが、いったいどのように混在しているのか、それらの観光形態にネイチャーガイドと行政とでいかに違った意味づけをしているのかを分析していきます。観光人類学の観点からも興味深い研究になっています。

(小田)

著者のまえがき

私が知床を論文のテーマに選んだのは、道東へ旅行に行きたいという不純な動機からでした。車道のすぐそばまで姿を見せる野生動物、温泉が川となって海へ流れる光景を目にし、旅行はしっかり楽しみましたが、論文のテーマは一向に決まりませんでした。『知床のエコツーリズム』をテーマに書こうと思っていたのに、現地で行われているのはエコツーリズムとは違うように感じたのです。そんな私の違和感をはらしてくれたのは、現地のネイチャーガイドの方々の言葉でした。「我々がやっているのはエコツーリズムではない」という一言に、目の前がさっと明るくなりました。「これで書ける。エコツーリズムを選ばない人びとの論文だ」。そう感じた私の感動を、文章から少しでも感じとっていただけたらと思います。論文の方向性で悩んでいた私に貴重な助言をしてくれた小田先生、快くお話を聞かせてくれた知床のガイドの皆様に感謝いたします。

(加藤)

知床のエコツーリズムとマス・ツーリズム

加藤歩

キーワード

エコツーリズム／マス・ツーリズム
ネイチャーガイド／自然観光／資源

目次

I　序論

II　エコツーリズム
 1　エコツーリズムの興隆
 2　エコツーリズムの定義

III　知床とエコツーリズム
 1　知床観光地の概要
 2　調査の概要

IV　ネイチャーガイドとマス・ツーリズム
 1　ネイチャーガイドの活動
 2　「資源」としての自然
 3　ガイドの自己認識
 4　ネイチャーガイドとマス・ツーリズム

V　結論

I　序論

　この論文では、斜里町ウトロを中心に活動するネイチャーガイドと、団体バスツアーを主体とするマス・ツーリズムの関係について明らかにする。知床は環境省によるエコツーリズム推進モデル地区として選出され、日本におけるエコツーリズムの先進地域として知られている。だが知床で「エコツーリズム」の担い手とされるネイチャーガイドは、自らの活動をエコツーリズムとは考えていない。また一見「エコツーリズム」と対立するように思われるマス・ツーリズムは、ガイドにとっては決してネガティブな観光形態ではない。これはなぜなのか、ガイドの活動から探っていく。

　この論文は観光人類学の分野に位置づけられる。エコツーリズムは観光人類学では、導入と運営に関わる先進国と発展途上国の関係（橋本 2001）や、構成要素による認識の違い（橋本 2001、堂下 2005）、地域の主体性（石森 2001）などが考察されてきた。本論文ではエコツーリズムを導入した地域がエコツーリズムのどのような要素を重視しているかによって、その展開に独自性が見られることを指摘する。エコツーリズムを採用するか否か、またどのような展望を持って採用するのかという地域の視点を考察する上で、独自性を持つと考える。

　論文の構成としては、まずエコツーリズムの概要を説明し、次に知床観光地の特徴と調査の概要を述べる。さらにネイチャーガイドの活動を分析することにより、知床の「エコツーリズム」とマス・ツーリズムの関係を明らかにする。

II　エコツーリズム

1　エコツーリズムの興隆

　ここでは、エコツーリズムが登場し、世界的な興隆を見せるのに大きな役割を果たしたと思われる二つの背景について説明する。

　その一つは観光面でマス・ツーリズムの弊害が問題となり、それに変わる新しい観光形態の必要性が出てきたということである。マス・ツーリズムは 19 世紀の半ば、交通機関の発達や宿泊施設の整備にともない、急速に発達をとげた。だが 1970 年代になると、このマス・ツーリズムの弊害が問題となった。マス・ツーリズムは大量送客により地域資源が損なわれることもあり、また地域の社会・経済へ

の配慮も足りなかった。このような事態をふまえ、マス・ツーリズムに変わる「もうひとつの観光」、オルタナティブ・ツーリズムの必要性が叫ばれるようになった。だが「オルタナティブ（Alternative）」という単語はマス・ツーリズムに対抗する語として使われるだけで特定の意味を持たない、非常に曖昧な概念であった。そのため、実践の段階でさまざまな用語が採用された。その一つとして、自然環境を対象とした観光形態に採用されたのがエコツーリズムといえる。

　もう一つの背景は環境面で地球環境問題が世界的に注目され、「持続可能な開発」の概念が提唱されたということである。地球環境問題は1972年の国連人間環境会議が契機となって世界的に認識された。1980年には「世界環境保全戦略」が発表され、ここで初めて「持続可能な開発（Sustainable Development）」が提唱された。この概念は1987年、国連の「地球の未来を守るために（Our Common Future）」という報告書で確立し、現在では環境保全についての基本理念として国際的に広く理解されている。「持続可能な開発」は発展途上国の経済発展と地球環境の保全を両立し得るものとし、節度ある開発が重要であるという考えの下に立っている。これを自然観光の現場で実現しようとしたのがエコツーリズムであった。また環境問題が注目されるにつれ、エコツーリズムへの注目もまた高まっていった。

2　エコツーリズムの定義

　エコツーリズムが注目を集めるにつれ、その定義が定まらないうちに名称だけが一人歩きするという現象が生じた。その結果、エコツーリズムは定義をする人の数だけ定義があるともいわれる、非常に曖昧な概念となった。

　エコツーリズムに関わる団体はそれぞれが独自の定義を設けており、世界的に広く認識された共通の定義は存在しない。各団体の定義には共通点もあり、また団体の属性による違いも見られる。一般的に自然保護団体の定義は環境負荷が少ない限定的なエコツーリズムとなり、旅行業者の定義は観光客の視点も意識した商業的なものになる（柴崎・永田 2005）。また、このような定義の多様性から、近年では分類の動きも生じている。

　このように、エコツーリズムの定義に関してはさまざまな見解が飛びかっている。だが多様性を見せるエコツーリズムにも共通点はある。多くの定義でエコツーリズムに求められている条件を検討することにより、エコツーリズムの一般的認識を明らかにしようという試みも行われている。

　Fennell（1999）はエコツーリズムの考えうる要件として13条件を挙げ、世界の代表的な16の定義について、それぞれこれらの条件を満たしているかどうかを明

らかにした。柴崎・永田（2005）はこの Fennell による試みをもとに、考えうる 16 条件について、国内外の代表的な 21 定義を満たすかどうか再検討を試みた。その結果、柴崎・永田は一般的なエコツーリズムの認識を次のように述べている。

> 自然地域を対象として行われること（地理的条件）、自然地域の生態系などについて学習すること（教育的側面）、そうした自然地域の環境が損なわれないような観光が行われること（環境的側面）、地域経済に貢献すること（経済的側面）の4つを満たすような観光形態
> （柴崎・永田 2005：14）

　本論文ではこの柴崎・永田（2005）による一般的認識をエコツーリズムの定義として扱うこととする。また、この概念を実践するのがエコツアーである。知床のネイチャーガイドは自らの活動をエコツーリズムとは認識していないことから、ガイドの活動を示すときには括弧付きの「エコツーリズム」で表記する。

Ⅲ　知床とエコツーリズム

1　知床観光地の概要

　知床とは北海道東部に位置する知床半島周辺をさす言葉であり、行政区画上は網走支庁の斜里町と根室支庁の羅臼町に分断されている。両町は気候も観光資源も大きく異なることから、本論文では斜里町ウトロ側を拠点に活動するネイチャーガイドに限定して扱うこととする。ウトロは斜里町の一地域であるが、知床観光の重要な玄関口である。観光客の間ではウトロ＝知床という認識が定着しており、本稿でも、知床のウトロ側を便宜上、知床と表記する。

　知床は 1964 年の国立公園指定にともない、観光地として発展してきた。北海道は広い土地に観光地が点在しているため、観光は旅行会社によるバスツアーやパックツアーが主体となる。知床も例外ではなく、訪れる観光客の半数が団体のバスツアー客である。また、2005 年には知床は日本で 3 番目の世界自然遺産に登録された。だが世界遺産への登録で観光客が増えると、観光地を良質化する必要性も指摘されるようになった。観光客へ自然観光のマナーを周知することはもちろん、短期通過型の観光から地域と触れあう長期滞在型の観光への移行が必要とされた。その他にも知床には、観光客の誘致と安全のための規制をどのように両立していくか、ネイチャーガイドの質をどのように保持していくかなど、多くの課題が存在してい

る。

　このような問題を解決するための一つの「戦略」として、2004年に斜里・羅臼両町が中心となって導入したのがエコツーリズムである。具体的には環境省のエコツーリズム推進モデル地区に応募し、知床エコツーリズム推進委員会を中心に3年間のモデル事業活動を行なった。この活動は知床観光地の良質化のために地元行政が試みたことであるが、知床にはそれよりも以前からガイド団体の活動の歴史があった。文献等ではこのガイド団体の活動が、エコツーリズムの実践形態として扱われることがある。ガイド団体は知床エコツーリズム推進委員会にも参加しており、エコツーリズムの知識も自主的に収集している。だが推進委員会の活動と各団体のガイド活動とは区別して考えており、自分たちがエコツーリズムを実践しているという意識はない。実際、ガイド自身が「エコツー」という単語を口にするとき、それは地元行政が進めている「戦略」をさすのであって、自分たちが実施しているツアーをさすのではない。

2　調査の概要

　本論文の調査は斜里町ウトロを拠点に、7月から11月にかけて行なった。知床への訪問は4回であり、その間にウトロを拠点として活動するネイチャーガイド4団体の合計10ツアーに参加し、参与観察とインフォーマル・インタビューを行なった。また民宿経営者2名と2団体のネイチャーガイド4名にフォーマル・インタビューを行なった。インタビューの内容は多岐にわたり、民宿経営者には主に知床観光地の変化、およびネイチャーガイドのツアーに参加する宿泊客の意見についてお話をうかがった。またネイチャーガイドには団体の運営について、ガイド内容について、ツアー参加者について、また観光地やガイド事業の変化についてうかがった。

　文中には調査で出会ったガイドと地元住民の名前が出てくるが、それらはすべて仮名である。

IV　ネイチャーガイドとマス・ツーリズム

1　ネイチャーガイドの活動

　知床におけるガイド業の歴史は長く、そもそもは宿泊施設の二次的機能として、ツアーデスクの設置や観光地の案内などを務めたところから始まっている。その一方で、斜里町が設立した国立公園の調査研究機関、知床財団においても長らくガイ

ド業が行なわれてきた。1990年代の後半からホテル等でガイドを務めていた方々がガイド会社を立ち上げるようになった。現在、ウトロ側で活躍するネイチャーガイドは10団体以上存在している。団体に所属するガイドはほとんどが外部からの移住者であり、道外の出身者が多い。

　ネイチャーガイドのツアーには、旅行会社からの依頼による団体バスツアーのガイドと、個人旅行者のガイドの2種類がある。ガイドには観光客とのコミュニケーションを楽しむ者が多く、ガイド内容が参加者に対応して変化する個人旅行者のガイドが好かれる傾向にある。だが知床観光の特徴と同様に、団体バスツアーによる観光客が収入に占める割合は大きい。これは、ガイドツアーがバスツアーの一部として組み込まれているためである。一方、個人旅行でガイドツアーに参加する観光客も、旅行会社によるパックツアーのオプションとしてガイドツアーを採用する人が多い。ガイドの活動を「エコツーリズム」として見ると、これは「エコツーリズム」がマス・ツーリズムの一部として機能しているように見える。

　ガイドツアーの参加者は年間5万人以上に及ぶが、そのほとんどが知床訪問は初めてという観光客である。ガイドツアーは比較的高額であるため、参加者は50代60代の高齢者や家族づれが多い。アウトドアに興味を持つ者もいるが、自然保護に強く関心を持って参加しているというわけではない。どちらかというと、知床の魅力をより深く知りたいという欲求からガイドを採用する観光客が多いようだ。

　観光対象は知床の有名な観光スポットになることが多く、知床五湖などではバスガイドが率いる団体客とネイチャーガイドのツアーが同じ木道をまわることとなる。各ツアーの中でガイドの素材として使われるものは、植物、動物、動物が残した痕跡、景観、自然現象、歴史的遺物などである。解説内容も多岐にわたり、動植物の名前とその特徴、知床の歴史、自然環境の問題、今年の知床の様子、ガイドの体験からさらには人生にまで話が及ぶ。ネイチャーガイドは決して自然環境の知識のみをガイドする存在ではないのである。

2　「資源」としての自然

　自然観光の場では、ガイドは「自然」を資源として利用している。

　観光地の中のどんなものを資源と認識し使用するかは、個々のガイドにより異なる。そこには個々の関心や得意分野、あるいは人生経験が作用している。例えば木彫りの店を持っているガイドの坂本さんは、木についての説明が多い。また猟師を引退してガイドになった宮城さんは、ヒグマ猟について説明する。ガイド団体はガイドがどのようなツアーを構成するかについて、規定をほとんど設けていない。ガ

イド個人の工夫を尊重するとともに、参加者によるガイド内容の流動性を重視しているのである。

一方、ほとんどのガイドに資源として認識されるものも存在する。例えば知床五湖にはエゾシカの食害によって枯れた木が群生しているし、原生林にはヒグマの冬眠穴がある。また数日前にヒグマが出た場所は格好の資源となるし、遊歩道付近に現れるエゾシカは何よりも観光客を喜ばせる。これらの資源は知床について理解してもらう上で重要な要素を持っており、また観光客の驚き、感心、満足などを得ることができる資源だ。そのため長いガイドの歴史の中で自然に「有効な」資源として認識され、ツアーに組み込まれるようになったのである。

また、ガイドが用いる「資源」の中には、「象徴資源」として働くものがある。「象徴資源」とは、ある「資源」に本来認識されていた価値とは異なる象徴的価値が加わったものをさす（内堀、菅原、印東 2007）。例えば知床五湖の湖面に咲く睡蓮は、ひとりで見ればただのきれいな花である。だがガイドと共に見ると、開拓民が厳しい生活の中で慰めに持ち込んだ外来種となる。ガイドは睡蓮に開拓の厳しさを象徴させ、観光客の前に示すのである。

ネイチャーガイドは植物の名前を解説するだけではなく、このような「象徴資源」を用いた演出を行う。ガイドの解説によって知床の景観に象徴的価値が付加される。また、象徴的価値は往々にして知床の人の歴史とも関連する。このようなガイドの活動の結果、観光客は「原生」の自然を求めてやって来た知床で、自然の中に象徴された人の歴史と出会うことになる。これは、知床のネイチャーガイドが自然のガイドではなく知床のガイドだからである。「自然の魅力を伝えたいんじゃなくて、知床の魅力を伝えたいんだ」とガイドの本木さん（50代男性）はいう。先住民の時代から知床には長く人が住み続けてきた。ガイドにとって知床の自然と人の歴史とは、区別するものでも、区別できるものでもないのである。

3　ガイドの自己認識

エコツーリズムの議論でしばしば置き去りにされるのが、観光客の視点である。それはマス・ツーリズムが集客を重視して自然環境や地域の社会・経済への配慮に欠けていた教訓から来るものである。だが知床のネイチャーガイドは、「ガイドはサービス業である」という明確な意思のもと、観光客の満足度を意識した活動をしている。

ガイドはツアーの申し込みを受けたときから、観光客との「ギャップを埋める」作業を開始する。これは、知床のガイドが決してヒグマ避けや道案内ではないのだ

ということを理解してもらい、その上で参加者を把握し、嗜好にそったガイドを提供するためである。ガイドの技術が優れているかどうかは、いかに知識を持っているかではなく、いかに参加者ひとりひとりに対応したツアーを行なうかということから判断される。「一番のほめ言葉は、この料金では安かったと言われること」と言うガイドもいる。参加者に楽しんでもらうこと、支払われた金額と時間に見合ったサービスを提供することが、ガイドにとってはもっとも重要なことなのである。

　では、どうしてガイド業をやっているのか、とネイチャーガイドに質問すると、「知床の魅力を伝えたいからだ」という明確な返事が返ってくる。ガイドはほとんどが外部から知床に移り住んできた人である。長い経験を持つガイドは特に、ガイドをやろうとして知床にやって来たというよりも「知床の魅力にとりつかれて、帰れなく」なったのである。彼らは自分のガイド技術には不満を持っていても、素材としての知床の環境には絶対の自信を持っている。そのようなガイドにとって、知床に来てもあっというまに帰ってしまう観光客は非常に「もったいない」存在だ。そのような観光客に知床の魅力を伝えるのが、ガイドたちの目的なのである。

　もっとも、観光客の視線を意識しているとはいっても、自然観光に従事しているからには観光地の持続可能性を実現する必要がある。ガイドは自然保護に対する意識が高く、知床のさまざまな問題に対しても個々の意見を持っている。ガイドツアーに関しても自主的なルールがいくつも存在しているし、それぞれの真摯な態度ゆえ、対立することもめずらしくない。ガイド団体にもバスツアーを積極的に取り入れたり、個人旅行者のみを扱ったりと色の違いが見られる。同じ知床の魅力を伝えるという目的を持っていても、それをより多くの人に伝えることを重視するか、より深く伝えることを重視するかという姿勢の違いがあるのだ。「同じ山を登ってるんだけど、登る経路が違う」と、ガイド会社の代表（50代男性）は言う。

　一方、地元行政がエコツーリズムを導入した目的は、知床観光地の良質化である。観光資源である知床の自然を損なわないためには、バスツアーの観光客が大半を占めている知床観光の現状は、あまり好ましいものではない。そのため、エコツーリズム推進協議会は長期滞在者やリピーターの増加のためにさまざまな活動を行なっている。だがガイドにとって一番の目的は、観光客に知床の魅力を伝えることである。そのため、地元行政の目的に合致することもあれば、対立してしまうこともある。ここに、ネイチャーガイドの活動と地元行政によるエコツーリズムの違いがある。

4　ネイチャーガイドとマス・ツーリズム

　この節では、これまでの分析をもとに知床の「エコツーリズム」がなぜマス・ツーリズムと対立しないのか、むしろ友好的な共存を見せているのか明らかにする。次に、その要因を三つ挙げる。

① 知床観光は歴史的にもマス・ツーリズムによって発展してきた。マス・ツーリズムの観光客がいなくては、昔も今も知床の観光は成り立たない。同様にネイチャーガイドの事業も成り立たない。
② ネイチャーガイドは比較的高価なサービス業である。参加する観光客の年齢層も高くなる。高齢の観光客にとって、個人旅行で知床にくるのは大変な労力がいる。そのため、知床が大好きで何度も足を運んでいる人であっても、団体バスツアーに参加することは十分ありえる。個人旅行者の方が自然や地域に関心を持っているという前提は、知床にはないのである。
③ ネイチャーガイドはガイドというサービス業を行なっている。目的は観光客を楽しませることであり、預けられた時間と金額に見合ったサービスを提供することに誇りを持っている。知床の魅力を多くの人に伝えたいというガイドの目的とマス・ツーリズムは、まったく矛盾しない。

　知床は自然地域であり、ネイチャーガイドは観光客へ知床の自然に関する知識をさずける。またガイドの自然保護への意識も高い。地域への経済的貢献については議論があるが、ネイチャーガイド団体はすべて斜里町に基礎をおいており、税金などの面で地元経済へ貢献しているともいえる。また団体によっては売り上げの一部を植林活動にあてたり、海岸のゴミ拾い活動をしたりと、経済面以外での貢献も行っている。

　このように、一見知床におけるネイチャーガイドの活動はエコツーリズムであるように見える。実際、知床が世界遺産に登録された2005年には多くの雑誌で知床特集が組まれ、その中でネイチャーガイドの活動はエコツーリズムとして紹介された。またエコツーリズムに関する文献でも、「知床のエコツーリズム」といえばネイチャーガイドによる活動をさしている。だがガイド自身は、自分たちの活動をエコツーリズムだとは思っていない。これは、地元行政とネイチャーガイドの活動の違いが現地で際立っているためである。

　地元行政のエコツーリズムは観光地としての良質化を図る「戦略」である。ネイチャーガイドの「エコツーリズム」は知床の魅力をより多くの人に伝えるガイド業

である。ガイドも自然保護や地域の振興を重要視しているが、それはあくまで二次的なものに過ぎない。一番重要なのは知床の魅力を観光客に伝えることであり、その姿勢に立ったとき、地元行政が良質化しようとしているマス・ツーリズムは決してネガティブな観光形態ではないのである。

V 結論

　この論文では、斜里町ウトロを中心に活動するネイチャーガイドの活動と団体バスツアーを中心とするマス・ツーリズムの関係について明らかにした。
　知床はマス・ツーリズムによって発展した観光地であり、現在もマス・ツーリズムが重要な観光形態となっている。ネイチャーガイドは知床の魅力を多くの観光客に伝えることを目的としており、その目的にとってもマス・ツーリズムは重要なものである。ネイチャーガイドはエコツーリズムを実践する団体だと思われているが、実際は自分たちの活動をエコツーリズムだとは思っていない。それはマス・ツーリズムを良質化しようとする地元行政とネイチャーガイドの目的に大きな違いがあるためである。
　エコツーリズムを推進する団体が何を優先し、その過程でどのような必要性からエコツーリズムという用語を採用するようになったのか、その考察なしにエコツーリズムを語ることはできない。地域ではいったい何を重視しているのか、資源の保護なのか、観光による地域振興なのかということを明らかにする必要がある。知床の行政にとっては知床観光地の良質化であった。ネイチャーガイド団体は行政との方向の違いから、エコツーリズムの用語を採用していない。だが観光地の持続可能性を実現するという点では共通しており、そのため知床のネイチャーガイドは一部の文献で「エコツーリズム」の実践形態として扱われているのである。

参照文献
石森秀三・真坂昭夫（編）
　　2001 『エコツーリズムの総合的研究』国立民族学博物館。
内堀基光・菅原和孝・印東道子
　　2007 『資源人類学』財団法人放送大学教育振興会。
柴崎茂光・永田信
　　2005 「エコツーリズムの定義に関する再検討——エコツーリズムは地域にとって

持続可能な観光か？」『林業経済』57（10）：2-21。
堂下恵
　　2005　「観光における自然の資源化と環境保護」『現代人類学のプラクシス――科学技術時代を見る視座』山下晋司・福島真人（編）、pp. 209-220、有斐閣。
橋本和也
　　2001　「観光研究の再考と展望――フィジーの観光開発の現場から」『民族学研究』66（1）：51-67。
Fennell, D.
　　1999　*Ecotourism — An Introduction*.Routledge, London.

comment

知床のネイチャーガイドは自分たちの仕事を「エコツーリズム」ではないと捉えている、とのことです。では「マス・ツーリズム」だとくくってしまえるのでしょうか？　どうも二分法では捉えきれないように思います。「マス・ツーリズム」だとも言いきれないとしたら、ネイチャーガイドたちの実践をより適切に表す概念はなんでしょうか？　この点を追求すると、この論文の鍵概念がはっきりしてくるように思います。

(小田)

Guide ミニエスノグラフィー②

これは動物と人間との関わりをテーマにしたエスノグラフィーです。卒論としてもまとめましたが、この論文は学部の「文化人類学演習」のレポートとして提出されたものの短縮版です。この論文の優れたところは、エゾシカ再資源化に関わるさまざまな現場に入り込んで、各地の様子を描き出しながら全体像を浮かび上がらせている点です。多現場エスノグラフィーの実例として読めるでしょう。

(小田)

著者のまえがき

テーマを楽だからではなく好きだから選ぶこと。これが、私の学んだ教訓であり、これからエスノグラフィーする人へのアドバイスである。「楽だから」という理由では、調査に対して消極的になってしまう。いざ書き始めて意外と難しかった場合に本当に苦しくなり、インタビューにも身が入らず、ついにはフィールドが怖くなってしまう可能性がある。しかし、私の経験から言わせてもらえば、フィールドワークは本当に面白い。未知のフィールドの刺激と、現場に生きる人びととの会話により、自らの世界が広がる喜びがある。今そうした印象が持てるのも、私にとって「エゾシカの再資源化」が、難しいが興味を持って取り組める、好きなテーマだったために、最後までフィールドワークに積極的になれたからだと思う。以下の論文は、そのフィールドワークの成果である。これからフィールドを選択し、エスノグラフィーをする人の参考になれば幸いである。

(小倉)

エゾシカの再資源化

小倉亮一郎

キーワード

資源人類学／エゾシカ／文化の創出
再資源化／北海道

目 次

I 序論
 1 問題設定
 2 資源人類学とは
 3 エゾシカの問題化と「再資源化」

II 資源化されるエゾシカ
 1 調査の出発点
 2 阿寒──養鹿の現場
 3 札幌──消費活動の現場
 4 静内──狩猟活動、加工作業の現場

III 結論

I　序論

1　問題設定

　エゾシカは、近年になって北海道で爆発的に個体数を増やした野生動物であり、希少植物や自然林などの生態系に深刻な影響を与えるとともに、農林業被害や交通事故などによって人間社会とも摩擦を起こしている。それまでは、道の保護管理政策に基づいて個体数を調整する努力が行なわれてきたが、増加傾向を食い止めることができず、またその処理問題などが行政を圧迫していた。そこで、エゾシカを北海道ならではの自然資源と見直すことでこれを有効活用し、地域の環境保全と地域活性化を同時に狙う動き、すなわちエゾシカの「再資源化」が道全体で行なわれている。本研究の目的は、北海道各地（札幌、阿寒、静内）で行なったフィールドワークをもとに、現代の北海道でエゾシカの再資源化がいかに行なわれているのかを資源人類学の視点から明らかにすることである。

2　資源人類学とは

　内堀によれば「『資源人類学』の大きな目論見は、資源という語を軸として『人間社会』のありさまを見ること」（内堀 2007：15）である。ここで扱われる「資源」は、石油や森林などの、いわゆる天然資源に限定するものではない。そうした天然資源については、資源の枯渇可能性が問題の中心として語られるが、資源人類学においては天然資源に限らず、生物資源や身体資源などの生物的な「生態資源」、知識資源や観光資源あるいは文化資源のような無形の「象徴資源」まで、さまざまなものを「資源」として扱う。

　あるモノが人によって「資源」として認識され、文化に応じて加工されることを「資源化」という。これは製造や加工という意味だけではなく、歴史の中でモノに対する人間の価値観が変化し、それを「資源」として利用するようになることも意味として含まれる。すなわち、時代や所属する文化によって異なるさまざまな資源化を通して、人間活動を語ることを目的とした分野が、資源人類学であるといえる。

3　エゾシカの問題化と「再資源化」

　エゾシカは北海道に生息する大型哺乳類の一種である。かつてはアイヌにとって、生活を支える重要な資源であったが、明治になってから和人による乱獲によって絶滅の危機に瀕したために、政府の保護政策が施行され、1920年に全道で狩猟が禁

止された（犬飼 1952）。このようにしてエゾシカは「脱資源化」されたのだが、現代になってさまざまな要因により、爆発的に個体数を増やし続けている。増えすぎたエゾシカは、環境破壊や農林業被害等、さまざまな問題を引き起こすようになったために、道ではその個体数調整に力を注いできたが、残滓処理の問題や財政の圧迫、さらに狩猟者の高齢化と減少が進むなど、継続するためにさまざまな課題を解決する必要があった（湯本・松田 2006）。そこで、エゾシカがかつてのように資源として利用されるようになれば、その増加を食い止めることができ、生態系の保護と同時に経済活性につながるはずであるという考えが生まれた。この考えに基づいて行なわれているのが、エゾシカを再び「資源」として利用しようという、現代のエゾシカの資源化である。すなわちこれは、既存のエゾシカに対する価値観を逆転させることで、再度「資源」として位置づけなおそうとする実践であり、エゾシカの「再資源化」といえよう。調査では、このエゾシカの再資源化の動きを追った。

Ⅱ 資源化されるエゾシカ

1 調査の出発点

現在の北海道におけるエゾシカの「再資源化」はどのようなものか、その現場を知るために、私は8月から11月にかけてフィールドワークを行なった。以下では各地の調査の結果を、エゾシカの再資源化過程の段階に対応させながら述べていきたい。

エゾシカの再資源化の過程は、次のように表すことができる。

狩猟活動・養鹿　⟶　加工作業（解体、調理）　⟶　消費活動

しかし、明治以前のアイヌの生活とは違い、現代ではそれぞれの活動によって、場所もその担い手も異なるため、これらを大局的に見る機関が必要となってくる。北海道においては、平成11年に誕生した、社団法人「エゾシカ協会」が、その役目を負っている。これはシカとの共生を目的とした会社であり、その活動は、エゾシカの保護管理活動からエゾシカ肉のPR活動、あるいはハンターの育成など多肢に渡る。私のフィールドワークはまず、8月に社団法人「エゾシカ協会」を訪ね、社員のIさんにフォーマルインタビューを行なうことから始まった。Iさんは現代のエゾシカの資源化に関する問題について、私に詳しく教示してくださった。その

ときに自分が感じたのは、自分が扱おうとしている問題がとてつもなく難しいということであり、8月の今から全力で取り組んだとしても、果たして12月の卒業論文の締め切りまでに間に合うだろうか、という不安だった。そこでIさんからはまず、エゾシカ全体を扱わずにテーマを絞った方がいい、という助言をいただいた。もっともな話だったので、後日熟考し、エゾシカの食文化、特に消費する現場について知りたいということをメールした。その上で、町全体でエゾシカビジネスを行なっている、阿寒町に注目しているということを伝えると、「阿寒エゾシカ研究会」会長のMさんを紹介していただいた。

2 阿寒――養鹿の現場

こうして、私の生まれて初めての道東旅行は、観光ではなく、調査のための旅行となった。札幌駅から釧路まで、朝の特急に乗って行く。泊りがけの調査である上に、現地に知り合いもいない。もし案内者の方々と友好な関係を築けなくては、大失敗に終わるという懸念もあったが、他面ではどんな世界が待っているのだろうか、という楽しみがあったことも否定できない。というわけで気分は半分観光ではあったが、電車の中でも、私はエゾシカから逃れることはできなかった。持ってきたエゾシカに関する文献を読んでいる最中に、次のような車内アナウンスが流れたのだ。「エゾシカなどの野生動物が多数出没する区間を通るので急ブレーキをかけることがございます」。シカが起こす交通事故が多い道東ならではの注意であったが、私はまさに、そのエゾシカを見に、これから阿寒へと向かうのであった。

釧路駅の一つ前にある白糠駅で降りると、有限会社「阿寒グリーンファーム」の社員である、Yさんが迎えに来てくれていた。そこからグリーンファームへと車で向かう。釧路市と合併したとはいえ、釧路駅と阿寒町は地理的に離れている上に、道も分かりにくいことに気づく。Iさんの紹介で来る前まで、釧路に行けば何とかなると考えていた自分が、甘かったと思うほかなかった。

右手には海、それも札幌近郊では見る機会のない太平洋が見える。釧路といえば海と漁業資源という印象があるが、そうした一般的なイメージも、エゾシカを地域の特産品として、地元および観光客に根付かせるのを難しくさせている、と運転席のYさんは話してくれた。左手には山が見えている。あの山にエゾシカが潜んでいるのか、と勝手に想像していたのだが、なんと、Yさんはその道路上で、シカとの接触事故を起こしたという。確かに草むらはあるものの、住宅も多い一般道である。こんなところにまでシカが出るほど、人間との距離は接近しているのか、と驚いた。

やがて、阿寒グリーンファームの事務所に着き、早速エゾシカ研究会会長でもあ

る所長のMさんのお話をうかがうこととなった。私が阿寒を調査地に選んだ理由の一つに、阿寒エゾシカ研究会によって開発された食品である「エゾシカバーガー」に注目したということがある。Mさんとエゾシカとの関係は、地域おこしのために地産地消を根底においたスローフードのイベントを開催することから始まった。Mさんはそれまで地域でしか食されていない料理にビジネスチャンスを求めたのだが、それらの多くは、漁師にしか手に入らないような食材や、鮮度の関係から流通に適さない物などであり、ビジネスとして活用するには不向きであった。さらに、主に魚介類や山菜を使用した料理であったことから、小さな子供たちが喜ばないといった点も反省材料だったという。そこで、子供たちから支持を受けているファストフードを地元食材で作ろうと思い立ち、フランス料理のシェフに相談し提案されたのが、エゾシカであった。すでに、フランス料理ではエゾシカは優れた食材として認知されており、一番多く消費されているのは東京のフレンチレストランである。しかし、フランス料理で使われるのはロースやヒレなどの高級部位であった上に、そうした料理はもともとエゾシカ肉が好きな人びとに受け入れられる類のものであったため、大衆料理や家庭での消費には結びつかなかった。

そこで誕生したのが「エゾシカバーガー」というわけである。平成15年の11月、地元の特産品を使った料理の試食会「釧路・根室管内スローフードフェスタ」が釧路市内で開かれ、用意したエゾシカバーガー百個が、十分で完売したという。ファストフードの代表格であるハンバーガーが、エゾシカ肉を使うことでスローフードに生まれ変わるというのは面白い。結果的にこのエゾシカバーガーは、エゾシカの再資源化に二つの効果を与えた。一つは、ヒレやロースなどに比べて固い部位、ネックやスネ、肩などの肉をひき肉にして売ることが可能になったこと。もう一つは、すでに現代人の食生活に広く浸透していた家畜肉文化を利用し、エゾシカ肉に対する子供や女性などの一般人の抵抗を無くすことができたことだった。Mさん自身も、エゾシカ肉が苦手だったため、このように食べやすい形態を考え付いたという。

> 「シカ肉が好きな人だけが集まっても、シカ肉が好きな人のための料理にしかならない。フランス料理は敷居もコストも高く、一般に受け入れられる間口としては狭かった。それに比べて、大衆肉消費の代表であるハンバーガーとしてなら、子供も食べてくれるのでは、という考えだった」

Mさんはこの経験を生かし、エゾシカを食べてもらうべき大多数の人間が所有する食文化の問題に目をつけた。すなわち、安定した供給体制と同時に、大衆の消

費の裏付けを作ることで、エゾシカをビジネスとして活用できるのではないかと考えたのである。

このときの会話が、私の卒論の方向性を決定付けたといってよい。つまり、エゾシカは食べてもらわなければ意味がない。消費活動が存在しなければ、エゾシカは資源として成立せず、また問題解決にも至らないということに気がついたのである。

話の後は、養鹿場を見学させてもらった。阿寒では狩猟で得たシカ肉だけではなく、一時養鹿によって育てられたシカ肉を提供している。この養鹿場は第一牧場と第二牧場からなり、第一牧場の広さは約6ヘクタール、第二牧場まで含めると札幌ドーム2個分の大きさとなる。場内はシカが逃げぬよう高いフェンスで囲まれており、その向こうには林が広がっている。その林の奥では、養鹿のエゾシカが百頭ほど過ごしているのだが、あまりの広さのために、中に設置された監視カメラによって、シカの状態をリアルタイムで確認するという手法を取っていた。

私が肉眼でシカの姿を確認することができたのは、調査の2日目に入ってからであった。シカは甲高い声で鳴きながら、金網越しにエサをねだってくる。中には、私の手から直接エサを食べてくれるものもいた。ここに運ばれてくるシカは、前田一歩園財団が所有する、阿寒湖畔の山林で生態捕獲されたものである。同財団はシカの食害に悩んでいたため、罠猟で生きたまま捕獲することで被害を防いでいたが、やがてそのシカを駆除するだけではなく、有効活用するという発想に行き着いたという。ここではシカを生きたまま一度に20から40頭捕獲し、健康なシカを選別してこの一時養鹿牧場に運び、ある程度育ててシーズンに屠殺し、肉を売るというシステムになっている。エサは農耕飼料に地元のにんじんや白菜などの野菜を加えたものであるが、これは輸入穀物で育てる牛との差別化も兼ねているということらしい。一時養鹿とはいえ、本来「害獣」であるはずのシカを安全に育てるとなれば、社会的な批判を受けるかもしれない。だからこそ、売り上げの一部を森林保全という寄付にするなど、なるべく綺麗な物語で売りたいという話が印象に残った。

阿寒町の天然温泉施設「赤いベレー」では、実際に一時養鹿のシカを使ったエゾシカ肉料理を提供している、そこで私はYさんにエゾシカのハンバーグをご馳走してもらった。口に入れると柔らかく、牛のハンバーグとそれほど違いがないが、よく味わってみるとほのかな野性味が感じられ、これを魅力とするかクセとするかは、食べる人間の好みによって変わると思われた。もし牛とまったく同じ味であればわざわざシカを食べることもなく、逆に野性味が強すぎれば敬遠されてしまう。これが、エゾシカを今の食文化に取り入れることの課題の一つとなっていると聞いた。そのことを、私は消費する側の立場でだけではなく、提供する側の立場でも実

感することとなった。次節はその詳細である。

3　札幌——消費活動の現場

　9月27日、28日に、阿寒でお世話になったお礼と調査を兼ねて、札幌は大通り公園で行われた「オータムフェスト2008」というお祭りに、釧路店舗のお手伝いとして参加した。場所は八丁目会場。ここでは道内の百を超える市町村の代表が集まり、それぞれの地方ならではの食品を売っていた。釧路店舗の売り物は、エゾシカ肉とダチョウ肉であり、私はエゾシカのブースを手伝った。当日売られていたメニューは、串カツ、竜田揚げ、焼き肉、もみじ丼の4つ。この「もみじ」は紅葉を表し、シカ肉の伝統的な隠語である。私は客の呼び込みとして、店の前の通りに竜田揚げの試食品を手にして立った。呼び込みなどの経験が無かった自分にとっては戸惑いもあったが、エゾシカの資源化の調査としてはもっともよい立ち位置であった。なぜなら、エゾシカ肉を食べた人びとの反応を間近で知ることができたからである。

　当日かなり冷えるなか、私は声を張り上げながら、店の前を通る人手当たり次第に、試食品を配ってまわった。もちろんあらかじめ、それがシカ肉であるとは断っている。ここでまず、シカ肉だと聞いて手を伸ばす人と、逆に手を引っ込める人の二つに分かれた。十人にシカ肉の竜田揚げを薦めて、一人断るかどうかであったが、その中には年配の方々もいれば子供もいた。断る理由もさまざまであり、シカが可愛いというイメージから食べるのを拒む人もいれば、以前に食べたことがあるからいらない、という人もいた。過去に食べたエゾシカ肉が素晴らしい味であったのであれば、彼らも嫌そうな顔をすることはないだろう。彼らが単に肉が嫌いだということでなければ、粗悪な処理が施されたシカ肉を食べた経験があったのかもしれない。しかし、ここで売り出すシカ肉はいずれも養鹿のものであり、調理法も一般になじみのあるものであるために、シカ肉を食べたことのない人に味わってもらうのには向いている。私は2日間で500人を超える人間に試食を配ったのだが、食べてみてから美味しくないと評したのはわずか5人程度であった。私自身も串カツや竜田揚げを食べたが、柔らかくてクセも感じられず、文句のつけようのない味であった。特に2日目の試食の人気は凄く、切り分けられた竜田揚げや串カツに爪楊枝を刺して通りに出れば、あっという間に人の群れに囲まれることになった。おかげで私の現場調査もスムーズに行なうことができたといえる。

　さて、この試食の中で気がついたのは、食べた人のほとんどが「柔らかい」という印象を口にしたということである。その次に多かったのは「臭くない」というコ

メントだった。これはいずれも、それまでシカ肉を食べたことの無かった人の感想である。つまり、シカ肉が固くて臭いという先入観が、いつの間にか食べたこともない人びとの間に出来上がっていたということである。エゾシカ協会のIさんの話にもあったのだが、日本人が肉の美味しさを表現するときに使う言葉の一つに、「柔らかい」というものがある。確かに固い肉、というのは悪いイメージを持つが、北欧の方ではむしろ肉は歯ごたえがある方が美味しいという話も聞いた。日本においては、牛や豚などの「柔らかい肉」と対比する形で、「固い肉」というシカ肉のイメージが先行しているようである。しかし、そのような悪い印象を抱いていた人びとは、実際に丁寧に処理されたエゾシカ肉を食べなれた形態で消費することで、イメージを転換していく。すなわちそれはエゾシカの再資源化の下地が形成されていくということだと、そのときに気がついたのであった。

4　静内──狩猟活動、加工作業の現場

　エゾシカ肉の多くは、元をたどればハンターの狩猟活動によって得られたものである。エゾシカは10月の終わりから2月の終わりにかけての一般狩猟期と、3月から10月にかけての有害駆除にて仕留められる。そこで、現在エゾシカはどのように捕獲されているのかを知るために、11月1日から3日間、エゾシカ協会のIさんの伝で、私は静内でのエゾシカ猟を見学させていただくこととなった。

　札幌から高速道路で静内へと向かう。車は後ろに獲ったシカを積めるよう広い荷台がついており、山道を走るのにも適した迫力のあるものであった。かつてのアイヌの狩猟活動は弓による毒矢、あるいは罠猟であったが、今のハンターは猟銃を使う。後部座席に載せられた銃は、茶色い革袋にしっかりと詰められ、一般人にそれだとわからないように隠されていた。ハンター人口の減少、あるいは高齢化に拍車をかけているのは、このような銃に関する法的規制である。警察による銃携帯のライセンスの発行は、年々ハードルが高くなっており、たとえ免許を得たとしても、狩猟免状の有効期間、銃の所持許可期間が3年といった点、さらにライフル銃を所持するため必要な散弾銃所持期間が10年という規制が存在する。また銃の管理にも厳格であり、一般人の私が手に持つことは許されなかった。狩猟活動はエゾシカの再資源化の第一段階である。ハンターの人口が減り、その活動が縮小してしまえば、当然再資源化の継続に支障をきたすため、避けては通れない問題である。

　静内には牧場馬が多く、昼はいたる所にその姿を見かける。しかし、夜になればその牧草地の主役は、エゾシカにとってかわる。シカは夜行性であるために、その眼に光が入れば、猫のようにはっきりと輝く。この性質を利用した個体数調査をラ

イトセンサスといい、夜の静内の道路を走った際に、私も体験することができた。窓を開けて懐中電灯で外の暗闇を照らすと、遠くの林でシカの光る目が二つ、こちらを向いて逃げずにいるのがわかる。この目を数えることにより、シカの個体数を把握するのである。夜行性であるというこうしたシカの習性も、個体数調整において一つの障害となっている。なぜなら、日本の狩猟法では日没後に発砲をすることは禁じられているからである。今となってはシカの方もそれを学習しているらしく、明るい時間帯にはなかなかその姿を見せない。無論、人家の近くでの発砲は危険であり、安全上クリアすべき段階は多く残されているものの、北海道で夜間にシカを撃つことが可能になれば、捕獲頭数は大幅に増えることになるだろう。現時点では日の出と日の入りの時刻、すなわち山奥からシカが牧草地に食べにくる、あるいは食べ終えて帰っていくときが、ハンターにとって狙い目の時間帯ということである。

　静内の山小屋に着くと、そこにはすでに地元のハンターさんらが集まっていた。これは後に同行してから知ったことであったが、いずれもシカ撃ちの名人だった。車で山道を走り、シカを見つけて撃つのが現代のシカ猟である。私は3日間の滞在のうち、日の入りの時間に2回、日の出の時間に2回と計4回狩猟に同行させていただき、滞在期間中には実際にシカを撃って仕留める場面に、何度か遭遇することができた。夕焼けに染まった広葉樹林は色鮮やかで、空気も札幌と比べ物にならないほど澄んでいた。しかし、美しい光景とは裏腹に、舗装されていない山道はかなり揺れ、ハンドルを切り損ねれば谷底にまっ逆さまに転げ落ちるであろう場所も少なくない。ハンターはそうした厳しい自然の中を運転しながら、シカの姿を林の中に見つけ出そうとする。まずこの「見つける」という作業がエゾシカ猟の第一段階である。

　シカが姿を現せば、すぐに車を止めて、銃を手にして降りる。そこで逃げるシカに向かって撃ち、仕留めた獲物を回収して、解体所へと持ち帰ることで、狩猟活動は終わる。しかし、危険な山道を運転しながら、シカの姿を見つけ出すのは容易なことではない。そして銃を構えて撃つ際にも、闇雲に狙っては当たるはずもなく、きちんと急所に照準を合わせなくては、シカの肉質も落ちる。さらに仕留めたシカは重さ百キロにもなり、一人で荷台に持ち上げるのは重労働である。このようにエゾシカ猟は、車を運転しながら標的を見つけ、降りて立ち止まって銃を構えて撃ち、重いシカを手早く回収するという、大変な技術と体力が必要とされる活動である。同行しただけの私は運転もせず、ただついていって少し手を貸しただけなのだが、それでも作業を終えて解体所へと向かった夜には、すでにへとへとになっていた。

　私が解体見学を行なったのは、株式会社「静内食美樂」の処理場であった。目の

前で仕留められたシカが搬入され、社員3人の手で手際よく解体がなされていく。このときに運ばれてくるシカは、血抜きがされており、損傷が激しくないものであることが望ましい。なぜなら、それらは肉質が落ちているため、市場に流通させてしまえば消費者に、「臭い肉」という悪いイメージを広めてしまうからだ。ここでは肉だけでなく、内臓の一部も販売しており、切り取られた足はペットフードや中華料理のダシにも使われるという。こうしてシカの有効部位を増やしていくことで、エゾシカの資源的価値は高まっていく。しかし、それはエゾシカ自身の変化ではなく、利用する人間の価値観の変化であることを忘れてはならない。

　3日間の旅の夕食には、もちろんシカの肉が出た。食卓を囲むハンターの方々は、今日の首尾について語り合っている。しかし場の雰囲気に粗野な印象はまったく無く、いずれも銃を所持するのにふさわしい人格者であった。飛び入りした私にも「腹いっぱい食べろ」と声をかけてくださり、私は遠慮なくいただいた。初日に出たのはステーキとシカ汁である。シカ汁を食べたのは初めてであり、個人的には豚汁よりも美味しく、これだけでご飯のおかずがいらないのではないかと思うほどのものだった。苦労して狩猟に行き、目の前でシカが撃たれるのを見て、その後こうして肉をいただく。そのときに生まれる、シカとハンターそして料理してくれる人たちに対する感謝の念は、都会のスーパーで肉等を買う際にはなかなか味わえないものだ。「増えすぎたエゾシカを獲って食べる」とは、文にしてみれば簡単な話に思われるかもしれない。しかしそれは、携わる人びとによる多くの工夫と努力によって、初めて可能となるのである。それを私は今回の調査でしっかりと認識することができた。

Ⅲ　結論

　明治以前におけるエゾシカの資源化では、絶滅寸前となるほどの乱獲が起こった。すなわち、エゾシカの資源量に対し、利用する側の需要が過剰となっていたのであった。しかし、増えすぎたエゾシカが問題を起こす現代ではそれが逆転し、エゾシカの需要の不足こそが、問題解決の足かせとなっている。阿寒で開発されたエゾシカバーガー、札幌での食品展、さらに静内での狩猟活動や解体作業。それらはいずれも、利用する主体を意識し、彼らに悪いイメージを持たれないように工夫されている。より正確に言うならば、それらは利用する側の需要を増やすという目的の上で、エゾシカ文化を根付かせようとしているのである。

ここで、食料資源としてのエゾシカの再資源化の過程を、再度図に表してみる。

狩猟活動・養鹿 ──→ 加工作業(解体、調理) ──→ 消費活動 ⇔ 「食文化の創出」

右端に新たに加えた「食文化の創出」こそが、エゾシカの再資源化を存続するために必須の項目である。資源の消費活動は需要によって生まれ、その需要は食文化によって生み出される。それだけではなく、消費活動によってさらに食文化が形成されていくという、双方向的な関係性がある。つまり、エゾシカの再資源化にとっては、創出された新たな食文化の刺激をエネルギーとし、それによって初めてサイクルの継続を可能とするのである。

結論として、現代のエゾシカの資源化は、エゾシカの「資源」としての価値を再生することだといえる。すなわちそれは、増えすぎたエゾシカを「資源」として利用するために、新たなエゾシカを利用する文化を創り出すという試みである、と言い換えることができるのである。

このようなエゾシカの再資源化は、従来の資源人類学では語られていなかった特殊な資源化であるといえる。なぜならエゾシカの再資源化は、増えすぎたエゾシカの問題解決を出発点としているため、文化の価値観に合わせて「資源」が形成されるのではなく、すでに「資源」でなくなったものを再び「資源」とするために新たに文化を創出するという、逆の過程が行なわれているからである。

しかしながら、本稿で明かしたことは、エゾシカの再資源化の切り口の一端にすぎず、扱えなかった問題が多く残されている。その一つとして、現代を生きるアイヌの人びとの視点が抜け落ちていることが挙げられる。かつてエゾシカを資源化していたアイヌの文化は現在のエゾシカの再資源化と完全に断絶しているわけではなく、その文化を再生しようという動きもあるのだが、本稿ではこうした試みを十分に調査することはできなかった。ただ、これからのエゾシカの再資源化は、民族のアイデンティティーなども含めて、より複雑な問題となっていく可能性が考えられる。エゾシカの再資源化が今後どのような形で発展し、さらにどのような新たな問題が起こるかについては、今後の課題とし、引き続き関心をもって取り組むことにしたい。

謝辞

本稿の調査を実施するにあたって、社団法人 エゾシカ協会、阿寒エゾシカ研究

会、株式会社静内食美樂の皆様をはじめエゾシカの再資源化に携わる多くの方々にご協力をいただきました。心よりお礼申し上げます。

参照文献
犬飼哲夫
 1987［1952］「北海道の鹿とその興亡」『北方文化研究報告』：3-44、北海道大学北方文化研究室。
内堀基光
 2007「序――資源をめぐる問題群の構成」『資源と人間』内堀基光（編）：pp. 15-37、弘文堂。
湯本貴和・松田裕之（編）
 2006『世界遺産をシカが喰う――シカと森の生態学』文一総合出版。

参照ウェブページ
社団法人エゾシカ協会ウェブサイト、2008年12月21日参照、http://www.yezodeer.com/
北海道「エゾシカの保護と管理」2008年12月21日参照、http://www.pref.hokkaido.lg.jp/ks/skn/sika/

(2) エゾシカの再資源化

> **comment**
>
> 札幌でシカ肉を試食した人が口にした「柔らかい」「臭くない」という感想に着目している点は実に鋭いです。ここで小倉さんは「味覚」のエスノグラフィーの領域に踏み込んだわけです。結論のポイントは、エゾシカの再資源化を左右するものが「食文化の創出」であり、小倉さんが体験した現場はまさに文化創出の現場だったということです。この味覚と食文化の創出というテーマに関しては、シドニー・ミンツが『甘さと権力』で正面から扱っています。この本を先行研究として参照すれば、本格的な味覚論へと発展させることもできるでしょう。
>
> (小田)

Guide ミニエスノグラフィー③

これは群馬県高崎市をフィールドに、映画と都市との相互関係を「リフレクシヴィティー」を鍵概念として分析した修士論文研究に基づいています。都市がロケ地として単に映画に映されるだけでなく、映画の中のイメージに応じて、今度は都市がそのあり方を変えていくという指摘がユニークです。この研究の成果は、映像人類学の分野への理論的貢献となっているでしょう。

(小田)

著者のまえがき

私は当初、東京をフィールドにして、映画の中の「東京」と実際の都市との関わりを研究テーマにしたいと考えていました。しかし、東京という都市は人類学的な研究を行なうにはあまりにも大きく、具体的な研究に進めずにいました。

そんななか、ふと見た映画の最後に「協力：高崎フィルム・コミッション」との表記を度々見かけ、また、映画に出てくる街の情景が目にとまり、高崎市に興味を持ちました。調査を進めるなかで、高崎がその変哲のない街並みを逆手にとって「どこにでもある町」として、多くの映画の撮影を誘致していることを知りました。映画のなかでは「現代の東京」にも「昭和のどこかの町」にも変化できる街。そして、その風景を新たな観光資源開発の契機として活用しようとする「高崎フィルム・コミッション」の取り組み。そんな高崎をフィールドとして、実際の都市と映像の中の都市との関係性を明らかにするという研究テーマが見えてきました。大学院を卒業し、現在は東京で映像を制作する仕事に就いています。映像の中の都市を自ら作る側に立つことで、また新たな思考の地平が見えてきそうです。

(高橋)

映し合う映画と都市
群馬県高崎フィルム・コミッションにおける再帰的な都市イメージの創出

高橋良美

キーワード

映像／リフレクシヴィティー（再帰性）／都市
高崎市／フィルム・コミッション

目次

Ⅰ 序論——研究の目的・意義

Ⅱ 先行研究の検討——映像と人類学

Ⅲ 調査概要

Ⅳ 分析
 1 匿名的な風景の観光資源化
 2 映画『包帯クラブ』

Ⅴ 結論

I 序論／研究の目的・意義

本論文の目的は、二つに大別される。一つは、映像人類学に対する貢献であり、映像を記録の手段として用いる従来の映像人類学の姿勢に対し、映像を介した人びとの実践を考察するという点で、この学問分野に新たな知見をもたらすことである。具体的な事例として、群馬県高崎市の「高崎フィルム・コミッション」という組織の活動を考察する。

二つ目の目的は、そのような事例を通して、映画と都市の相互関係を明らかにすることである。具体的には、劇映画作品などの映像を媒介として、高崎市の匿名性のある町並みや商店街の風景を新たな観光資源に変化させようとする試みや、高崎を舞台にした劇映画が、映像の中で表象される「高崎」と実際の高崎市が互いに作り合う関係を形成していることを、民族誌映画制作の場などにおいて用いられる「リフレクシヴィティー（再帰性）」という概念によって分析する。

II 先行研究の検討／映像と人類学

写真や映画に代表されるいわゆる「映像」と呼ばれる技術と人類学が同時期に誕生していることは、多くの映像人類学者によって指摘されている（北村、新井、川瀬：2006：4）。映像と人類学は、主に民族誌映画の制作という交点によって互いに影響を与えつつ、今日まで発展を重ねてきた。しかしながら両者の関係を総合的に捉え、実社会と映像の相互作用をホーリスティックに分析する分野は、人類学においてはいまだ萌芽段階にあるといえる（港：1999：11）。文化人類学の下位領域である「映像人類学」においては、今日でも主眼を民族誌映画の制作に充てており、上記のような問題設定を持った研究は必要性が唱えられつつも、いまだに少ないのが現状である。

映像と人類学が結んできた関係の一つとして、「民族誌映画」という映像を用いて制作された民族誌がある。著名な民族誌映画としては、1922年にロバート・フラハティによって制作された『極北のナヌーク』が挙げられ、イヌイットを題材にした本作は映像人類学分野の土台となっている。また、フランツ・ボアズや弟子のマーガレット・ミードなどもフィールド・ワーク中に、映像を用いた記録を本格的

に導入した。ミード以後も欧米を中心に、民族誌映画の制作は映像機材の軽量化などにともない、増加していった。そのなかで「映像人類学」という、民族誌映画の制作に関わる諸問題を扱う分野が徐々に提唱され、映像と人類学に関する専門機関も創設されていった。このようにして整えられていった映像人類学は、まず民族誌映画の制作という実践が先立って存在していた。

　映像技術そのものだけでなく、冒頭に挙げたテレビや映画、インターネット上の動画など、映像技術を介した人びとの諸事象については、人類学ではどのように扱ってきたのだろうか。

　人類学においては、映像技術の導入のすばやさに対し、映像を記録の手段ではなく、分析の対象として本格的に分析を始めたのは、ここ十数年のことである。人類学外での代表的なメディア研究例としては、1970年以降「カルチュラル・スタディーズ」で盛んになったオーディエンス研究などがある。人類学ではそれに遅れて、2002年にアスキューらによって、複合的で民族誌的なメディア研究を目指す「メディア人類学」が提唱され、人類学的手法によるメディア研究が試されようとしている（Askew2002）。しかしながら、「メディア」と称される語に含まれる複合的な事象を、どのように人類学的に分析するのかといった問題がいまだ解決されておらず、筆者は「映像」「メディア」といった概念に関わる人びとの具体的な実践を記述し、蓄積していく段階にあると考える。そのため、本研究も群馬県高崎市における映像を介した人びとの実践と、そこから読み取れる事象を分析し、その蓄積と発展への貢献と意義づけたい。

Ⅲ　調査概要

　次に、筆者が調査を行なった群馬県高崎市にある「高崎フィルム・コミッション」と、調査概要を述べたい。

　群馬県高崎市は、関東平野の西北に位置し、人口約34万人を抱える群馬県最大の都市である。関東と甲信越を結ぶ交通要地として栄えており、戦後まもなく誕生した市民オーケストラの「群馬交響楽団」や、質の高い国内外の映画を発信する「高崎映画祭」などが、全国的に知られている。このような文化面に対する市の活動は活発で、2002年12月には、高崎市のPRや観光客の集客の強化および地域の活性化を目的として、高崎市役所観光課内に、「高崎フィルム・コミッション」が設立された。

「フィルム・コミッション」とは、映画やテレビ、CMなどの映像作品などのロケーション撮影を誘致し、撮影場所の提供やエキストラの手配等の撮影支援を行なう非営利機関である。日本では2000年に誕生した「大阪ロケーション・サービス協議会」をはじめとして、現在100以上のフィルム・コミッションが、主に地方自治体内に設置されている。

　地方自治体が映像作品の支援を無償で行なう理由として、撮影誘致を行なうことで得られる地域の宣伝効果が挙げられる。映画やテレビの舞台として撮影地を提供した作品が全国的にヒットすることにより、作品の撮影地が観光地化することがあり、映像による新たな観光資源開発の契機が生まれる。莫大な金額を投資して地域のCMを制作して流すよりも、少ないコストで効率的にかつ大きな宣伝効果を得られる可能性があるため、観光開発を迫られている地方自治体にとっては、「フィルム・コミッション」の設立は大きな利点となっているのである。また映像制作者にとっても、撮影にともなうさまざまな事務手続きをフィルム・コミッションに無償で一任することができるため、それまでの手間とコストが省くことが可能となる。制作側とフィルム・コミッションの双方に利点があるため、現在日本映画の制作現場では、フィルム・コミッションの利用が急速に増えている。

　このような背景のなか、高崎市役所に設置された「高崎フィルム・コミッション」は、映像制作が集中する東京からの交通手段の良さなどを利点とし、映像業界内の評価が高いフィルム・コミッションとして撮影支援を行なっている。

　筆者が群馬県高崎市における「高崎フィルム・コミッション」を対象として行なったフィールドワークの概要について述べていく。筆者は2006年7月と、9月の計2回の調査を行なった。一回目は予備調査として、高崎フィルム・コミッションの方にフォーマル・インタビューを2時間程度、高崎フィルム・コミッションが在籍する高崎市役所観光課内で行なった。2度目の調査は、参与観察という形で6日間行い、仕事に同行させていただいた。参与期間中に、高崎フィルム・コミッションが撮影支援を行なった2作品が全国公開を迎え、各作品に関係する仕事が主となった。

【1日目】エキストラの登録手伝い、県庁訪問
　　　　（群馬県フィルム・コミッション職員の方にインタビュー）
【2日目】映画『包帯クラブ』関連の資料を高崎市の各支所へ配布
【3日目】映画『ワルボロ』監督のキャンペーンに同行、

　　　　同作品監督にインフォーマル・インタビュー
【4日目】テレビドラマのロケーション・ハンティングに同行
【5日目】フィルム・コミッション出前講座に同行、
　　　　『包帯クラブ』ロケ地巡り高崎市観光案内所訪問
【6日目】『包帯クラブ』初日舞台挨拶に参加

　このほかに高崎フィルム・コミッションや番組制作会社の方などに、インフォーマル・インタビューを度々行なうなどして、データを集めた。また高崎市が発行している広報誌や高崎市の観光案内パンフレットなどの現地で得られる資料についても、高崎フィルム・コミッションの記事が多くあるため、一次資料として分析の対象とした。

IV　分析

1　匿名的な風景の観光資源化

　フィルム・コミッションの仕事は、映像制作者からの問い合わせから始まる。「古い学校で撮影をしたい」「主人公の実家として撮影できる一軒家はないか」など、作品によってさまざまな問い合わせを受けた後、職員がそれぞれのイメージにあった場所を探し出し、制作者へ紹介する。高崎フィルム・コミッションの場合、「ロケ地データベース」というリストを作成し、ここからイメージに見合う場所を探す。しかし、職員はこれまでの撮影支援で得た高崎市内の場所や建物の豊富な知識が蓄積されており、データベースを見ることもなく、すぐさま撮影に見合う候補地を挙げていく様が見られた。では、高崎フィルム・コミッションが映像制作者へ提供する場所や建物にはいかなる特徴があるのだろうか。

　高崎フィルム・コミッションが撮影地として頻繁に提供する場所として、柳川町という地区の古い繁華街の一角や、「高崎中央銀座」と呼ばれる昭和の面影を残すアーケード街、「旧電気館」と呼ばれるすでに閉鎖した古い映画館跡である。これらの建物は、映画作品中には「昭和の雰囲気を残すとある町」や、単に「東京のとある町」という設定のなかで使用される。実際に作品中に「高崎にある建物」と設定されて登場することはめったになく、また作品のごく一部でしか高崎ロケのシーンが登場しないということも多い。

映画やドラマの制作者側はフィルム・コミッションが提供する建物に「高崎」の都市イメージを求めているのではなく、建物の古さや「昭和のような」街並みを撮影できるという点に惹かれている。このような経緯で撮影された高崎の街は、何の変哲もない路上や住宅街で撮影されることも多く、高崎市民でも高崎だと気づかない場合さえある。
　また、高崎自体に「古い」「昭和」といったような都市のイメージがすでに出来上がっていたのではなく、フィルム・コミッション側がロケ地を提供していくなかで、「古い」「昭和」といった風景がロケ地として使用されることによって、このようなイメージが形成されていったといえる。

　フィルム・コミッションの活動の特異性は、何の変哲もない場所を「ロケ地」にすることによって観光資源化させようとする行為にあるといえる。言い換えれば、特別な観光資源がなくとも、映像というフィルターを通すことで既存の町から観光資源を生み出すことがいくらでも可能となる。そこでフィルム・コミッションは、自らの町にすでにある建物や町並みをいかに観光資源化させるのかといった課題に直面することとなる。ここで、フィルム・コミッション側は、自身の町を撮影地として認識しなおすことが求められるのである。
　このようなプロセスは、フィルム・コミッション職員が、自身の町の風景や建物を「ロケ地」として客体化し、その風景が持つ意味の読み替えを行なっていると言い換えることができる。筆者がフィールドワークをするなかで、ある制作者からロケ地を探してほしいとの依頼が入ったが、依頼を受けたフィルム・コミッション職員はコンピュータ上のデータベースを照会する前に、すぐさま自身のなかのロケ地の知識を動員し、ロケの候補地を数点口頭で挙げていた。このことは、フィルム・コミッション職員のなかで高崎市のさまざまな場所や風景が、知識として備わっていることを示している。すなわちフィルム・コミッション職員は、高崎市の場所や風景を「ロケ地」という基準で切り取り、「所有」しているのだといえる。
　「柳川町」、「旧電気館」、「高崎中央銀座」もはじめから「昭和」「古い」といったイメージを有して周囲に知られていたのではなく、フィルム・コミッション職員がこれらを客体化し、「古さが残る場所」として読み変えることによって「ロケ地」として活用されていったのだと思われる。

2　映画『包帯クラブ』

　次に、2007年に公開された『包帯クラブ』という映画作品と高崎フィルム・コ

ミッションおよび高崎市の関係について考察していきたい。この『包帯クラブ』という作品は、高崎市が物語の舞台となっており、9割以上のシーンが高崎市内で撮影された。物語の内容上、「街のどこからでも象徴的な高いビルが見えること」「病院の屋上からデパートの屋上が見えること」「廃墟があること」という条件が必要とされていたが、高崎市はこの条件をすべて満たしていたという。それによって、物語の設定も「関東近郊の中都市」という架空の都市から実際の「群馬県高崎市」へ変更になり、撮影用のセットは使用せず、すべて高崎に実在する場所や建物で撮影された。高崎のさまざまな風景が実際の高崎市として映し出されているという点で、それまで高崎フィルム・コミッションが撮影支援した作品とは一線を画す作品といえる。

では、高崎が高崎として映る『包帯クラブ』が制作されるなかで、高崎フィルム・コミッションでいかなる取り組みがあったのだろうか。また、『包帯クラブ』を見た市民側はこの作品をいかに受容したのだろうか。

ここでは、この映画のために高崎フィルム・コミッションが作成した「ロケ地マップ」というパンフレットに焦点を当てながら、この映画と実際の高崎市がいかに

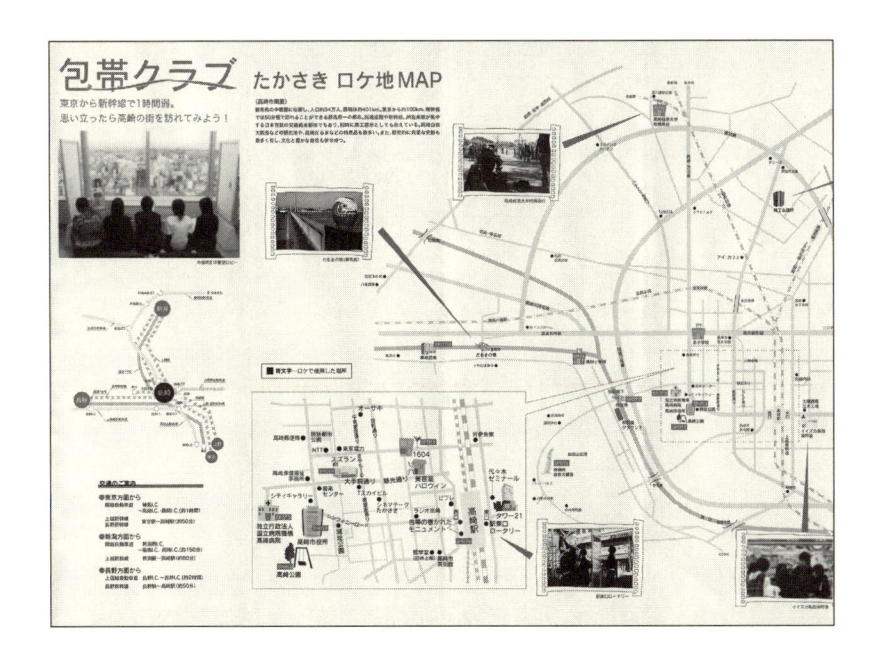

(3) 映し合う映画と都市

作用し合ったのか分析したい。

『包帯クラブ』の公開とともに、高崎フィルム・コミッションでは「ロケ地マップ」というパンフレットを映画の宣伝の一環として制作し、数千冊を高崎市内のさまざまな場所で配布した。この「ロケ地マップ」の内容は、作品の紹介のほかに高崎フィルム・コミッションの紹介、高崎市の紹介、またロケ地を記した高崎市内の地図などが書かれている。「ロケ地マップ」制作の最大の目的は、『包帯クラブ』を観た人がこの地図を見ながら高崎市を訪れることにあり、『包帯クラブ』を通して高崎を観光地化することを念頭においている。そのため、この「ロケ地マップ」によって、『包帯クラブ』の中の「高崎」と実際の高崎市が接合されているといえる。例えば、東京や長野、新潟方面からの高崎への交通アクセスや高崎の名所を紹介するコーナーなどが設けられており、実際の高崎を訪れてもらうことが意識されている。また、このような記事は高崎市以外の県や地域を対象として書かれていることも読み取れる。

また「ロケ地マップ」に描かれる高崎市の地図の中には、ロケで使用した場所に印がついており、別ページでその場所についての詳しい説明が見られるようになっている。映画でどのように登場したのか、普段はどのような場所なのか、撮影時のエピソードなどが簡単に紹介されている。一般の観光者向けの地図では取り上げられない団地や橋など、特徴を持たない場所もロケ地を示す印とともに紹介されている。これらの場所は映画で使用されることによって、単なる団地、橋から、映画で使用された「団地」、「橋」という特定性を持った場所となるといえる。言い換えると、映像というフィルターを通すことで、匿名的なものから特定的なものへの変換が起きているといえる。そして、この特定性が一般に浸透すれば、観光地化につながることとなる。

このような「ロケ地マップ」は、高崎以外の人から見た「高崎」を意識した作りや紹介がなされていることから、映画の紹介と観光案内の役目を同時に果たしている。しかしながら、このパンフレットの多くは高崎市内で配布されているのである。それはフィルム・コミッションの業務の忙しさなどによって全国や他県に向けての宣伝に手がまわらないなどの理由からである。そのため、高崎外部の人びと向けに描かれた「高崎」の姿が、高崎内部で消費されていくこととなる。筆者が高崎に滞在したときは、この「ロケ地マップ」が高崎市内の観光案内所に置かれていたが、地元の学生などが手にとっていく姿を多く観察することができた。また、筆者が高崎市役所観光課である仕事をしている際に、市民がわざわざ観光課まで訪れ、「ロ

ケ地マップ」がないか問い合わせに来るという場面も何度か目にした。筆者が市役所で働いた一週間の中で、一般の市民が観光課まで直接訪れることはほとんどなかったので、この「ロケ地マップ」の存在が市民の手に渡り、浸透し始めていると考えられた。このようにして「ロケ地マップ」は外部向けに制作されたにもかかわらず、高崎市民が『包帯クラブ』という劇映画に映し出された「高崎」を見るという作用を及ぼしているといえる。

　筆者は『包帯クラブ』という作品が二つの効果を高崎市内外にもたらしていると捉える。
　一つは、『包帯クラブ』を通した高崎という地域のアイデンティティーの構築である。実際の高崎市が映画の中で登場する『包帯クラブ』は、高崎を全国的に宣伝することが大きく期待されるツールとなるのである。高崎市の宣伝という機能も兼ね備える『包帯クラブ』の中では、高崎の特産物である「高崎だるま」や「高崎ハム」などが効果的に用いられていることによって、「高崎らしさ」の演出が行なわれているといえる。
　そして『包帯クラブ』がもたらすもう一つの効果が、高崎市民自身が『包帯クラブ』を通して高崎市を見直すという自省的な作用である。フィルム・コミッションでは、ロケ地写真展やロケ支援作品の上映会なども行なっており、高崎市民が映像に映った「高崎」を見るという機会を度々設けている。また先述したように、『包帯クラブ』の「ロケ地マップ」の多くが高崎市内で配布され、市民の手に渡っており、対外的に作られた「高崎」の案内が高崎市民によって受容されている。
　つまり『包帯クラブ』という作品で高崎の自己表象が行なわれた後に、市民の側も作品のポスターを掲示したり、「ロケ地マップ」を通して高崎を省みることで、『包帯クラブ』の中の高崎イメージをある種共有していくといえる。換言すれば、高崎市民は『包帯クラブ』に映し出されて客体化された「高崎市」を通して、実際の高崎市を省みることが可能となるのである。その結果として再び新たな「高崎」が形成されていくといえる。このようなプロセスを概念化するために、筆者はターナーやアンソニー・ギデンズが用いたような「リフレクシヴィティー」概念が有効だと考える。
　ターナーは、社会が再生産される過程で個人や社会が自らを省察するという「リフレクシヴィティー」を提唱した（ターナー1981）。そして社会の自省をもたらす装置として儀礼を取り上げたが、高崎においては映画作品すなわち映像商品という外部からの他者表象が、ターナーが示す儀礼と同様の役割を果たしているといえる

のではないだろうか。ターナーが分析したンデンブ社会においては、儀礼が装置となって内省をもたらすが、現代にあっては映画や映像メディアといったものが社会の内省を促し、そしてまた新たな社会を形成する契機となっていくといえる。

ギデンズにおける「リフレクシヴィティー」概念については、どのように分析できるだろうか。ギデンズは、高度に発達した経済システムや科学技術システムに住む現代では、人間の行為が絶えず自らの行為や社会を規定していくという社会の再帰的性格がますます際立っていくとした（ギデンズ 1993）。『包帯クラブ』の例でいえば、単に映画に高崎が映るという物理的な条件だけでなく、それを権威づける映画産業やメディアというシステムが近現代社会において発達したからこそ、映画が都市を映し、都市が「映画のなかの都市」を映すという再帰的な作用が働き、個人にとっても映画という一つの商品が「高崎市」を内省する機会となったといえる。

しかしながら、そのようなリフレクシヴな作用自体は高崎以外でも起こりうると想定されるものである。ではリフレクシヴな作用が起きた結果、高崎はどのような都市として再認識されているのだろうか。それは、なお「匿名性」という都市イメージだと筆者は考える。

V 結論

高崎フィルム・コミッションの活動を分析にするにあたり、まず国家によって2003年に提唱された「観光立国政策」が前提となる。この政策により地域は、自ら主体となって観光地化へ向けた開発を行なうことを求められた。その取り組みの一つとして、映画やテレビのロケ地と地域を結びつけることで観光地化を目指す「フィルム・コミッション」という組織が全国に次々に誕生した。高崎においては、2002年に「高崎フィルム・コミッション」が設置され、高崎市が持つ匿名性を帯びた風景や建物を「ロケ地」へと変換することで、さまざまな作品の撮影に対応していった。このような高崎フィルム・コミッションの取り組みは、「映像」というツールの特質を効果的に利用していると考えられる。それは「映像」の操作性、虚構性である。映画やテレビを撮影する際に物語の舞台が東京であっても、または時代設定が過去であっても、それらしい風景があれば撮影地はどこであっても構わない。つまり、現代の高崎で撮影されたとしても、映像の中で時代や場所へと転用することがいくらでも可能なのである。そして高崎の場合、その転用性が極めて高い都市といえる。高崎の風景は高崎と断定できるような「高崎らしさ」が付与されて

おらず、現代的な街並みもあれば昭和を思わせる街並みもあり、作品によって風景を客体化し取捨選択することによって、さまざまな作品の撮影に転用できるのである。

しかしながらこのような「風景の臨機応変さ」は、高崎市が実際の「高崎」として映し出されないというジレンマを生むこととなる。これは、映像を介して高崎を観光地化するというフィルム・コミッションの本来の目的が達成されないことを意味する。

そのような矛盾のなかで撮られた、高崎を舞台にした映画『包帯クラブ』は高崎市の地域アイデンティティーの構築を図る一方で、そこで表象された「高崎市」イメージが、「ロケ地マップ」などの流通プロセスを通して高崎内部の市民によっても受容されていくという現象が見られる。それは、全国に向けて発信される映画作品が「高崎」という都市の内省をもたらしていると捉えられる。

これらの現象を総じて、映像というツールが都市に介入することで、映像に映し出される都市と映像が互いに作り合う関係を形成すると換言できる。高崎が映像に映し出されることによって実際の高崎も変容していくという不断の相互関係のなかに、フィルム・コミッションの活動が位置づけられるのである。また高崎市では映像を介したリフレクシヴな相互作用が生まれつつも、なおも匿名性が保持され続けているという特性が見受けられる。「リフレクシヴィティー」概念は、個人が社会を客観的に捉えなおすことによって社会が再生産される過程を示すが、高崎の事例においては、もともと特定の都市イメージのなかった都市である高崎がリフレクシヴな作用を経てもなお、匿名性のある街として維持されているのである。

再び映像人類学への貢献という本論の目的に照らし合わせると、この事例から導き出されることは、映像は単に何かを記録する道具ではなく、映すものと映されるものの間に置かれることで、両者の関係性や内部の役割を変化させたりあるいは保持するという媒介性を持っているといえる。しかしながらこのような映像の媒介性が生み出す再帰的な相互関係に注目した研究は、映像人類学ではほとんど見られないのが現状である。また高崎の場合、観光現象に関する政治的社会的文脈も強く関与しており、観光人類学や映像人類学などの分野を横断した分析も必要とするだろう。「映像」や「観光」、「リフレクシヴィティー」といった人類学でこれまで別個に議論されてきた諸概念が重層的に関係し合っている高崎市は、映像を方法としてみる既存の映像人類学では捉えきれない諸相である。そしてこのことは映像やメディアを分析対象とする学問分野を分野横断的に策定していくことが必要であること

を指し示している。今後は高崎がどのような都市イメージを有していくのか見守りつつ、本論が横断的で総合的な映像人類学の発展への寄与となれば幸いである。

参照文献
ASKEW, Kelly and Richard R. WILK（eds.）
 2002 *The Anthropology of Media: A Reader*. Blackwell Publishers.
伊藤俊治・港千尋（編）
 1999 『映像人類学の冒険』せりか書房。
北村皆雄・新井一寛・川瀬慈（編）
 2006 『見る、撮る、魅せるアジア・アフリカ！——映像人類学の新地平』新宿書房。
ギデンズ、アンソニー
 1993 『近代とはいかなる時代か？——モダニティの帰結』松尾精文・小幡正敏（訳）、而立書房。
ターナー、ヴィクター
 1981 「パフォーマンスとしての人類学」大橋洋一（訳）『現代思想』9（12）：60-81。
ベック、ウルリッヒ／ギデンズ、アンソニー／ラッシュ、スコット
 1997 『再帰的近代化——近現代における政治、伝統、美的原理』松尾精文・小幡正敏・叶堂隆三（訳）、而立書房。

Guide ミニエスノグラフィー④

　このミニエスノグラフィーは、学部の学生でも可能と思われる規模の調査に基づいて書いたものです。本文の文字数が約1万7千字と授業のレポートとしてはかなり長めですが、構成は「エスノグラフィー論文の組み立て方1（演習のレポートの場合）」（▶p.238）に依拠しました。もちろん別の組み立て方も可能です。例えば、卒論くらいの長さにするには、「Ⅰ 序論」に含まれている「記憶」論のレビューを膨らまして、独立した章にするでしょう。また、「Ⅳ 結論」で「記憶の技法」という鍵概念を短く論じるにとどめていますが、本論に当たる章（ここでは「Ⅲ」）の最後の節でより詳しく取り上げたり、独立した章を当てたりしてより長く論じるでしょう。序論の冒頭で個人的なエピソードを述べていますが、この代わりに、もしくはこの後に社会的・理論的背景（例. 日韓関係と歴史認識）を述べて研究設問の導入とすることも可能です。

　他のエスノグラフィーと比べてこの論文の特異な点として、歴史的なプロセスを追っているところと、数人の特定の人物が記述の中心になっているところを挙げることができるでしょう。これは限られた調査期間に対する工夫でもあります。もっと時間がかけられるなら、対馬にしばらく住み込んで準備の組織（朝鮮通信使行列振興会）に加えていただき、この行事を担う側の視点をより内在的に理解するというやり方も考えられます。

　この論文では調査協力者のお名前を実名で掲載しています。ここでの記述を私はプライバシーの侵害にはあたらないと判断しました。そしてご本人もしくはご家族に原稿をお見せした上で、実名での掲載について許可をいただきました。私はエスノグラフィー論文の場合、人名は原則的に匿名にした方がよいと考えています。にもかかわらずここであえて実名にした理由は、それぞれの人物がすでに書籍や新聞記事で実名の形で登場しており、この論文でもそれらを引用していること、そして実名とすることで記録としての価値が増すと考えたことです。

よみがえる朝鮮通信使　　対馬をめぐる記憶の技法のエスノグラフィー

小田博志

要 旨　　この研究の目的は、朝鮮通信使の歴史がいかに想起されてきたのか、それについてどのような実践が行なわれ、どのような結果につながったのかを、特に現代の地域社会である対馬との関係に焦点を当てながら明らかにすることである。そしてそれを踏まえて、この事例が「記憶」論に示唆するものは何かを考察する。Ⅰでは研究の背景と設問を述べた後、理論的テーマとしての記憶論を概観する。Ⅱで調査対象である対馬と朝鮮通信使の基本的な説明を行ない、調査の概要を述べる。Ⅲでは分析の結果を述べる。朝鮮通信使の歴史が想起されるプロセスで見られた三つの「記憶の節目」で章を区切って、研究設問との関係で分析を加えていく。一つ目の節目は70年代に辛基秀（シンギス）氏が朝鮮通信使の絵巻物を再発見したことであり、そこに彼は日本人と朝鮮人との間のもうひとつの関係性を見出し、映画製作を行なった。この映画が1980年に対馬で上映されたことが二つ目の節目であり、対馬独自の歴史を示すものとして通信使行列の再現が行なわれるようになった。三つ目の節目である1990年の韓国大統領の挨拶が、対馬の国境を越えた役割を呼びさまし、国境を越えたネットワーク形成につながった。以上のプロセスの中で、日本国内における「辺境の離島」から、国境を越えた広がりの中での「交流の島」へと対馬の再定位が進められた。それはローカルなアクター（行為者）が現在の不利な状況の中で、歴史の記憶を用いて自己が含まれる文脈を書き替え、将来に向けて望ましい自己の位置づけを獲得しようとする実践である。このような歴史の創造的な用い方を「記憶の技法」と名づけることができる。結論ではこの「記憶の技法」を鍵概念に分析結果を概観し、それが記憶論に対して持つ意義を論じる。

キーワード　対馬／朝鮮通信使／記憶の技法／地域社会
　　　　　　トランスナショナル

目次

Ⅰ　序論

Ⅱ　調査の対象と方法

　　1　対馬
　　2　朝鮮通信使
　　3　調査の概要

Ⅲ　転調する朝鮮通信使の記憶と対馬

　　1　もうひとつの関係性
　　2　観光資源としての通信使行列
　　3　国境を越えた地域社会へ

Ⅳ　結論──記憶の技法

I 序論

　2006年3月に私が対馬を訪れたのはある思いつきからだった。もともと韓国に行く予定だったが、飛行機の代わりに船で行けば途中の対馬にも寄れるということに気づいてプランを立てたのだ。はじめての土地を訪れたときにはとにかく歩き回る。そこの「空気」を感じ取り、そして新しい何かを見つけ出すためだ。だからそのときも対馬の厳原町(いづはらまち)の中を歩いて回った。すると石碑が目についた。「朝鮮通信使幕府接遇の地」だとか「朝鮮国通信使之碑」だとか刻まれている。いったい「朝鮮通信使」とは何だろう？　さらには「誠信之交隣　雨森芳州(あめのもりほうしゅう)先生顕彰碑」という私の知らない人名が刻み込まれた碑もあった。観光物産協会の壁には「国境の島対馬」というポスターが貼られ、観光案内の標示や食堂にもハングルが併記されて、韓国人観光客が闊歩していた。この島でいったい何が起こっているのだろうと好奇心をかき立てられた。「朝鮮通信使」というものが重要な位置づけにあり、その行列の再現が夏の祭りで行なわれていることも知った。こうした発見が対馬と朝鮮通信使をめぐる調査へとつながっていった。

「朝鮮通信使幕府接遇の地」碑
（厳原町、2002年建立）

研究設問
　この論文では、特に現代の地域社会である対馬との関係に焦点を当てながら、朝鮮通信使の歴史がいかに想起されてきたのか、それはどのような実践としてあらわれ、どのような結果につながったのかという問題をエスノグラフィックなアプローチによって明らかにしたい。そしてそれを踏まえて、この事例が「記憶」論に示唆するものは何かを考察したい。

記憶論

　この論文の理論的テーマは「記憶」である。この概念が人文社会科学の重要なテーマとなる上で決定的な役割を果たしたのは、ピエール・ノラが率いたプロジェクト『記憶の場』である（ノラ 2002）。ノラは「記憶」と「歴史」を次のように区別している。「記憶は、絶えず変化し、想起と忘却を繰り返す。記憶はいつでも現在的な現象であり、永遠に現在形で生きられる絆である。それに対して、歴史とは過去の再現（ルプレザンタシオン）である」（ノラ 2002：31-32）。従来の歴史学は、過去の歴史的出来事の解明を目指してきた。一方の「記憶」論の立場では、現在において歴史的出来事がどのように想起（もしくは忘却）されるかといった問題が取り扱われることになる。「記憶」論の視座からみてみると、現在素朴に「歴史的事実」として表象されている事柄が、いかに多様なアクターによる「読み替え／流用（appropriation）」や「交渉（negotiation）」を通して構築されたものであるかが明らかになる。つまり、従来の歴史学が過去に焦点を当ててきたとすれば、「記憶」論では過去に関わる現在へと焦点を移すことになる。「記憶の場」とは「集合的な記憶が表象される場」のことである。フランス語の「場（lieux）」は多義的であり、ノラらは「記憶の場」として地理的な場所だけでなく、小説・事典などの活字、証言、歌・写真・絵・映画などの視聴覚の表現、彫像・建物・碑・道などのモノ、記念日などの象徴まで含めている。これによって研究対象を従来の文書史料中心主義からはるかに拡大させることになった。

　ノラの「記憶の場」概念を踏まえた文化人類学的研究の例として、『天皇のページェント』（フジタニ 1994）と『広島――記憶のポリティクス』（米山 2005）が挙げられよう。フジタニは明治以後の日本において民衆を国民化するために形成された「記憶の場」（儀礼、祝祭日、天皇の「巡幸」など）を、歴史エスノグラフィーの立場から分析している。広島の被爆を対象に据えた米山の研究は、国家を枠組みとする傾向にあった従来の集合的記憶論の枠組みから離れ、非国家主体による記憶の実践をも射程に収めている点で斬新である。

　さて、本研究では基本的にノラの概念規定を踏襲する。つまりここで研究の対象となるのは朝鮮通信使と対馬の関係であるが、その過去の歴史的事実を明らかにすることが目的ではなく、現代において朝鮮通信使がいかに想起され、それが対馬のあり方にいかに関係しているのかを問題とする。しかしノラが「フランス」を対象にしたような、ナショナルな研究枠組みをここでは設定しない。朝鮮通信使と対馬は「記憶の場」といえるが、「日本的なるもの」が集約される場ではない。結論を先取りして言えば、これらはナショナルな枠組みに収まらないトランスナショナル

な（国境を越えた）記憶の場という捉え方の方がより適切であろう。それに立ち入る前に、対馬と朝鮮通信使について基本的な説明をしておきたい。

II 調査の対象と方法

「対馬市WEB通信局
対馬市へのアクセス」より

1 対馬

主に「対馬市WEB通信局」の情報によりながら、対馬の概要をまとめておきたい。対馬は南北約82km、東西18kmの、朝鮮半島と九州の間に位置する島である。対馬から福岡までが約140kmであるのに対し、対馬から韓国の釜山までは50kmに満たない。全島の89％を山林が占め、平野には恵まれない。昭和35年から人口が減少傾向に転じ、昭和55年の人口は約5万人、平成20年11月30日現在の総人口は36,938人となっている。第一次産業の割合が約24％と高く、その中で漁業が約83％の割合を占めている。しかし漁獲高の減少のため漁業従事者は減っていっている。「離島振興法」（1953年）の成立に伴い公共事業が導入されるようになったが、その規模も近年縮小されている。一方、観光産業の成長が著しく、韓国人観光客は99年の約2千人から08年の約7万2千人へと急増している。

江戸時代、対馬はひとつの藩を成し、宗家には十万石格が与えられて、朝鮮王朝との貿易・外交関係において特権的な役割を果たした。明治維新後はその特権が解除され、廃藩置県によって最終的に長崎県に属することになった。明治以後、特に日清・日露戦争の時期に対馬は戦略防衛拠点と位置づけられ、「要塞の島」と化して開発が大幅に制限された。アジア太平洋戦争に日本が敗れ、朝鮮の植民地支配が終結すると、対馬は再び国境に接するようになった。韓国が1952年に引いた「李承晩ライン」は1965年に撤廃されるまで対馬にも大きく影響した。2004（平成16）年に対馬の6町が合併して対馬市が誕生した。

2　朝鮮通信使

　朝鮮通信使とは室町時代と江戸時代に朝鮮王朝から日本に送られた外交使節のことである。歴史上の朝鮮通信使について詳しくは仲尾（2007）に譲り、ここでは簡単に紹介するにとどめたい。「通信」とは互いが信を通わしあうという意味で、対等な関係であることを前提にしている。豊臣秀吉による文禄・慶長の役（壬辰・丁酉倭乱）によって日朝関係は分断したが、徳川幕府は「和平」のために朝鮮王朝に働きかけた。その結果1607（慶長12）年から1811（文化8）年までの期間に朝鮮から計12回使節団が派遣された。最初の3回の使節は「回答兼刷還使」と呼ばれ、徳川政権の実情と方針を探ることや、先の戦争で拉致された朝鮮人捕虜の送還などのいわば「戦後処理」を目的とした。これ以後は「通信使」の名で、将軍の代替わりや世継ぎ誕生の祝賀に際して派遣された。一行は使臣だけでなく、文人、画人、医師、楽隊、芸能人など総勢約400から構成される大規模な「文化使節団」の性格ももっていた。対馬藩宗家は、朝鮮通信使の出迎えから帰国までの接待業務を任せられた。

　現代の対馬では毎年8月の最初の土日曜日に「厳原港まつり・対馬アリラン祭」が開催され、その中で朝鮮通信使行列がひとつのイベントとして実施されている[1]。

対馬アリラン祭の朝鮮通信使行列（厳原町、2006年8月6日）

---

1) ウェブサイト「厳原港まつり　対馬アリラン祭」（http://f43.aaa.livedoor.jp/~ariran/）から過去の祭りの情報を知ることができる。（2006年8月3日最終更新）

通信使行列は日曜（本祭）の午後に行なわれる。これ以外に子供みこし、歌謡ショー、花火大会などがあり、厳原港横の特設会場には屋台が立ち並んで、これをみると地域のお祭りの雰囲気が強い。対馬市商工会青年部厳原支部がこの祭りの実行委員会を担当し、長崎県と対馬市の後援を受けて実施されている。朝鮮通信使行列は特別に「朝鮮通信使行列振興会」が担当している（通信使行列登場の経緯はⅢで詳述する）。通信使行列のコースは毎年微妙に違っている。2006年の場合、八幡宮神社の横からスタートした。かつての朝鮮通信使を模した行列は、主催者が長年かけて揃えた、正確な時代考証に基づく衣装や小道具が使われていて迫力がある。これに陸上自衛隊音楽隊、地元中学校の吹奏楽部、チマチョゴリ姿の女性たちなど主に対馬と釜山の多彩なグループが加わる。中でも釜山のペギンセ舞踊団は華やかであった。見物人が埋め尽くした城下町の沿道を約30分かけて練り歩くのだが、対馬のこの時期、しかも昼下がりはうだるような暑さだ。みんな汗をかきながら行列に参加していた。特設会場に到着すると「国書交換式」が正使役の韓国人国会議員と宗対馬守役の対馬市長の間で執り行なわれ終了となった。2006年の対馬市による集計で、祭り全体の見学者は2日間で約3万1000人（うち韓国人1,400人）、通信使行列には約500人（韓国人100人、日本人400人）が参加した。

　この現代の朝鮮通信使行列を扱った先行研究としては村上（2002、2008）および申（2003）がある。村上は2002年の論文で「厳原港まつり」に「対馬アリラン祭」という副名称が加えられたことに着目し、従来の地域密着型の行事群と、対外的な観光戦略に基づく朝鮮通信使行列との混在状況を指摘している。さらに村上は2008年の論文で、港まつりに通信使行列が登場した経緯について観光化の文脈の中で分析している。申（2003）は、通信使などの朝鮮半島と関連する事柄が、対馬の「和解の地」および「国境」というイメージを創出するために使われていると結論づけている。朝鮮通信使が現代において想起されていることは「記憶」の問題と捉えられるが、これら先行研究ではその視点には立っていない。現代の朝鮮通信使に「記憶」論の視座からアプローチする点に本研究の独自性がある。

3　調査の概要

　現地調査は2006年の3月と8月および2007年の8月の計3回行なった。延べ滞在日数は16日間となった。両方の年の8月に「厳原港まつり・対馬アリラン祭」を見学した。この祭りの一部として「朝鮮通信使行列」が実施されている。現地での見聞のフィールドノーツへの記録、インタビューの記録、写真とビデオの撮影、関係する文献・文書の収集などの形でデータを収集した。札幌に帰ってからも、対

馬の関係者との間で電子メールや電話で補足調査を継続した。さらに朝鮮通信使と縁が深く、対馬との交流もある広島県福山市鞆の浦の訪問、また辛基秀氏（後述）に関して大阪府や東京都に在住する関係者との補足調査も行なった。

　研究の方法論として採用したのはエスノグラフィーであるが、その中でも現場・プロセス・インターフェイスをキーワードとする特殊なアプローチを採用することになった。当初は対馬の中で朝鮮通信使行列の再現について調べていた。しかし調査が進むに従って、対馬島外のアクターの影響が大きいこと、また行列再現のプロセス自体が興味深いことがわかり、調査の問いと焦点とを切り替えていった。構造機能主義的なアプローチのように対馬を閉じた社会と捉え、その中で観察されるものを時間の経過から切り離して事後的視点から分析するということはせず、むしろそのつどの現場における出来事の生成プロセスを再構成することと、対馬と外部社会とのインターフェイス（接触面）をみることに重点を置いた。

Ⅲ　転調する朝鮮通信使の記憶と対馬

　対馬を起点に朝鮮通信使の記憶について調べていく内に、それはある程度長い時間にわたるプロセスを成していることがわかった。そして、そのプロセスには「記憶の節目」とでも呼ぶべき出来事が刻まれていることに気づいた。ある特定の人物が、ある特定の文脈において、ある出来事をきっかけに朝鮮通信使とそれに関連する事柄の意味を発見し、それに対して起こす行動がまた新しい社会的文脈を創り出してゆくのである。これまでの分析で浮かび上がってきた主要な「記憶の節目」は三つある。以下では、これらの節目で区切られたプロセスについて語っていきつつ、研究設問（朝鮮通信使の記憶がいかに想起され、実践され、どのような帰結にむすびついたのか）との関連で分析を加えていく。

1　もうひとつの関係性

「温かい眼差し」

　対馬の話を対馬からではなく大阪から始めよう。ここでの主人公は辛基秀氏（シンギス）[2]である。1950年代の半ばに辛氏は神戸大学の大学院で経営学を専攻していた。その時期に図書館で「朝鮮通信使」というものにほんのわずかに言及した本を見つけた。しかしそれ以上に詳しい文献もなく、辛氏はそれが何か気になったままであった。結婚してからも妻の姜鶴子氏（カンハクジャ）に常々そのことを言っていた。

それから十数年経った1970年頃、辛氏は大阪のある百貨店の古書即売会に出かけた。そこで一本の絵巻物に目が奪われた。それはまさに朝鮮通信使行列が描かれたものだった。しかし家計は厳しく辛氏は買うかどうか迷った。その背中を、妻は「ひとつしかないものだから買いなさいよ！　借金はいつでも返せるんだから」と言って押した。またこのときのことを辛氏は1995年にこう語っている。

　　買うべきか否か、さんざん悩みました。その挙げ句（中略）姜在彦先生[3]（カンジェオン）からアドバイスを受け、手に入れることを決めたのです。当時で七万円しました。通信使の一行を見つめる民衆の、あこがれにも近い、温かい眼差しを見るうち、ああこれでいい映画ができるかもしれない、と思った。私の史料収集が始まったのは、それからのことです。
　　　　　　　　　　　　　　　　　　　　　　　　　　　　（上野2005：14）

　上野氏の取材によると、当時辛氏は2人の子供が学校で受ける差別に直面していた。それも生徒ではなく教師の方に問題があった。在日コリアンとして本名を使って娘たちは通学していたが、中学生の長女がクラスメートの投票で学級委員に選ばれると、教師が何度も選挙のやり直しを言い出したりした。「こうした偏見と差別の感情は一体どこからくるのか、父親として何とかしなければならない、と思った」（上野2005：15）。

　辛氏はこの絵巻物のどこに引かれたのであろうか。それは先の引用文中の「温かい眼差し」という表現に表れているように思える。日本の民衆が朝鮮から来た人びとに蔑視ではなく、「温かい眼差し」を向けた時代があった。朝鮮通信使の歴史は、辛氏にとって日本人と朝鮮人との間に差別とは違った"もうひとつの関係性"があったことの証であり、またこれからそうなり得るという希望の源であった。

---

2) 1931年京都市生まれ。在日コリアン2世。1974年映像文化協会代表に着任。1984年青丘文化ホールを大阪市に開設。代表的な映像作品に「江戸時代の朝鮮通信使」（1979年）、「解放の日まで」（1986年）がある。また1960年代半ばに対馬で撮影した映像が「海女のリャンさん」（2002年）のベースとなった。2002年没。
3) 1926年済州島生まれ。花園大学文学部客員教授。著書に『朝鮮通信使がみた日本』（明石書店、2002年）、訳書に『海游録─朝鮮通信使の日本紀行』（申維翰著、平凡社、1974年）がある。

映像化

さらにこの絵巻物は辛氏のヴィジュアルな感性に響き合うものだった。「絵巻物は、絵画ではなく、まさに江戸期の記録映画であった」(辛 1979：225)。物事を映像的に捉え、そして映像的に表現しようとするところに辛氏の感性の独自性があった。

だから辛氏が活字よりも映像を通して朝鮮通信使の歴史を広めようとしたことは自然な成り行きであった。辛氏は映画というメディアを通して、通信使の社会的想起を目指したのである。70年頃の日本で朝鮮通信使の歴史は忘れられていた[4]。明治以降の歴史の流れにその原因があると辛氏は考えた。つまり日本政府による朝鮮半島の植民地化が進むに従って、朝鮮に対する蔑視が日本国民に植え付けられ、その反面、江戸時代の朝鮮との対等な友好関係の記憶が消されていった。その中で、朝鮮通信使にまつわる絵図や文物も軽んじられていったというのである。

> 日本の"正史"から消され、ながい間、教育史でも空白とされた江戸時代の日本と朝鮮の平和な善隣関係の証である歴史の記録は、日本の各地のゆかりの地に数多く残されている。 　　　　　　　　　　　　　　　　　(辛 1979：222)

歴史を問い直す

辛氏は映画をつくることでこの社会的記憶喪失に抗して、かつて存在した日朝の"もうひとつの関係性"の記憶をよみがえらせようとした。1979年に完成したドキュメンタリー映画『江戸時代の朝鮮通信使』はそれ自体が「記憶の場」となった。大阪を皮切りに全国各地で上映会が催され、ことにこの映画が日朝関係の「正の遺産」「ポジティヴな記憶」に焦点を当てたことが新鮮な驚きをもたらした。例えば、飛田雄一氏は「暗い朝鮮、略奪された朝鮮という像にばかり目が向きがちだった。それを善隣友好の時代もあったという辛さんの視点は非常に新鮮だった」と語っている（上野 2005：31）。

---

4)「明治維新以降、朝鮮通信使のことが全く忘却され、それを辛氏が再発見した」という理解は短絡的である。例えば 1964 年の『新対馬島誌』（新対馬島誌編集委員会）には比較的詳しい通信使の記述がある。違いがあるとすれば想起の仕方にある。日朝の間に今日とは違った関係性があったということへの驚きは、辛氏に独特である。

特筆すべきは、辛氏が在野の立場で行なった歴史の掘りおこしが公式の歴史を問い直し、そしてそれを書き替えるほどのインパクトをもったことである。江戸時代に朝鮮と日本とが外交関係をもち、日本国内に朝鮮からの使節団が来ていたという事実の発掘は、従来定説化してきた「鎖国」史観を問い直すことにつながった。そして辛氏らが掘りおこした朝鮮通信使の歴史は、学校の歴史教科書にも記載[5]されるようになっていったのである。

次に辛氏が映像というメディアに収めた朝鮮通信使の記憶が、いかに対馬に渡っていったのかをみていこう。

2 観光資源としての通信使行列
対馬独自の売り

1980年頃に対馬が置かれていた状況は厳しいものであった。主力産業の水産業は乱獲のため下火となり、それ以外の産業振興は、日本国内で最も近い大都市・福岡に対してすらある約140kmの隔たりに阻まれていた。高校卒業者の多くが就職のために島外に流出し、過疎化が止まらなかった。観光の面でも、国内観光客の人気は沖縄など南の島に集まって、対馬は折からの「離島ブーム」から取り残されてしまっていた。

辛氏が製作した映画が上映されたのはそんな頃であった。1980年の3月の上映会に参加した庄野晃三朗氏は、大阪で商売に失敗し「夜逃げ同然」(庄野2004：35) に対馬に渡ってきた呉服商だった。新天地での事業が軌道に乗って「(対馬の人たちに) 何とか恩返しをしたい」(庄野2004：36) と口癖のように言っていた。そのような状況で庄野氏は「映画『江戸時代の朝鮮通信使』を厳原歴史資料館で、3人の方と偶然みせて貰った」(庄野2004：41)。

この映画は対馬のシーンで始まる。冒頭のナレーションから少し引用してみよう。

> 対馬の厳原町に旧対馬藩主宗家の菩提寺・万松院がある。この寺の一隅に古びた宗家文庫が立っている。(中略) 厳しい鎖国政策が敷かれた江戸時代に、対馬藩はどうしてこれほど大量の朝鮮関係の文書を残すことができたのだろうか。(中略)

---

5) 日本の中学校歴史教科書における朝鮮通信使の記述の変遷を研究した釜田によると、1971年版では0社であったのが、1986年版には5社中2社、1996年には6社中6社の教科書で朝鮮通信使のことが言及されるようになった (釜田2006)。

よく晴れた日の朝、対馬北部の小高い丘に登ると朝鮮半島の南端、釜山付近の海岸を肉眼で見ることができる。朝鮮半島と対馬は小船で簡単に行き来できる近い距離にある。(中略)
　一方朝鮮からは江戸の将軍に宛てた国書を持って、大規模な朝鮮通信使の一行がたびたび日本を訪れていた。その際、対馬藩が一行の案内と護衛を受け持っていた。

　対馬でもやはり朝鮮通信使の歴史は長らく忘れられていた。そのときに対馬でこの映画を観る衝撃はどれほどのものだっただろうか。庄野氏はこう書いている。

　　私は、まざまざと見せつけられたこの映画を見て、かすかな憤りと興奮を覚えた。対馬には、この行列の際だって残っているものに何があるか。よしこの行列を再現してみようと思った。　　　　　　　　　　　　　　　(庄野 2006：42)

　庄野氏は対馬に独自の"売り"を探していた。それをこの映画の中に見出した。朝鮮通信使行列である。辛氏は日本人と朝鮮人との「もうひとつの関係性」を示すものとして朝鮮通信使を想起したが、庄野氏が見出した意味はそれとは違っていた。庄野氏は対馬の"売り"をここで見つけたのである。そしてその行列を夏の「港まつり」のイベントとして取り入れるために動き出した。辛氏が映像化したことの効果がここで発揮された[6]。絵巻物の中の通信使行列を映像として見たから、庄野氏は行列をイベント化しようと思いついたのであり、これが活字や講演だけであったならそうはならなかったはずである。

歴史を行列する

　庄野氏は1980年に行列再現を思いついてからさっそく厳原町と商工会に話をもちかけた。賛意が得られるや「釜山に走った」。後は疾風のような勢いである――「通信使行列に必要な衣装、幟(のぼり)、鐘、太鼓、笛などの鳴りものを発注し、先ず百人分を予定した。さて、その年の8月、港祭りの蓋を明けてびっくり、我も参加したい、私も加わると、門前市を成す有り様。福岡の韓国総領事館の総領事や担当領事

---

[6] 映画が対馬を映し、今度は対馬が映画の中の事柄を映し出すという互いに映し合う関係性(相互反映性/リフレクシヴィティ)がここにはみられる。

も来島され、通信使の正使、副使の篭車に乗って頂く」(庄野 2004：23)。

「厳原港まつり」は 1964 年（昭和 39 年）から漁協と厳原町商工会の共催の形で始まった。もともとは水産業の振興を目指していた関係で、仮装行列といった出し物の他に、魚供養や稚魚放流などが行なわれていたらしい。これは地域の、それも対馬全体というよりは厳原町の祭りであった。通信使行列の再現が祭りの方向性を変える力をもった。外向けのイベントとしての性格を与えることになっていったのである。

ここで「通信使行列の再現は、映画を観た庄野氏が 80 年に全く新しく始めた」という理解には慎重であるべきである。というのは、厳原町役場に長年勤務し、朝鮮通信使行列再現にも深く関わってきた橘氏によると、厳原港まつりでの通信使行列再現は 80 年より前に遡ることができるからである。1970 年に「府中遊覧」という宗家の侍の仮装行列が行なわれ、翌年には韓服姿の女性がそこに加わっていた。78 年[7]には仮装行列のイベントに「李朝通信使行列」[8]が加わった。橘氏によるとこれが通信使行列の「実質的開始」となる。橘氏はこの時代行列のヒントを厳原の長崎県立対馬歴史民俗資料館所蔵の朝鮮通信使絵巻からすでに得ていた。80 年は橘氏によると通信使行列の「組織的開始」である。つまりこの年に庄野氏を中心に「李朝通信使行列振興会」が結成され、港まつり全体の実行委員会とは別に町の予算が措置されるようになったのである。

いずれにしても、すでに「仮装行列」が祭りの出し物として定着していた中に、「通信使行列」を取り入れることは突飛なことではなかったであろう。過疎化が進む離島という状況の中で、通信使行列の歴史が「対馬独自のもの」として想起され、そして観光の文脈で実践されることになった。「歴史を行列した」のである。そこにはどんな特徴が見られるだろうか。

---

[7] 「厳原町では昭和 53 年（1978 年）頃から"韓国の見える島"というキャッチフレーズを使っていました」（橘氏の 2009 年 1 月 7 日付け電子メールより）。この年に対馬と韓国との関係が強調されるようになったようだ。

[8] 「李朝」となっているのは、当時の政治状況から「朝鮮」を使うのがはばかられたためだという。祭りの出し物の名称が「朝鮮通信使」と変更されたのは 1989 年である。

日本国内での再定位

　80年以降の展開をみると、通信使行列は対馬の観光資源としてますます脚光を浴びるようになっていく。1988年の壱岐対馬国定公園指定20周年および長崎旅博（90年開催）を機に、祭り名称に「対馬アリラン祭」を加え「厳原港まつり対馬アリラン祭」となったことはそれに拍車をかけるものであった。

　ここで注意すべきことは、この時期の動きが韓国に向けた観光振興ではなかった点である。庄野晃三朗氏から通信使行列実行委員会の代表を85年に引き継いだ息子の庄野伸十朗氏が述べるように、晃三朗氏がターゲットにしたのは日本国内（多くは九州北部）の観光客であった。「日本人の観光客を呼ぼうと思ってはじめた。歴史の復元など考えていなかった」[9]。橘氏は韓国との国際交流の構想を早くからもち、「国境の島」というキャッチフレーズ[10]も考案したが、その実現に必要な交通基盤が整っていなかった。何より韓国人の海外渡航自由化がなされたのは1989年のことである。これらを考慮に入れると、朝鮮通信使の記憶を80年代に行列の形で実践することによって、対馬は「辺境の離島」という不利な位置づけから脱する模索を始めたといえるだろう。つまり記憶を用いて、ナショナルな文脈の中での再定位を行なおうとしたのである。しかしその後、現代の朝鮮通信使行列は対馬を越え、国境をも越えて動き出すことになる。その展開をこれから辿っていこう。

3　国境を越えた地域社会へ

対馬の国境を越えた役割

　厳原の地元行政による「日韓交流」を視野に入れた動きは80年代から存在した。福岡市がイニシアチブを取った「邪馬台国観光ルート協議会」（81年）への参加、長崎県との関わりで行なった88年の「厳原港まつり対馬アリラン祭」への名称拡大などである。しかし「日本国内における対馬」という位置づけが、「日本と韓国との間にある対馬」へと広がる上で重要な節目をなしたのは、1990年（平成2年）5月24日の盧泰愚（ノテウ）元大統領による宮中晩餐会での答礼挨拶であった。その中で対馬と深い関わりのある人物がクローズアップされたのである。

―――――――――――――――――――――――

9) 2007年8月の厳原での伸十郎氏とのインタビュー
10)「国境の島」は今日でもよく使われているが、橘氏によると「私が観光係を担当した昭和58年（1983年）当時、日韓交流の振興と対馬のアイデンティティを明確にするために使い始めました」（2009年1月5日付け電子メールより）。

270年前、朝鮮との外交にたずさわった雨森芳州(あめのもりほうしゅう)[11]は、〈誠意と信義の交際〉を信条としたと伝えられます。かれの相手役であった朝鮮の玄徳潤(ヒョンドギュン)は、東萊(トンネ)に誠信堂を建てて日本の使節をもてなしました。今後のわれわれ両国関係もこのような相互尊重と理解の上に、共同の理想と価値を目指して発展するでありましょう。
(嶋村 2007：237-8)

　この「江戸時代、対馬藩の外交官として活躍した雨森芳州を讃える演説」は、地元海運会社社長・松原一征氏にとって「ショックだったし、千載一遇のチャンスだと思った」(嶋村2007：23)。対馬の産業が停滞し人口流出も続く中、「これぞというカンフル剤は見つからなかった」。ここで松原氏は、韓国の大統領の口に上った雨森芳州がヒントになるのではと直観したのである。それはどんな意味だったのだろうか。雨森は朝鮮と日本との対等な友好関係を強調し、実際にそのための要職を務めた江戸時代の人物であった。松原氏は雨森芳州を通して対馬がかつて日朝の仲介者であったことを想起し、そして今後担うべき役割をそこに見出したのである。松原氏は2006年8月のインタビューでこう語った。

　　対馬が日本と朝鮮の中に立って両国をつないでいたときは平和だった。明治になって日本政府が対馬藩から外交権を取り上げて、対馬は「国防の島」になった。それまでの交流が途絶えたとたんに征韓論が起こってきた。友好平和の海が対立の海となった。

　対馬を日本の国内でだけ位置づけていると「辺境の離島」でしかない。しかし朝鮮半島にまで視界を広げると、日本と朝鮮半島との仲介者としての役割がみえてくる。対馬はかつてそうやって生きていたし、これからの活路もそこにある。この視点の転換のきっかけを雨森芳州の再想起がもたらした。
　朝鮮通信使についてもやはり同様の意味づけがなされている。松原氏は「海を介した交流が対馬の活路であり、通信使は日韓を結ぶ大きな歴史遺産である」と述べる（嶋村2007：60）。ここで通信使は日本国内向けの観光資源ではなく、日韓交流

---

11) 1668-1755年。儒者として対馬藩に仕官し、中国語と朝鮮語を身につけ、「真文役」として2度朝鮮通信使に随行した。著書『交隣提醒』で隣国朝鮮との関係について「互いに欺かず、争わず、真実を以て交わり候を誠信とは申し候」と説いた。

を促進する歴史資源として想起し直されることになったのである。

ネットワークの形成と交通基盤の整備

　松原氏らはすぐに行動を起こし、90年の内に雨森を顕彰するための組織「対馬芳州会」が結成され、「誠信之交隣」の文字が刻まれた雨森芳州顕彰碑が形になった。ちなみに私が厳原で最初に出会った碑はどれもこの時期に建立されたものである。雨森顕彰碑の近くにある「朝鮮国通信使之碑」は1992年に、厳原郵便局の横にある「朝鮮通信使幕府接遇の地」碑は2002年に建てられた。石碑というメディアを用いて、町の中に歴史が刻まれていったのである。

　この頃、行政と民間の協力によって、対馬の外とのネットワーク形成の取り組みが始まった。一つには、日本国内でかつて朝鮮通信使が立ち寄った自治体間を結びつける試みであり、これは「朝鮮通信使縁地連絡協議会」の立ち上げ（1995年）へと結びついた[12]。この会には2007年の時点で滋賀県高月町、広島県福山市はじ

誠信之交隣　雨森芳州先生顕彰碑（厳原町、1990年建立）

---

12) 1992年建立の「朝鮮国通信使之碑」の除幕式にあわせ、「朝鮮通信使フォーラム・シンポジウム」が、厳原町と朝鮮通信使フォーラム・イン・対馬実行委員会の主催で開かれた。このシンポジウムは「縁地連絡協議会」結成を目的とするものであった。（橘厚志氏の2009年5月8日付け電子メールより）

め17の自治体、34の団体、11の個人が加わっている。例年いずれかの参加自治体で「朝鮮通信使ゆかりのまち全国交流会」を開催している他、下記の韓国側組織と共同推進協定書を交わして釜山においても行事を実施している。

　もう一つは韓国・釜山との間のネットワークであり、これは2003年の「朝鮮通信使文化事業推進委員会」設立へとつながった。これは2005年に「朝鮮通信使文化事業会」と改称された。ここでのキーパーソンは釜慶(プギョン)大学校元総長の姜南周(カンナムジュ)氏であり、氏が事業会の執行委員長を務めている。ここで重要なのは、韓国一般というよりもまず釜山と対馬のつながりである。韓国南部の釜山圏、対馬、九州北部の福岡圏の間にはひとつの「地域」と呼べるほどの地理的・歴史的・文化的近接性がみられる。対馬と釜山とのネットワーク形成には、国境を越える動きと共に、国境で区切られる以前の地域性の回復の側面がある。この節の見出しの「国境を越えた地域社会」という表現は、直接には対馬のことを指しているが、ネットワーク形成の動きの中で、韓国南部－対馬－九州北部がひとつの「国境を越えた地域社会」としての姿を現していっているといえるだろう。

　90年代には韓国と対馬とを直接結ぶ交通基盤の整備が行なわれた。厳原町職員としてそれを担当した橘氏によると、93年にすでに韓国の馬山市との間で国際航路開設の話があった（橘2007）。しかし対馬側の受け入れ準備不足などの問題のために短期間運行しただけで終わってしまった。99年には韓国の商社から釜山航路開設の申し出があり、同年7月に週に2～3回の高速船の運行が始まった。そして翌2000年[13]には定期航路化した。対馬の中では韓国人観光客のために道路標識や観光案内のハングル表記も進み、韓国資本によるホテルも建設された。さらに2003年になると、釜山に対馬国際交流協会の事務所が設けられて観光PRを行なうようになった。橘氏は2007年8月のインタビューでこのように述べた。

> 　対馬から福岡への距離は145キロですが、釜山へは49.5キロに過ぎません。釜山は人口400万以上、周辺含めると1000万人以上です。東京がそこにあると言えます。私たちは釜山で市場調査をしました。韓国人観光客にとっての対馬の魅力は、自然がいい、空気が甘い、水がきれいだ、人間がいい、山登りができるといった点にあるとわかりました。対馬住民もその視点がわかっていないんです。釜山に対して「大商工業都市である釜山の観光保養地としての対馬」という位置づけをしてほしいとPRをしました。

---

13) この2000年が4つ目の節目といえるかもしれない。

こうした行政の側の観光戦略と交通インフラ整備の努力の結果、99年には約2000人であった対馬への韓国人入国者数が、02年には1万人を突破、05年には対馬の人口とほぼ同数の3万6000人、そして08年には7万2000人と鰻登りに増えて行っている。橘氏によると、この増え方は九州各県と比較すると例外的である。

国境を越えた地域社会としての再定位

90年以降、日本と韓国との間の仲介者という対馬の役割が自覚され、地域を越え、国境を越えたネットワークが形成されていった。朝鮮通信使の記憶は、80年代のような日本国内での対馬の独自性を示すものから、国境を越えた（トランスナショナルな）地域社会としての役割を示すものへと読み替えられていった。2000年の国際航路の定期化によって、対馬は本格的に韓国人観光客を受け入れ、「国境の島」「交流の島」というキャッチコピーが生きたものになっていった。

「辺境の離島」から「国境の島」へという自己認識の変更。また、ナショナルな文脈からトランスナショナルな文脈へという、自己を位置づける文脈の転換。こうした国境を越えた地域社会としての対馬の再定位が1990年頃を境に行なわれた。それを担ったのはこれまでみてきたように民間の経営者や自治体の行政官といった、ローカルなアクター（行為者）たちであった。それは「対馬島民」といった抽象的なカテゴリーではなく、特定の役職を背負いながら対馬のこれからに向けて行動する個人(エイジェント)であった。個人ではいかんともしがたい国境線や人口流出などのマクロな政治経済的制約の中で、彼らは個人の能力(エイジェンシー)を発揮して対馬の位置づけを変えていったのである。

このプロセスの中で常に朝鮮通信使の記憶が重要な役割を果たしてきた。過去の歴史的事象の記憶が、ある地域社会の現在の位置を変え、将来の展望を開くために創造的に用いられたのである。対馬の事例は歴史資源の活用の点で鮮やかである。

朝鮮通信使の記憶は、対馬が置かれる「枠組み」をつくるために使われた。それは従来のような「対立」や「分断」ではなく、「交流」や「共存」という枠組みである。ローカル・アクターが記憶を用いて自己が含まれる枠組みを変え、自己に有利な展望を開いていく。この能動的な実践を「記憶の技法」と名づけたい。この理論的鍵概念の説明は以下の結論で行なうことにしよう。

Ⅳ 結論／記憶の技法

三つの節目を経ながら朝鮮通信使の記憶が用いられていく様をみてきた。まとめると次のようになるだろう。

年代	節目の出来事	アクター	通信使の意味	実践	帰結
70年代	絵巻物の再発見	在日	平和な関係性	映画製作	歴史の問い直し
80年代	映画の上映	民間、行政	対馬独自のもの	行列再現	国内での独自な位置づけ
90年代〜	盧泰愚の挨拶	民間、行政	国境を越えた交流	ネットワーク形成	国境を越えた地域社会

70年代の大阪で、在日の辛基秀氏が朝鮮通信使の絵巻物を再発見した。そこに彼が見出したものは、日本人と朝鮮人との間の差別とは違った平和な関係性であった。辛氏はその歴史をよみがえらせるために映画を製作した。この映画は1980年に対馬でも上映され、朝鮮通信使に関わった対馬独自の歴史を想起させることになった。そして国内観光客誘致のため、祭りの一部として行列が再現されるようになった。1990年の盧泰愚元大統領の挨拶で雨森芳州が言及されるや、それは対馬の国境を越えた役割を呼びさました。その結果、朝鮮通信使に縁のある地域社会のネットワークが形成され、さらに国際航路の開通に伴って対馬で国境を越えた交流が現実のものとなっていった。

冒頭で提示した研究設問は「朝鮮通信使の歴史がいかに想起され、それはどのような実践としてあらわれ、そしてどのような結果につながったのか」を特に対馬との関係で明らかにすることであった。これに対して調査結果から導ける結論は次のようなものである。多様なローカル・アクターが朝鮮通信使の記憶をそのつど違ったやり方で想起してきた。本研究では次の三つの朝鮮通信使の想起のされ方が明らかになった──朝鮮人と日本人のもうひとつの関係性を示すものとして、日本国内での対馬の独自性を象徴するものとして、そして日本と朝鮮半島とを媒介する対馬の役割を示すものとして。これらの記憶の実践は、対馬の地域社会としてのあり方を大きく変えていった。日本国内における「辺境の離島」という不利な位置づけが、

ローカル・アクターによる「記憶の技法」によって、日本と朝鮮半島の交流の要となる「国境の島」という独自の位置づけへと転換された。この「記憶の技法」という鍵概念について以下で論じたい。

「国境の島」という対馬のイメージをつくりあげていっているのはローカルなアクターたちである。彼らは忘れられていた足元の歴史を掘りおこし、多様な記憶のメディア（映像、碑、行列、イベント）を使いこなし、偶発的な発見や外部からの情報にも積極的に反応しながら、「辺境」から「国境」へと自己が置かれた文脈を仕立て直していった。日本国内のみに限定された視野を、朝鮮半島まで含めたものへと拡大し、その中で自己を位置づけ直していったのである。このプロセスにおいて顕著なのは、過去の歴史的事実を現在の状況と将来の展望に合わせて巧みに流用[14]し、自己が含まれる文脈を書き換えながら、その中での自己の位置づけを刷新していく能力である。私がここで「記憶の技法」と呼んでいるのは、この自発的で創造的な実践の仕方である。それは国家権力側が行使するものではない。逆に国家的秩序の中で不利な状況（過疎化や不況）に置かれた地域社会の側が、現実を自らにとって望ましいものに変えるために行使する「戦術」（セルトー）である。記憶の技法とはローカルなアクターが歴史上の出来事や人物を「資源」として用い、既存の秩序に揺さぶりをかける独特の「歴史の使い方」である。ここで歴史とは知るものにとどまらず「活用する」ものである。その結果、ナショナルな文脈における「辺境の離島」からトランスナショナルな文脈における「国境の交流の島」へという対馬の再定位が進められた。このプロセスは朝鮮通信使の記憶を用いた錬金術のようである。

この結論には先行研究と対比してどのような意義があるだろうか。またどのような問題が現れてきただろうか。現代の通信使行列を直接の対象とした先行研究（申 2003、村上 2002、2008）との関連で一点だけ述べると、本研究で新しく明らかになったのは、通信使行列と地域社会としての対馬との関係には動態的なプロセスがあり、そこに「記憶の技法」が介在していることである。

「ローカル・アクター」といってもそれは一枚岩ではない。在日コリアン、移住

---

14) 現代対馬の通信使行列が、衣装や道具の点で「正確な時代考証」を目指している一方、歴史上の通信使行列と比べていくつもの違いもみられる。例えば、史上の朝鮮通信使は「国使」であったが、現代では「民間」が強調される。本来通信使に女性は含まれていなかったが、女性のチマチョゴリ行列と女性主体の舞踊団が現代の行列には加わっている。

してきた商人、自治体職員、地元知識人など対馬に居住する者だけでなく、対馬以外に住むきわめて異種混淆的なアクターたちが、さまざまな形で関わり合っている。だからそれを一からげに「対馬島民」[15]と表象するのは適切ではない。むしろ対馬に対する「よそ者」（在日の辛氏や大阪から渡ってきた庄野氏、さらにある意味で盧泰愚元大統領も）が朝鮮通信使の想起や対馬の独自性の気づきに重要な役割を果たしてきたことがわかった[16]。よそ者のイニシエーターとしての役割である。朝鮮通信使や雨森芳州の意義をよそ者が示唆し、地元の民間および行政アクターはすかさずつかみ取り、それを資源として活かす行動を起こした。ある特定の個人のひらめきとそれに続く即興的な行動が、対馬全域に及ぶような大きい結果をもたらした。そのプロセスは現在も進行中である。対馬は対馬で閉じていない。対馬は外との関係で自らを形成していっている。

　「記憶」論の分野との関連でいうと、ローカル・アクターの「記憶の技法」を研究する視座をここで示すことができた。記憶の技法が発揮される現場は、偶発的な出会い、個人のひらめき、即興性などで彩られ、微細な実践が大きな結果[17]を生み出していく。こうした「記憶の現場」の研究は、結果だけを事後的にみたのでは不十分で、むしろアクターたちが臨機応変に振る舞っていくプロセスをたどることが重要である。ここで述べてきたケースは、記憶と社会状況との間の相互構築的な関係を示すものとしても顕著である。ある社会状況の中で朝鮮通信使の記憶が呼び覚まされ、その記憶がまた新たな社会状況を形成する。三つの記憶の節目ごとにこの相互構築はみられたし、互いに連鎖を成して次の相互構築へとつながっていく様が明らかになった。それはローカル・アクターが記憶を用いて社会を構築し直すプロセスといえよう。

　対馬と朝鮮通信使のケースは、平和研究の視点から分析することもできる。それ

---

15) 「対馬島民」の中にはアリラン祭や韓国人との交流に対して無関心ないし批判的立場をもつ者もいる。
16) 「石垣の価値を地元の人たちはわからない」と庄野伸十郎氏は述べる。「石垣」とは厳原町内に残る江戸時代に建造された防火壁のことである。私が厳原を歩いてまず目についたのがこの石垣だった。しかし地元の人にとってあたりまえ過ぎて、その珍しさや歴史的価値を認識することは難しい。庄野父子は大阪から渡ってきた対馬の「よそ者」であった。この2人が通信使行列再現の中心的役割を担ったことは象徴的である。
17) 辛基秀氏の再発見は、歴史教科書に朝鮮通信使の記述を加えることにまでなった。記憶の技法が公式の歴史を書き替えたのである。

は「平和の記憶」とは何か、「平和資源」[18]とはどのようなものかといった問いを向けるに格好の題材である。実際に存在したポジティヴな関係性に目を向けて、「平和の記憶」をよみがえらせようとした辛基秀氏の仕事の独創性は、いくら強調しても強調しすぎることがない。それは平和研究の今後の方向性を指し示すものである。さらに対馬が「仲介者」として進めている交流を、「セカンド・トラック外交／市民外交」[19] (Davies and Kaufman 2002) の観点から研究することもできよう。対馬では民間と行政とが密接に協働し、産業振興と市民レベルの交流とが同時に行なわれている。それは国家から自律した動きでありながらいわゆる「市民運動」の範疇には収まらない。これは従来の市民社会論に一石を投ずるはずである。

謝辞

　本研究は北海道大学文学研究科企画準備プロジェクトの援助を受けました。お名前は挙げませんが調査にご協力いただきました皆様に心より御礼申し上げます。拙い本稿が対馬の発展や朝鮮通信使関連事業の振興にかける皆様のご努力にいささかなりとも応えるものとなっておりましたら幸いです。

朝鮮通信使と現代の対馬　関連年表

時	出来事
1964 年	「厳原港まつり」の開始
1978 年	仮装行列に「李朝通信使行列」が参加
1979 年 3 月 22 日	映画『江戸時代の朝鮮通信使』（辛基秀監督）大阪で一般公開
1980 年	映画『江戸時代の朝鮮通信使』対馬厳原で公開（3 月） 「李朝通信使行列振興会」設立、「李朝通信使行列」の組織的実施（8 月）

18) ここでは平和資源を、他者との平和な関係性を形成するために有用な道具、能力、思想、人物、施設、メディア、ネットワークなどの総体と暫定的に定義しておきたい。
19) 上田正昭は「民際交流」（嶋村 2007：60）、臼井らは「民際外交」（臼井・高瀬 1998）の概念を用いている。

1988 年	国定公園指定 20 周年および長崎旅博（90 年開催）を機に、祭り名称に「対馬アリラン祭」を加え「厳原港まつり対馬アリラン祭」となる
1989 年	「李朝通信使行列」を「朝鮮通信使行列」に変更
1990 年	盧泰愚大統領の宮中晩餐会答礼挨拶（5 月 24 日）、対馬芳洲会設立（6 月 9 日、永留久恵代表）、対馬芳洲会による「雨森芳洲先生顕彰」碑建立（8 月）
1992 年	「朝鮮国通信使之碑」建立
1995 年 11 月	朝鮮通信使縁地連絡協議会を結成（松原一征会長）
1999 年	釜山―対馬間の国際船航路就航（2000 年から定期航路化）（韓国人観光客約 2 千人）
2002 年	「朝鮮通信使接遇の地」碑建立（厳原郵便局横）
2003 年 4 月	対馬釜山事務所を設置
2004 年 3 月	対馬 6 町が合併し対馬市成立
2008 年	韓国人入国者約 7 万 2 千人

参照文献

上野敏彦
 2005 『辛基秀と朝鮮通信使の時代』明石書店。

臼井久和・高瀬幹雄（編）
 1998 『民際外交の研究』三嶺書房。

釜田聡
 2006 「日韓の中学校歴史教科書叙述の比較検討――朝鮮通信使の教科書叙述を中心に」『上越教育大学紀要』25（2）：551-562。

嶋村初吉（編著）
 2004 『対馬新考――日韓交流「宝の島」を開く』梓書院。

嶋村初吉
 2007 『海峡を結んだ通信使――対馬発 松原一征「誠信の交わり」の記』梓書院。

庄野晃三朗
 2004 「対馬の祭り行事――李朝通信使行列はこうして成った」『対馬新考』嶋村初吉（編著）、pp. 41-44、梓書院。

辛基秀
 1979 「あとがきにかえて」『江戸時代の朝鮮通信使』映像文化協会（編）、pp. 221-233、毎日新聞社。

申鎬
　　2003　「厳原港まつり・対馬アリラン祭について──観光人類学からみた予備的考察」『韓国言語文化研究』（4）：51-59。
新対馬島誌編集委員会（編）
　　1964　『新対馬島誌』厳原町。
セルトー、ミシェル・ド
　　1987　『日常的実践のポイエティーク』山田登世子（訳）、国文社。
橘厚志
　　2007　「新時代へのロープ　釜山──対馬国際航路」『讀賣新聞』2007年8月4日。
仲尾宏
　　2007　『朝鮮通信使──江戸日本の誠信外交』岩波書店。
ノラ、ピエール
　　2002　『記憶の場──フランス国民意識の文化＝社会史　第1巻　対立』谷川稔（監訳）、岩波書店。
フジタニ、タカシ
　　1994　『天皇のページェント──近代日本の歴史民族誌から』米山リサ（訳）、日本放送出版協会。
村上和弘
　　2002　「『港祭り』と『アリラン祭』──地域活性化と韓日交流との間で」『日本研究』（蔚山大学校 日本研究所）1：119-144。
　　2008　「『厳原港まつり』の戦後史──対馬における『日韓交流』の利用戦略をめぐって」『日本文化の人類学／異文化の民俗学』小松和彦還暦記念論集刊行会（編）、pp.159-179、法蔵館。
米山リサ
　　2005　『広島──記憶のポリティクス』小沢弘明・小澤祥子・小田島勝浩（訳）、岩波書店。
Davies, John and Kaufman, Edward（eds.）
　　2002　*Second Track / Citizens' Diplomacy: Concepts and Techniques for Conflict Transformation*. Rowman & Littlefield Publishers.

参照ウェブページ
対馬市WEB通信局、長崎県対馬市公式ウェブサイト、2009年3月31日参照、http://www.city.tsushima.nagasaki.jp/profile/index.html

付　録

| 小田ゼミ版　卒論の書き方 |

　これは私が担当する北海道大学文学部の卒論生のためにまとめた卒論研究の指針です。異なった分野・講座・学部・大学の学生には当てはまらない点もあるでしょう。それを考慮に入れた上で参考にしてください。

総　　論　　卒論とは大学で学んだことの集大成。
　　　　　　　講義で学んだ知識、そして演習で身につけた研究の方法を卒論で実際に応用する。
　　　　　　　　論文は「難しく」書けばよいというものではない。論文とは何か、研究とは何かを理解していれば、簡単な表現でもいい論文は書ける。（本当に分かっていれば難しいことでも易しく書けるはず。自分が読んで分からない文章を読ませられる方はたまりません。）

問題設定　　問題設定が研究の出発点。
（＝研究課題）　設定した問題を明らかにすることが研究の課題となり目的となる。
　　　　　　　自分が明らかにしたい"問い"は何か？
　　　　　　　問題設定に成功すれば、その研究は半分成功したようなもの。
　　　　　　　よい設問は、適切に焦点が絞られている。

> 例）「大日本帝国時代から戦後にかけて、「日本人」の支配的な自画像といわれる単一民族神話が、いつ、どのように発生したかを歴史学的に調べ、その機能を社会学的に分析すること」（小熊英二『単一民族神話の起源』）

卒論の研究課題　自分の研究にはどんな意義があるか？
の選び方

　　　　　　　① 学問的・理論的な意義
　　　　　　　② 社会的な意義

　　　　　　　これらに加えて個人的意義も考えるとよい。
　　　　　　　研究を行なっていく過程で有意義な経験が得られそうかどうか。

ワクワクしながら調査ができればよい（行きたい所に行く、会いたい人と会う、将来の目標にプラスになる、"社会人"として成長できる、何らかの能力が身につく）。
課題は難しすぎてもいけないが、安易すぎてもいけない。
危険は冒すべきではないが、より高いハードルを超えるチャレンジをしてほしい。

位置づけ　自分の研究はどの学問的分野に位置づけられるのか？

> 例）文化人類学的開発論、トランスナショナリズム研究、エスニシティ論、先住民族研究

具体的な調査対象を通して何を論じようとしているのか？

> 例）北海道のスローフードに関する調査を通して、食とグローバリゼーションとの関連を人類学的に論じようとしている。（Aを通してBを論じる）

先行研究のレビュー　自分の研究課題に関する先行研究は何か？
自分の研究が位置づけられる分野で重要な文献は何か？

> 理論的な先行研究：例）開発人類学の文献
> 研究対象に関する先行研究：例）フェアトレードに関する論文

自分の研究のキーワードを挙げ、それぞれについて先行研究を調べていく。
先行研究によって何がどこまで明らかにされているのか？
先行研究では何がまだ明らかにされていないのか？

| 理論の扱い | 既存の理論を、調査結果に押しつけるのはまずいやり方（＝あてはめ型・トップダウン式理論適用を避けること）。
既存の理論は"道具"と考えよ。万能の（＝何にでも当てはまる）理論はない。
既存の理論を適用するときには、その限界も知った上で行なう。
「理論的テーマ」を定めるということは、自分がどんな学問上の流れに立つかを決めると言うことであって、誰かが作った理論を現象に押し当てるということではない。
フィールドで出会う現実には、常に既存の理論からはみ出る部分があるはず。
逆に、調査したことから新しい理論を作り上げること（ボトムアップ式）が望ましい。
ただしその過程で、既存の理論を全く参照するなということではない。ボトムアップ式に理論を産出する上で、既存の理論の参考になる部分は取り入れて良い。また「総括的考察」をするときには、自分が産出した理論と、既存の理論との批判的な比較考察をすることになる。 |
|---|---|
| 調　　査 | 調査とは、自分が立てた問題の答えを得るために、独自の資料（データ）を集めていく作業（これが"一次資料"）。フィールドワークは、調査の一つの形。その他の調査手法も併用することが多い。 |

> 何が調査の目的か？
> 何を（誰を）対象とするか？
> どんな方法を取るか？
> フィールドワークをする必然性は何か？

⇒とにかくフィールドワークをすれば、人類学の研究になるというわけではない。問題設定に照らして、フィールドワークをする説明可能な理由がなければならない。研究目的に方法が適しているかどうか、が方法選択の基準。

アウトライン (=構成=章立て=目次)	序論－本論－結論が基本 アウトラインが論文の「設計図」となる。 自分の論文のアウトラインを早い目に考えはじめる。他の卒論や学術雑誌掲載の論文の目次を手本にしてよく学ぶこと。
要　　旨	卒論要旨はA4一枚に「この論文の目的は……。第1章では……。第2章では……。結論は……。」といったまとめ方をする。要旨が明確に書けなければ、卒論自体に明確で一貫した論旨がないと思った方がよい。
よい論文とは	・いきいきとした描写：読む人が、フィールドの情景や人物についていきいきと思い描けるような描写がなされているか。 ・オリジナリティ（独創性）があること：オリジナルな一次資料に基づいて、オリジナルな主張がなされているか。 ・「知的な面白さ」を体験できること。 ・主張に根拠があること。 ・構成が一貫していること（論文の"筋"が明快であること）。
やってはいけないこと＝剽窃（ひょうせつ）！	他の人が書いた文章を、自分で書いたかのように用いることは絶対してはならない。 　剽窃とは、人のものを盗むことに等しい。人の文章は必ず引用の形で用いること。インターネットで見つけた文章を、自分の論文にコピー・貼り付けをするのは簡単だが、それはバレるものだと思うこと。剽窃が分かったら、当然卒論は不可にする。
倫理とマナー	調査対象者の方々に友達感覚でメールを送らない（手紙の書き方を学んでからメールを出す）。 他大学に卒論コピーの送付を頼んではいけない。 調査の時には、まず自己紹介をし、調査の目的をはっきりと伝え、了承を得てから調査をする。

街角での立ち話のようなインフォーマル・インタビューの場合には、詳しい説明は不要。
プライバシーの保護に気をつける：実名掲載の承諾がない限り、論文の中では仮名にする。
主な調査協力者の方には、原稿の段階で見せて、意見をいただくとよい。
完成した論文を主な調査協力者の方に送ること。

卒論を書くためのヒント	・他人が分かってこそ論文 　自分の研究対象のことを知らない人に分かってもらえるように書く。難しく書けばいい、というのは誤解 ・よい実例（過去の卒論、他の研究者の論文）から学ぶ 　『エスノグラフィー・ガイドブック』で紹介されている本、学術雑誌「文化人類学」などに掲載されている論文、菅原和孝『フィールドワークへの挑戦』世界思想社に収められた学生レポート、出版された卒論（『〈癒し〉のナショナリズム』慶應義塾大学出版会）などを、「この人はどう書いているんだろう」という関心をもって読み込む。 ・初心に帰る 　訳が分からなくなったら、自分はそもそも何をしたかったのか思い出す。 ・卒論執筆の参考になる本やサイト（本書以外に） 　船曳建夫他 1994「論文を書くとはどのようなことか」『知の技法』小林康夫・船曳建夫編、東京大学出版会、213-224。 　箕浦康子編著 1999『フィールドワークの技法と実際』ミネルヴァ書房。 　東郷雄二 2009『新版文科系必修研究生活術』筑摩書房 　小田博志研究室⇒研究関連⇒研究ツールボックス

> http://skyandocean.sakura.ne.jp/literaturereview.html
> 東郷雄二ホームページ／私家版卒業論文の書き方
> http://lapin.ic.h.kyoto-u.ac.jp/thesis.html
> 小熊英二ホームページ／レポート⇒テクニカルライティング
> http://web.sfc.keio.ac.jp/~oguma/kougi/technical-writing.html

インターネット の使用について	下調べのためには極めて有用。 代表的な検索エンジン：グーグル、ヤフーなど しかし論文の中では情報の信憑性に気をつけ、慎重に用いる。
データの保存に 気をつける	ハードディスクの故障などで卒論のデータが消えてしまうおそれはいつもある。 それに対処するため、バックアップを取ることを心がける。 USB フラッシュメモリが便利 1GB ないしそれ以上くらいだと、残り容量をあまり気にせずウェブページやデジタル写真なども保存できる。 ただし USB メモリを紛失しないように！ PC のハードディスクにもバックアップしておくこと。 ワープロの「フォルダ-ファイル」の区別を活用する。一箇所にまとめて保存のするのが原則。

引用の仕方、文献表のつくり方

　「参照文献」とは、論文の本文や注で引用した文献のことです。それを論文の最後に表にしてまとめます。そこには「参考にはなったけど、もしくは関係ありそうだけど引用していない文献」は挙げません。

　参照文献（参照ウェブページ）表は早い段階から作り始めましょう。後でまとめてつくろうとは思うなかれ。そのときには多くの文献情報が行方不明になってしまっています。最初は（五十音順にまとめてしまうのではなく）トピック別にしておくと便利です。

本文中での引用の仕方　　「　」で引用した後に、次のように（　）内に出典情報を記載する。

文献の場合（著者名　発行年：ページ）

> 例1）　上村は「先住民族」を次のように定義している。「……」（上村 2001：53）。
> 例2）　綾部（2000）の当該項目によると、アボリジニーはオーストラリアに住む先住民族で……。

ウェブページの場合　（サイト名、ページ名）本文中に記す。

> 例1）（asahi.com、「東エルサレムの投票、イスラエル政府内で混乱」）
> あるいは、脚注に URL を表示する
> 例2）　本文で：2007年に国連で採択された「先住民族の権利に関する国際連合宣言」では……と述べられている[1]。
>
> 脚注で：(1) 国際連合、先住民族の権利に関する国際連合宣言（仮訳）、2010年3月4日参照、http://www.un.org/esa/socdev/unpfii/documents/DRIPS_japanese.pdf

参照文献　　著者の五十音順（ないしアルファベット順）に並べる。

外国人の著者名を五十音順に並べるときは、苗字（family name）に基づくこと（例．ジェイムズ・クリフォードは"ク"の項目に入れ、"クリフォード、ジェームズ"と表記する）。

洋書の場合も含め、より詳しくは、日本文化人類学会ホームページ http://wwwsoc.nii.ac.jp/jasca/ ⇒学会出版事業：『文化人類学』⇒執筆細則⇒ 14. 参照文献を参考にすること。

書籍の場合　著者、発行年、書名、出版社

> 例）　上野敏彦
> 　　　2005　『辛基秀と朝鮮通信使の時代』明石書店。

雑誌収録の論文の場合　著者、発行年、論文名、収録雑誌名、巻（号）：ページ

> 例）　釜田聡
> 　　　2006　「日韓の中学校歴史教科書叙述の比較検討──朝鮮通信使の教科書叙述を中心に」『上越教育大学紀要』25（2）：551-562。

書籍収録の論文の場合　著者、発行年、論文名、収録書名、編者名、ページ、出版社

> 例）　村上　和弘
> 　　　2008　「『厳原港まつり』の戦後史──対馬における『日韓交流』の利用戦略をめぐって」『日本文化の人類学／異文化の民俗学』小松和彦還暦記念論集刊行会（編）、pp. 159-179、法蔵館。

付　引用の仕方、文献表のつくり方

翻訳書の場合　　著者、発行年、書名（訳者）、出版社

> 例）　フジタニ、タカシ
> 　　　1994　『天皇のページェント――近代日本の歴史民族誌から』米山リサ（訳）、日本放送出版協会。

新聞記事の場合　新聞名、掲載年月日、面番号（地方版の記事の場合、どの地方版かも記載）、記事題名

> 例）　朝日新聞
> 　　　2008/8/30、19面「和平へ貫く非暴力：スリランカ国民平和評議会　ジハン・ペレラ氏」

参照ウェブページ　サイト名、サブページ名、そのページの作成（／更新）年月日（明記されていない場合は自分が参照した年月日）、参照したページの URL

> 例）　難民支援協会ホームページ、難民とは？、2000年1月20日更新、http://www.refugee.or.jp/refugee/index.html

エスノグラフィーに関するよくある誤解

よくある誤解1　「自分が知っている趣味やバイトのことだけでレポートが書ける、卒論が書ける」

自分の趣味、関心の世界に閉じてしまうようでは、エスノグラフィーの本領は発揮されない。より広い現実が見えてくるかどうか。
他者の世界、未知の文化への好奇心がエスノグラフィーの原動力。
発見の驚きと喜びがエスノグラフィーの果実。
小さくまとめようとするのでなく、今の自分の力が及ばないかもしれないが意義の高いテーマにチャレンジしてほしい。

よくある誤解2　「難しい文献を読まなくても単位が取れる」

努力して文献を読まなければ、よい理論的考察はできない。研究にはならない。
しかし文献に載っていることで頭を固めてしまっては、エスノグラフィックな発見はできない。
消極的な理由（楽して単位が取れる）だけでエスノグラフィーをやってほしくない。

よくある誤解3　「文献とは"本"だ」

学術雑誌に掲載された「論文」も重要な文献である。

よくある誤解4　「最後の方で難しそうな概念をもってきて、調査結果に当てはめるのが分析」

理論のあてはめをしてはいけない。
何か既成の概念や理論を用いていて、
取ってつけたような印象がある場合、
余計わからなくなる場合、

それは分析が失敗していると考えられる。
複雑なフィールドの現実をよりよく理解するために、
そして他の事柄とのつながりを示すために、
さらに調査した現実と、既存の研究の世界とをつなぐために必然性がある限りで、
分析概念を用いる。

よくある誤解5 「研究のためにはテーマを決めれば十分だ」

テーマだけでは不十分。問いを立てる（問題を設定する）必要がある。テーマと問いは違うことをわきまえることが大切。テーマとは「研究の対象となるある分野ないし範囲」（河野 2002：43）のことである。「マイノリティについて」や「ジェンダー研究」というテーマを決めただけでは、「研究を行なう土俵を設定した」に過ぎず（箕浦 1999：49）、まだその研究で明らかにすること、すなわち問題を設定したことにはならない。問題を設定してはじめて研究はスタートする。
（《 p.195 ③研究設問を練り上げる）

文献ガイド　エスノグラフィーをさらに学ぶために

　エスノグラフィーを学ぶ上でさらに参考になる文献を挙げます（見出し内は著者の五十音順）。より詳しくは特設ウェブページ「エスノグラフィー入門・プラス」をご覧ください（▶ p.356 参照）。

エスノグラフィー／フィールドワークの入門書・概説書
李仁子・金谷美和・佐藤知久（編）
　　2008　『はじまりとしてのフィールドワーク――自分がひらく、世界がわかる』昭和堂。
エマーソン・R／フレッツ・R／ショウ・L
　　1998　『方法としてのフィールドノート――現地取材から物語作成まで』佐藤郁哉、好井裕明、山田富秋（訳）、新曜社。
川喜田二郎
　　1967　『発想法――創造性開発のために』中央公論新社。
佐藤郁哉
　　2002　『フィールドワークの技法――問いを育てる、仮説を鍛える』新曜社。
　　2006　『フィールドワーク――書を持って街へ出よう（増訂版）』新曜社。
　　2008a　『質的データ分析法――原理・方法・実践』新曜社。
　　2008b　『QDAソフトを活用する　実践 質的データ分析入門』新曜社。
柴山真琴
　　2006　『子どもエスノグラフィー入門――技法の基礎から活用まで』新曜社。
菅原和孝
　　2006　『フィールドワークへの挑戦――〈実践〉人類学入門』世界思想社。
住原則也・箭内匡・芹澤知広
　　2001　『異文化の学びかた・描きかた――なぜ、どのように研究するのか』世界思想社。
武田丈・亀井伸孝（編）
　　2008　『アクション別フィールドワーク入門』世界思想社。
原ひろ子
　　1993　『観る・集める・考える』カタツムリ社。
原尻英樹

2006　『フィールドワーク教育入門――コミュニケーション力の育成』玉川大学出版部。

箕浦康子（編著）
　　1999　『フィールドワークの技法と実際――マイクロ・エスノグラフィー入門』ミネルヴァ書房。
　　2009　『フィールドワークの技法と実際〈2〉分析・解釈編』ミネルヴァ書房。

Roper, J. M／Shapira, J.
　　2003　『エスノグラフィー』（看護における質的研究 1）麻原きよみ・グレッグ美鈴（訳）日本看護協会出版会

短編エスノグラフィーが読める本（詳しくは 2.2.9 を参照）

菅原和孝（編）
　　2006　『フィールドワークへの挑戦――〈実践〉人類学入門』（世界思想社）。

箕浦康子（編著）
　　1999　『フィールドワークの技法と実際――マイクロ・エスノグラフィー入門』ミネルヴァ書房。

春日直樹（編）
　　2008　『人類学で世界をみる――医療・生活・政治・経済』ミネルヴァ書房。

山下晋司・福島真人（編）
　　2006　『現代人類学のプラクシス――科学技術時代をみる視座』有斐閣。

エスノグラフィーの実例案内（詳しくは 2.2.9 を参照）

綾部恒雄（編）
　　1994　『文化人類学の名著 50』平凡社。

松田素二・川田牧人（編著）
　　2002　『エスノグラフィー・ガイドブック――現代世界を複眼でみる』嵯峨野書院。

小松和彦他（編）
　　2004　『文化人類学文献事典』弘文堂。

エスノグラフィーの倫理
宮本常一・安渓遊地
 2008 『調査されるという迷惑』みずのわ出版。

宮本常一
 1986 『宮本常一著作集第 31 巻 旅にまなぶ』未来社。

論文作成の入門書
河野哲也
 2002 『レポート・論文の書き方入門』（第 3 版）慶應義塾大学出版会。

映像・マルチメディアとエスノグラフィー
北村皆雄 他（編）
 2006 『見る、撮る、魅せるアジア・アフリカ！──映像人類学の新地平』新宿書房（DVD 付き）。

山中速人（編）
 2002 『マルチメディアでフィールドワーク』有斐閣。

文献ガイド　教養として読んでおいてほしい本

宮本常一 1993『民俗学の旅』講談社学術文庫
　日本の村々を歩いて回り、民衆の生活を記録していった民俗学者・宮本常一。これはその自伝です。地に足の着いた文章で、長年の調査の経験と、そこで得られたさまざまな智慧が語られます。ところどころでエスノグラフィーのためのヒントが見つかります。ぜひ読んでほしい本です。

鷲田清一 1999『「聴くこと」の力』TBSブリタニカ
　「聴くこと」を、他者を受け入れることとして捉え直し、やわらかい文体で思索を積み重ねています。本書で書かれていることは、基本的にエスノグラフィーとつながっています。なぜなら、インタビューとは他者の声を受け入れるということであり、そもそもエスノグラファーの調査が現場の人びとに受け入れられてはじめて可能になるのですから。エスノグラフィーを深いところで考え直してみたいときに示唆を与えてくれる本です。「現場」論や「歓待」論としても参考になります。

萱野茂 1990『アイヌの碑』朝日新聞社
　長年「研究対象」とされてきたアイヌ民族からの声。萱野茂氏（1926-2006）は、日高地方の二風谷に生まれ、自らの手でアイヌ民具・文化を集めて二風谷アイヌ資料館を開設し、アイヌとして初の国会議員になった人物です。これは萱野氏の自伝です。

本橋哲也 2005『ポストコロニアリズム』岩波書店
　人類学とエスノグラフィーは植民地主義・帝国主義と結びついて発達してきました。エスノグラフィーのこれからを構想するために「脱植民地化」という課題を考える必要があります。その課題を考え抜いたファノン、サイードらの思想がわかりやすく解説されていて、入門書として勧められます。

中西正司・上野千鶴子 2003『当事者主権』岩波書店
　現場に関わる人はみな「当事者」です。当事者は自分の現場の専門家であり、だから自分の進路を自分で選び取る権利があるのだとこの本で宣言されています。しかし社会的な弱者（マイノリティ）の場合、その声が主流社会によって押さえ込まれ

ています。そして情報源から隔てられていることが多いために、どうして自分がそのような状況に置かれているのか、その状況を打破する資源は何かなどを知ることが難しくなっています。その結果「当事者主権」を発揮できない状態に陥ってしまいます。エスノグラフィーがそこで役に立つ点もあると思います。まず現場調査によって当事者の直面する問題を理解し、その声を伝えることができます。そして文脈化によって、当事者の問題の源を照らし出すことができます。エスノグラフィーは当事者に力（知識、情報、洞察）を与えるツールになり得るでしょう。

| 文献ガイド 役に立つ事典・辞典・用語集 |

文化人類学分野を中心に書名、出版社、発行年のみ掲載しました。

文化人類学：総合

『文化人類学事典』（縮刷版）弘文堂、1994。
『文化人類学事典』（日本文化人類学会 編）丸善、2009。
Encyclopedia of Social and Cultural Anthropology. Routledge, 2002.
Encyclopedia of Cultural Anthropology. (4 volumes) Henry Holt, 1996.
The Dictionary of Anthropology. Blackwell, 1997.
Companion Encyclopedia of Anthropology. Routledge, 2002.

文化人類学：用語集

『文化人類学キーワード』有斐閣、2008。
『文化人類学最新術語100』弘文堂、2002。
Social and Cultural Anthropology: The Key Concepts. (second edition) Routledge, 2007.

文化人類学：人物

『文化人類学群像』（外国編1：1985、2：1988、日本編：1988）アカデミア出版会。

関連分野

『世界民族事典』弘文堂、2000。
『世界民族問題事典』平凡社、2002。
『文化理論用語集——カルチュラル・スタディーズ＋』新曜社、2003。
『完訳キーワード辞典』平凡社、2002。
『精選 日本民俗事典』吉川弘文館、2006。
『歴史学事典』（全16巻）弘文堂、1994-2009。
『社会学事典』（縮刷版）弘文堂、1994。
『社会学事典』丸善出版、2010。
『社会学文献事典』弘文堂、1998。
『政治学事典』（縮刷版）弘文堂、2004。
『心理学辞典』有斐閣、1999。
『岩波哲学・思想事典』岩波書店、1998。

索 引

あ

IC レコーダ　104-5, 165
アウトライン　237, 335
あたりまえ　21, 32, 68, 127, 257
あてはめ型　55, 176
アブー＝ルゴド　262-3
アブダクション　178, 192-5
アルチザンの知　23-25
安渓遊地（あんけいゆうじ）　8
イサムノグチ　23-25
一貫性　195, 217, 236-7, 249
一次資料　71
一人称　228
意味　16
イメージ　170, 187-8
インターネット　33, 61, 64-65, 70-72
インタビュー　159-166
　　　インフォーマル・――　161, 163
　　　ナラティヴ・――　161-3
　　　半構造化・――　161
　　　フォーマル・――　161
インフォーマント　78, 259
エイジェンシー　129
映像エスノグラフィー　42, 227
エヴァンズ＝プリチャード　40

江口重幸　261-2
エスノグラフィー　5, 7-9, 17-18, 203
　　　――の知　ii, 8, 23-25, 94, 172-3, 211, 258-9
縁　96, 98-99
小笠原祐子　37
小田博志　35
オリジナリティ　135, 246-9

か

概念　116
　　　――化　123-4, 173, 258
　　　――規定　118
　　　――的資源　258
　　　――力　iii-iv, 20, 49, 115-37, 173-4, 178, 246
　　　感受――　121
　　　限定――　121
鍵概念　56, 119, 122
カテゴリー　125, 229
萱野茂　76, 83, 254, 346
カルチュラル・スタディーズ　37

349

川上郁雄　38
川田順造　22-23
河野哲也　137, 345
関係性　11, 16, 124, 200, 201
観察　155-6
　具体的　19, 130-1, 177
栗本英世　37
ケースバイケース　15, 50-51, 237
結論　180, 198, 208, 236-8
研究　13, 24, 78, 135-7, 140, 177 259
　――計画書　70, 140-1, 145-7
　――設問　13, 55-57, 110, 135, 151, 169, 173, 195-200, 218, 242
　現場　6-8, 10-11
　　――概念　119, 120-1, 186-7
　　――語　119, 129, 186-7, 243
　　――調査　73, 81, 87, 99, 147-53, 168, 176
　　――力　ⅲ-ⅳ, 94
口頭発表　145, 218-224, 225
答え　13, 198, 208, 236-8

さ

災害エスノグラフィー　ⅴ, 43-44, 261
参与観察　7, 21-22, 43, 154, 158
ジェンダー　33, 36-37, 61-108, 191
重川希志依　43
自己紹介　99-102
自己省察　22
事前調査　59-73
実証的／一性　19, 177, 246-7
質的研究　ⅲ-ⅳ, 17
渋谷真樹　35
嶋森好子　261

清水展　260-1
志村ふくみ　23
序論　180, 236-8
事例　189, 205
　――の再構成　180, 188-9
　――の構造化　205-8
スローサイエンス　150
設問　13, 55-7, 108, 195
セレンディピティ　94-95
先行研究　130-5
想像力　170, 262-3
相対化　21, 32

た

ターナー　111-3
タイトル　243
対話的　20, 24, 204, 209-10, 216
多現場エスノグラフィー　38, 152
他者　17-18, 21, 262
　　――への想像力　21, 262-3
抽象的　19, 131, 177
調査　13
　　――協力者　78, 82, 101, 252-3
鄭暎惠（チョン・ヨンヘ）　192
ディテール　6, 10, 15, 30, 156, 205-6
データ　14, 124, 175, 181-4
テーマ　19, 54-5, 61, 111-4, 131, 189-93
テキスト批評　157
デジタルカメラ　104-5, 157, 166-7
問い　11-13, 55-57, 168-9, 177, 217
土井敏邦　262-3
ドイル　15, 194-5

戸惑い　106-7, 109-10, 189

な

中谷文美　32, 36, 108, 186-7, 197, 207, 234
波平恵美子　132, 258-9
ナラティヴ　162, 228
二次資料　71
人間化　262
野元美佐　38, 197, 232-4

は

発見　11-12, 56, 69, 93-4, 104-14, 137, 168, 192-3
ハンドアウト　145, 220-23
ビジネス　iv, 43, 257-8
非線形　54, 212
評価基準　135, 216, 246-9
標準化　17-18
平松幸三　162-3
ひらめき　178, 192-3
フィールドノーツ　156-7, 171, 184
フィールドワーク　8-9, 73, 147-70
フォークターム　119, 129
フジタニ　41
フリーマン　46
フリック　ii
ブルーマー　121
ブルデュー　259
文化人類学　9, 120, 132-3
文献表　130-35, 245
文書　167
分析概念　120

分藤大翼　42
文脈　16-17, 160, 188, 260
　　──理解　16-17, 160
ベネディクト　46
ホームズ　15, 194-5
ボトムアップ式　55, 177
本質主義　46
本論　180, 236-8

ま

マーケティング　13, 257-58
マリノフスキ　17-18, 39, 227
マルチメディア　8, 42, 166, 227-28
ミード　46
見出し　184
箕浦康子　9, 35, 44, 119, 175
宮本常一　79-80, 83-84, 93-94, 98-99, 107, 163-64, 253-54
ミンツ　41
村上春樹　29-31
名刺　103
目次　236-37
文字化　166, 182
問題　56, 106-10, 137, 259-60
　　──設定　12, 195, 217

や

山田有佳　34, 120
要旨　244-45
よそ者　21, 67-68, 92, 194
予備フィールドワーク　73

ら

ラミス　46
リテラシー　46, 72
リフレクシヴィティ　32, 128
理論　19-20, 212, 246
　　──あてはめ　174, 176, 204
　　──的テーマ　19, 111, 131, 189

　　　-193, 195
倫理綱領　85
歴史エスノグラフィー　41-42
レジュメ　221

わ

鷲田清一　10-11

参照文献

江口重幸
    2004「なぜ臨床場面に医療人類学的思考が必要なのか」医療人類学ワーキンググループ（編）『公益信託澁澤民族学振興基金　民族学振興プロジェクト助成　ワークショップ　医学・医療系教育における医療人類学の可能性』、pp.55-65、医療人類学ワーキンググループ。

江口重幸、斎藤清二、野口直樹（編）
    2006『ナラティヴと医療』金剛出版。

小熊英二
    1995『単一民族神話の起源――「日本人」の自画像の系譜』新曜社。

小田博志
    2008「難民――現代ドイツの教会アジール」『人類学で世界をみる』春日直樹（編）、pp. 149-168、ミネルヴァ書房。

萱野茂
    1990『アイヌの碑』朝日新聞社。

川田順造
    1998「メタサイエンス、そしてマイナーサイエンス」『文化人類学のすすめ』船曳建夫（編）、pp.39-63、筑摩書房。

河野哲也
    2002『レポート・論文の書き方入門　第3版』慶應義塾大学出版会。

北村皆雄、新井一寛、川瀬慈（編）
    2006『見る、撮る、魅せるアジア・アフリカ！――映像人類学の新地平』新宿書房。

グレイザー、バーニー・G／ストラウス、アンセルム
    1996『データ対話型理論の発見：調査からいかに理論をうみだすか』後藤隆、大出春江、水野節夫（訳）、新曜社。

現代企画室編集部（編）
    1988『アイヌ肖像権裁判・全記録』現代企画室。

佐藤郁哉
    1992『フィールドワーク――書を持って街へ出よう』新曜社。
    2006『フィールドワーク――書を持って街へ出よう』（増訂版）新曜社。

嶋森好子、福留はるみ、横井郁子
    2002『病棟から始めるリスクマネジメント』医学書院。

清水展
    2003『噴火のこだま――ピナトゥボ・アエタの被災と新生をめぐる文化・開発・NGO』九州大学出版会。

志村ふくみ、（井上隆雄 写真）
    1998『色を奏でる』筑摩書房。

セルトー、ミシェル・ド
　1987『日常的実践のポイエティーク』山田登世子（訳）、国文社。
竹内慶夫（編訳）
　2006『セレンディップの三人の王子たち――ペルシアのおとぎ話』偕成社
ターナー、ヴィクター
　1996 『儀礼の過程』冨倉光雄（訳）、新思索社。
田中一光（構成）
　2002『素顔のイサム・ノグチ――日米54人の証言』四国新聞社。
鄭 暎惠
　2003〈民が代〉斉唱――アイデンティティ・国民国家・ジェンダー』岩波書店。
ドイル、コナン
　2006『シャーロック・ホームズの冒険』日暮雅通（訳）、光文社。
トドロフ、ツヴェタン
　1986『他者の記号学』及川 馥（訳）、法政大学出版局。
中谷文美
　2003『「女の仕事」のエスノグラフィー――バリ島の布・儀礼・ジェンダー』世界思想社 。
波平恵美子／聞き手 小田博志
　2010『質的研究の方法――いのちの〈現場〉を読みとく』春秋社。
野口裕二（編）
　2009『ナラティヴ・アプローチ』勁草書房。
野元美佐
　2004「貨幣の意味を変える方法――カメルーン、バミレケのトンチン（頼母子講）に関する考察」『文化人類学』69 (3): 353-372。
　2005『アフリカ都市の民族誌――カメルーンの「商人」バミレケのカネと故郷』明石書店。
林春男、田中聡、重川希志依 他
　2009『防災の決め手「災害エスノグラフィー」――阪神・淡路大震災秘められた証言』日本放送出版協会。
平松幸三（編）
　2001『沖縄の反戦ばあちゃん――松田カメ口述生活史』刀水書房。
フリーマン、デレク
　1995『マーガレット・ミードとサモア』木村洋二（訳）、みすず書房。
フリック、ウヴェ
　2002『質的研究入門――〈人間の科学〉のための方法論』小田博志、山本則子、春日常、宮地尚子（訳）、春秋社（2011『新版 質的研究入門』小田博志監訳）。
ブルデュー、ピエール
　2007『リフレクシヴ・ソシオロジーへの招待』水島和則（訳）、藤原書店。
ブルーマー、ハーバート
　1991『シンボリック相互作用論――パースペクティヴと方法』後藤将之（訳）、

勁草書房。
ベネディクト、ルース
 2008『菊と刀』角田安正（訳）、光文社。
マリノフスキ、ブロニスワフ
 2010『西太平洋の遠洋航海者』増田義郎（訳）、講談社学術文庫。
ミード、マーガレット
 1976『サモアの思春期』畑中幸子、山本真鳥（訳）、蒼樹書房。
箕浦康子（編著）
 1999『フィールドワークの技法と実際——マイクロ・エスノグラフィー入門』ミネルヴァ書房。
宮本常一
 1986『旅にまなぶ』（宮本常一著作集31）未来社。
宮本常一、安渓遊地
 2008『調査されるという迷惑』みずのわ出版。
村上春樹
 2000「讃岐・超ディープうどん紀行」『辺境・近境』、pp.135-159、新潮社。
 2002『もし僕らのことばがウィスキーであったなら』新潮社。
柳父 章
 1982『翻訳語成立事情』岩波書店。
山田有佳
 2006「棚田を〈守り〉する人びと——伝統的棚田の保全と開発」『フィールドワークへの挑戦』菅原和孝（編）、p.192-212、世界思想社。
米盛裕二
 2007『アブダクション——仮説と発見の論理』勁草書房。
ラミス、C・ダグラス
 1997『内なる外国——『菊と刀』再考』筑摩書房。
鷲田清一
 1999『「聴く」ことの力——臨床哲学試論』TBSブリタニカ。

ABU-LUGHOD, Lila.
 1991 Writing against Culture, In *Recapturing Anthropology*. Richard G. FOX (ed.), pp.137-162. School of American Research Press.
AGAR, Michael H.
 1996 *The Professional Stranger: An Informal Introduction to Ethnography* (Second Edition). Academic Press.
FISCHER, Hans
 1999 *Wörterbuch der Völkerkunde*. Reimer.
HUTCHINSON, Sharon E.
 1996 *Nuer Dilemmas*. University of California Press.
MARCUS, George E.

1998　*Ethnography through Thick and Thin*. Princeton University Press.
PFEIFER, W.
　1995　*Etymologisches Wörterbuch des Deutschen*. Deutscher Taschenbuch Verlag.
SANJEK, Roger
　2002　Ethnography, In *Encyclopedia of Social and Cultural Anthropology*. Alan BARNARD and Johathan SPENCER（eds.）, pp.193-198. Routledge.

参照ウェブページ

土井敏邦 Web コラム、日々の雑感 127：イスラエル映画『バシールとワルツを』（『戦場でワルツを』）を観て、2008 年 12 月 7 日作成
　http://www.doi-toshikuni.net/j/column/20081207.html

web　特設ウェブページ「エスノグラフィー入門・プラス」

　　http://skyandocean.sakura.ne.jp/ethnography.html
　　　（ホームページ「小田博志研究室」内に開設）

「小田博志研究室」をインターネットで検索してください。
トップページに、本書のための特設ウェブページへのリンクがあります。
本書の内容の補足・修正のほかに、役に立つ情報を掲載してゆきます。

本書へのご感想・ご質問は、下記のメールアドレスへお送りください。

　　著者メールアドレス：odahiroshi@hotmail.com

ただし、ご質問へのお返事が遅くなったり、すべてのご質問には答えられない可能性があります。その点、予めご了承ください。

おわりに

　京都の舞鶴から北海道の小樽まで船で行ったことがあります。
　大阪大学の学部を卒業して、修士課程に上がる前の春休みのことでした。当時は30時間もかかる日本海の船旅で、3日目の早朝に下船しました。それからは「青春18きっぷ」で旅を進めます。鈍行で北海道をぐるっと回り、さらに大阪まで戻ってくるというスケジュール。
　どうしても行こうと思っていたのが日高地方の二風谷でした。アイヌの方が多く住むと聞いていたからです。3月の北海道はまだ雪が積もっています。鉄道からバスに乗り換えて、沙流川を遡って行きながらたどり着いたのは、谷間に守られるようにある集落でした。
　ここでお世話になった「民宿チセ」はアイヌ系のご家族が営んでおられます。チセとはアイヌ語で家の意味です。夕食の後でご主人は私を応接間に招きいれてくださり、いろいろなお話を聞かせてくださいました。
　アイヌとシャモ（アイヌからみた「日本人」の意味）との関係に話が及んだとき、ご主人は私の手の甲を少しつねって、このようにおっしゃいました。「つねった方は痛くないけど、つねられた方は痛みを覚えているんだよ。」四国に生まれて関西で暮らしてきた私が、「シャモ」として他者化される経験ははじめてでした。これまであたりまえに思っていたのとは違う視点、違う世界があるということを、私はこのとき肌身をもって知ったのです。
　またこうもおっしゃいました。「学者にはなるなよ。」人間を「研究対象」としか見ないようなことをしてはいけないと教えてくださったのでした。
　これらの言葉は手の甲の「痛み」と共に、私の中に残り続けることになりました。研究者となってからもたびたび思い起こします。それから本文中で紹介した萱野茂さんの『アイヌの碑』や、『アイヌ肖像権裁判・全記録』を私が読んでいったのには、ご主人の言葉の背景を知りたいという思いもあったはずです。
　北海道で働くことになろうとは、その当時想像もしていませんでした。ドイツ留学を終えて、縁あって北海道大学で働き始めてから、チセにご挨拶を兼ねて伺いました。学生を合宿で連れて行ったときには、ご主人はわざわざ

アイヌの子どもの遊びを教えてくださいました。

　エスノグラフィーとは、何よりも他者の声を聴く営みなのだと思います。その人たちが生きる現場において声を聴き、痛みを知り、その人たちの生きてきた歴史に思いをはせる。これまで「研究」や「調査」と称して行なわれてきた一方的な知の収奪を超える出発点はそこにあるはずです。

　学生にエスノグラファーとしての姿勢を伝えるとき、ハードボイルドの探偵ではないですが、こんな言い回しをすることがあります。

　エスノグラファーはタフでなければ調査できない。優しくなければ調査する資格がない。

　ここで言う「優しさ」とは、相手の立場を尊重し、その声を受けいれることだとしていいでしょうか。しかし、これも一方的な言い方なのかもしれません。エスノグラファーの仕事自体が、相手の優しさでようやく成り立つのですから。そして調査の現場で、人びとの優しさを学ぶのもエスノグラファーなのですから。

　実際、ドイツ、対馬、アフリカのナミビアなど、これまで調査のために訪れた各地で、そこの人たちにとって見知らぬよそ者である私でもあたたかく迎えいれていただきました。「フィールドワーク」ができるのも、こうした「歓待（他者を迎えいれること）」のおかげなのだということを忘れてはいけません。そして、他者の声を聴く（＝他者の声を受けいれる）というエスノグラファーの仕事も、やはり「歓待」の実践なのだと思います。

　この本は、ほんとうに多くの人たちの歓待、協力、援助なくしては形になりませんでした。まず何よりも、私が調査の現場で出会った方々に、心からお礼申し上げます。北海道大学でのこれまでの9年間、私の授業や論文指導を通して共にエスノグラフィーを学んでくれた学生のみなさん、ありがとう。文化人類学や質的研究に関わる研究者の方々からは、貴重な示唆とアドバイスをいただきました。なかなか進まない執筆を辛抱強く待ってくださった編集部の賀内麻由子さんに感謝いたします。

　両親にこのはじめての日本語の著書を捧げます。

　　　2010年3月2日　札幌にて　　　　　　　　　　　　　　　　　　小田博志

【著者紹介】
小田博志（おだ・ひろし）
専攻、文化人類学。北海道大学大学院文学研究科教授。現在、平和や和解をテーマにエスノグラフィーをしている。大阪大学大学院人間科学研究科修士課程修了の後、ハイデルベルク大学で博士号を取得。著書に『平和の人類学』（関雄二と共編、法律文化社）『ナラティヴ・アプローチ』（共著、野口裕二編、勁草書房）『人類学で世界をみる』（共著、春日直樹編、ミネルヴァ書房）『質的研究の方法』（共著、語り手 波平恵美子、春秋社）など、訳書に『新版 質的研究入門』（監訳、春秋社）などがある。
メールアドレス：odahiroshi@hotmail.com
ホームページ「小田博志研究室」：http://skyandocean.sakura.ne.jp

エスノグラフィー入門　〈現場〉を質的研究する

2010年4月30日　第1刷発行
2016年6月10日　第7刷発行

著　者＝小田博志
発行者＝澤畑吉和
発行所＝株式会社　春秋社
　　　　〒101-0021 東京都千代田区外神田2-18-6
　　　　電話　（03）3255-9611（営業）
　　　　　　　（03）3255-9614（編集）
　　　　振替　00180-6-24861
　　　　URL　http://www.shunjusha.co.jp/
印　刷＝株式会社　シナノ
製　本＝黒柳製本　株式会社
装　丁＝高木達樹（しまうまデザイン）

© ODA Hiroshi, 2010
ISBN978-4-393-49911-5 C0036 Printed in Japan
定価はカバーに表示してあります

見えないものが視えてくる………… 春秋社の質的研究の本

質的研究の方法 いのちの〈現場〉を読みとく

波平恵美子／(聞き手)小田博志

「脳死臓器移植論議」「ケガレ論」で知られる戦後を代表する文化人類学者が初めて語った"調査のコツ"。人間への鋭く暖かな眼差しに貫かれた、命の現場と関わるための体験的調査方法論。2000円

新版 質的研究入門 〈人間の科学〉のための方法論

U・フリック／小田博志監訳

画期的入門書として多くの読者に支持されてきた『質的研究入門』刊行から8年。旧版の改良に加え、急速な発展を続ける「質的研究」の最新動向を詳細に盛り込んだ待望の新版。 3900円

▼価格は税別価格